U0575935

世界传世藏书

【图文珍藏版】

全球通史

世界历史通览

刘凯⊙主编

第二册

线装书局

六、武人政治和帝制下的罗马

公元前 74—公元 192 年

内战瓦解了罗马共和国的结构。军事将领庞培、恺撒和安东尼相继攫取权力，为奥古斯都最终建立独裁帝制铺平了道路。罗马的帝制时代从此开始。在奥古斯都王朝之后，越来越多的皇帝来自帝国行省而非罗马本身。戴克里先的“四帝共治”恢复了晚期罗马帝国强有力的政府系统。

庞培

庞培，古罗马统帅、政治家，勇敢善战，在“前三头同盟”中势力最为强盛。公元前 74 年，庞培率军平定了叙利亚一带，并建为行省，权力到达顶峰。十多年后，他与恺撒、克拉苏秘密结成罗马历史上著名的“前三头同盟”，与元老院对抗。后来由于与恺撒发生权力之争，爆发内战。在法萨卢斯战役中，被恺撒击败，逃往埃及后被杀。

公元前 106 年，庞培出生在罗马城一个贵族家庭。他的父亲斯特拉波不仅是罗马共和国末期一名杰出的统帅，也是贵族派的代表人物之一。斯特拉波身经百战，在战场上英勇杀敌，取得了许多次胜利。

公元前 89 年，野心勃勃的斯特拉波任执政官。父亲在动荡年代谋取了国家的最高权力，给庞培留下了深刻的印象。在任执政官时，斯特拉波曾在意大利同盟战

争中，征服萨宾和皮凯努姆地区。在皮凯努姆地区，他拥有大量的土地和被保护民。

马略一生站在改革派的立场上，推进了罗马社会的发展，有功于罗马奴隶制国家。特别是他开创的军事改革，振兴了国家实力，加强了罗马国家机器，促进了共和向帝制的转化。

青少年时期，庞培受过良好的教育，文化修养很高，对当时先进的希腊文化有浓厚的兴趣。由于受到父亲的影响，他非常喜欢政治和军事。17 岁时，庞培随同父亲一起镇压过意大利人的起义。在政治上，他完全继承了父亲的意志。

庞培 19 岁时，斯特拉波遭雷击而死，庞培于是继承了父亲在皮凯努姆的土地，并在那里生活了 6 年。在这期间，担任过执政官的平民派领袖马略和贵族派首脑苏拉，为争夺罗马最高权力在进行内战。由于马略纵容部下抢劫和公报私仇，许多为罗马建立过不朽功勋的元老也深受迫害，因此，一些豪门贵族纷纷投靠苏拉。当时庞培 20 岁出头，他利用父亲在皮凯努姆地区的势力和影响，在很短的时间内招募了一个军团，投奔了苏拉。在苏拉军营中，庞培锋芒显露，屡次冲破马略部下的阻拦，顺利通过许多城市，缴获大批的武器和战马。苏拉非常赏识庞培，把他当作自己的得力助手。

公元前 82 年，苏拉最终击败马略，夺得了罗马政权。但是，进城后的苏拉比马略还残暴，他颁布的所谓“人民公敌”法案实际上完全破坏了罗马的法制，没有检控和证据的审判，疯狂的报复以及恐怖的揭发比比皆是，比如奴隶揭发主人，不但能得到官方的奖赏，还能获得自由。

为了在政治上有一番作为，庞培抱紧了苏拉这棵大树。他抛弃了自己的妻子，和苏拉的女儿结婚。婚后不久，庞培奉命去夺取西西里岛，并轻易占领该岛。随即，他又被派往非洲同努米底亚人多米提乌斯作战，几乎每战必胜。庞培天才的军事才能震惊了努米底亚，一些城市不战而降，仅一个多月的时间，庞培就占领努米底亚，征服了北非。

这一卓越的战绩大大提高了庞培在罗马的威望，也使苏拉感到了威胁。战后不久，苏拉便命令庞培解散军队，率领一个军团返回乌提卡等待接替者。庞培拒绝了这一命令，并且率领大军出现在罗马城门口。

尽管他没有担任公职，却要求苏拉为他举行凯旋式。苏拉警告庞培不要违背法律。因为当时罗马法规定只给有巨大战功的执政官、行政长官举行凯旋式。然而庞培毫不退让，他嘲讽苏拉说：“崇拜初升太阳的人要多于崇拜落日的人。”苏拉迫不得已，破例为庞培举行了非洲之战的凯旋式，并授予他“伟大”的称号。

公元前 78 年，苏拉病死，人们对苏拉的不满情绪爆发了出来。这时，军事才能受到元老院称赞的庞培，奉命进行讨伐。他镇压了废除苏拉宪法的执政官雷必达，又远征西班牙，平定了另一民主领袖塞尔托里乌斯。这时斯巴达克斯起义爆发，得胜后的庞培，连忙撤军回国增援镇压起义军的克拉苏，并残忍地屠杀了斯巴达克残存的军队。

公元前 70 年，随着民主运动的发展，庞培看苏拉派逐渐失势，民主派声势大增，便倒向民主派，讨好骑士和平民。就在这一年，庞培和克拉苏当选为执政官。

担任执政官期间，他颁布和实施了一些有利于平民的政策：恢复苏拉统治前的

庞培画像

公民大会和保民官权力；恢复分发廉价粮食；法庭交给由元老、骑士和最富有的平民组成的委员会，还清洗了元老院中苏拉的党羽，因此赢得了人们的好感。

当时，地中海的海盗活动猖獗，他们袭击来往商船，抢劫沿海城市，从事“贩卖人肉”的勾当。被任命为剿匪司令官的庞培在很短的时间内，在地中海上洒下天罗地网，极大地摧毁了海盗的活动，使海上贸易得到了恢复，地中海的控制权重新

未特拉迭梯六世，罗马共和国末期地中海地区的重要政治人物，也是罗马最著名的敌人之一。他与罗马之间为争夺安纳托利亚而进行的 3 次战争，历史上称为“米特拉达梯战争”。

归于罗马。

公元前 66 年，罗马举行公民大会，通过了一个提案：任命庞培担任同本都国王米特拉达斯六世作战的统帅，取代已取得重大战果的鲁库鲁斯，并接管其军队。庞培来到东方便和本都国谈判，但是遭到拒绝。他于是指挥大军全面对本都展开围攻，断其粮道，在幼发拉底河上游击溃了米特里达提六世的军队。

米特拉达斯六世率领 800 骑兵再次突围出去，庞培军乘胜追击，突入伊伯利亚和阿尔巴尼亚。但是因为在山区作战的巨大困难，庞培不得不中止出征，退回本都。

不久，侥幸逃脱的米特拉达特斯六世服毒身亡，庞培胜利结束了米特里达提战争，战后他把比提尼亚和本都合并为罗马行省，又把叙利亚变成罗马行省。此外，他还在小亚细亚、巴勒斯坦到处活动，在加拉太、卡帕多基亚和犹太扶植了新的国王，使东方一些国家处于罗马的奴役之下。庞培本人成为东方一些王国的“王中之王”，权力和威望达到了顶峰。

公元前62年，庞培满载战利品返回罗马。元老院不满他在东方擅自将行省包税权给予骑士，更害怕他利用自己的影响实行独裁，因此推迟了一年才为庞培举行了凯旋式。庞培请求元老院批准他在东方实行的各项措施，并把他的老兵土地分配给他，被元老院断然拒绝。庞培大为恼怒，便开始同元老院对抗。

独裁者苏拉是罗马城中最令人恐怖的人。他为了清除政敌，下令士兵进行了几个星期的屠杀，只要被怀疑是同情政敌的都不放过。

公元前60年，庞培与恺撒、克拉苏秘密结成“三头同盟”。经三头同盟活动，庞培在东方的措施得到批准。为了使这一政治结盟更加巩固，年近50岁的庞培娶了恺撒14岁的女儿尤利娅。

“三头同盟”是3人为了各自利益，为了实现个人独裁而组成的临时结合体。因此当克拉苏在帕提亚战争中战死，维系庞培和恺撒的尤利娅去世后，宣告了“三头同盟”的结束，庞培和恺撒之间争夺独裁权力的斗争一触即发。

由于罗马政局动荡不安，元老院为了平定骚乱，更因惧怕恺撒的影响，不得不与庞培言归于好，并任命其为唯一的执政官，任期两个月。庞培上任后，迅速从各地调集军队镇压平民暴动。他又利用职权，把锋芒指向恺撒，庞培和恺撒的矛盾开始激化。

公元前 49 年，新的内战帷幕拉开，元老院宣布全国处于紧急状态，宣布恺撒为人民公敌。不久，恺撒得到消息，便以“保卫人民拥有权力”为名，率大军逼近罗马。这时，庞培的征兵工作尚未完成，只得仓皇出逃。

庞培联络起他的海上部队和隶属于罗马的东方各国国王、部落贵族，在希腊集结起了十多个军团，企图向恺撒发起反攻。与此同时，恺撒在巩固了政权，肃清了西班牙等地庞培的势力后，也组织起了大军。公元前 48 年，双方展开了争夺东方行省的战争。

起初，庞培军队占据优势，在著名的季拉基乌姆战役中，庞培曾两次击败恺撒。但是，由于恺撒的军队训练有素，而且身经百战，最终在法萨卢大决战中，庞培几乎全军覆没。在侍卫的掩护下，庞培狼狈逃跑。

庞培在失败之后，企图在埃及寻求藏身之所。

公元前 48 年 9 月 28 日，就在庞培乘坐的小船靠岸时，埃及国王托勒密十二世的侍从挥剑刺向他的脊背，一个卓越的军事家倒下了，终年 58 岁。

庞培一生为罗马建立了不朽的功勋，连他的敌人恺撒也深深地为之惋惜。庞培死后，恺撒没有把他宣布为国家的叛逆，反而在元老院称赞庞培对祖国的极大贡献。

恺撒执政

恺撒是古罗马共和国军事统帅和独裁者，被一些历史学家视为罗马帝国的无冕之王，有恺撒大帝之称。他出身于罗马著名的尤利乌斯家族，父亲曾任行政长官。他历任各种要职，先后征服了高卢、日耳曼和不列颠。在统一罗马的四年时间里，他改变了旧的贵族共和体制，把军政大权集中于一身，基本上完成了向君主独裁制的过渡。

盖尤斯·尤利乌斯·恺撒是古罗马政治家、军事家。公元前100年7月13日，恺撒出生在罗马一个古老而著名的贵族之家。恺撒的父亲曾担任过罗马大法官，在恺撒15岁时去世。

青年时期，恺撒离开罗马旅居罗德岛，师从著名的雄辩术教师阿波洛尼奥，学习修辞学和演说术，为日后从政奠定了良好的基础。

这段时间，他开始积极参与各种政治活动，因此结交了形形色色的政界人物，渐渐在政治上崭露头角。此后，他先后担任了财政官、阿普亚大路监护人、市政官、祭司长等职务。

恺撒带领罗马军团入侵不列颠岛

公元前62年，恺撒当选为大法官，他热心公务，又慷慨好施，在人民中获得较高的威望。第二年，大法官任期届满，恺撒获取了出任西班牙行省总督的职务，暂时离开了罗马，去西班牙赴任。

公元前60年，恺撒返回罗马，以雄辩的口才、改革派的形象、慷慨的气度参

加下一年度的执政官选举。

竞技场上的角斗士在表演前向看台上的恺撒行礼

这年夏天，出于政治上的考虑，恺撒秘密地与当时最有权势的庞贝和克拉苏结成联盟，目的是使“这个同盟的任何一项措施都不得违反他们三人之一的意愿”。这一同盟实际上就是反对贵族共和制的骑士、平民和军队的大联合，其意义非同寻常。

历史学家将这一秘密同盟称为“前三头同盟”。在两位同盟的支持下，公元前59年，恺撒当选为罗马执政官，这是当时权力与荣誉的顶峰。

公元前58年，恺撒在卸任执政官后，出任高卢总督。当时高卢正处在动乱之中，恺撒占领了高卢中部，到公元前56年年底已经基本上吞并了整个高卢地区，将罗马的版图扩展到莱茵河以西地区。

恺撒的成功，引起了克拉苏和庞培的极度不安，庞培便想方设法地打击恺撒。

公元前49年1月1日的元老会议上，敌视恺撒的势力在庞培的支持下占了上风，决定要让恺撒立即卸任，并且指定了接替他的人。在这危急时刻，恺撒的亲信化装成奴隶逃到恺撒处，及时向他报告了情况。收到消息的恺撒很是生气，随即决定出兵讨伐。顿时，元老院宣布罗马处于紧急状态，并且授权庞培在意大利招募军队。

同年1月10日，恺撒率大军攻占罗马，庞培出逃。公元前48年，恺撒彻底击败庞培，巩固了自己在罗马的统治。随后，恺撒又转战埃及、小亚细亚等地，扫平了庞培的势力，结束了罗马内战。

公元前45年10月，恺撒凯旋罗马，受到空前隆重的欢迎。他被推举为终生独裁官，集军、政、司法和宗教权力于一身，成为实质上的独裁者。

法萨罗战役

法萨罗战役是古罗马统帅恺撒与庞培之间的一次大会战。据罗马历史学家阿庇安记载，庞培的军队是恺撒的两倍。公元前48年5月12日，双方在北希腊贴萨里亚境内的法萨罗展开了激烈的战斗。庞培由于指挥失误和贻误战机，彻底失败，两万多士兵沦为俘虏，庞培被杀。此次战役后，恺撒成为罗马国家的唯一主宰。

在斯巴达克领导的奴隶起义被镇压下去之后，罗马共和国就被“罗马三巨头”恺撒、庞培、克拉苏控制着。公元前53年，“前三头同盟”之一的克拉苏在东征帕提亚时战败身亡。这时庞培的妻子（恺撒的女儿）病死，庞培决定站到元老院一边，成为实际上的独裁者，两人间的争斗已在所难免。

恺撒在法萨罗战役中赢得了胜利

公元前49年，恺撒率领军团渡过了意大利边界的卢比孔河，这无疑是向庞培挑起了战争。因为罗马法律规定，任何指挥官都不能带着军队渡过卢比孔河，否则就是罗马的公敌。恺撒的举动激起了庞培及元老院的极度恐慌，毫无准备的庞培急忙渡海逃往巴尔干岛。于是，恺撒不需要流血就进入罗马城，轻而易举地成了意大利的主人。

恺撒进入罗马后，对他的政敌采取了怀柔政策，并加封了其中一些高官，尤其赦免了大批庞培的支持者。与此同时，恺撒还命人打开了国库，将现金和粮食发给了城内的居民们，并无条件的释放俘虏，如此一来，罗马的政局得以暂时的稳定。

暂时的平静之后，恺撒又率领部队出发了。因为庞培在东方有很大的潜力，随时可能进攻罗马和意大利。为了改变被动局面，恺撒准备首先歼灭庞培在西班牙的军队。恺撒对庞培的西班牙军队采用封锁通道等办法，经过一个月的战斗，将庞培留在西班牙的 7 个主要军团全部歼灭，之后，恺撒占领了整个西班牙。

西班牙战役的胜利，使恺撒当选为罗马的执政官，并宣布为独裁者。不久之后，恺撒率领军队渡海去巴尔干半岛，准备与庞培进行一场大决战。

公元前 48 年，恺撒与庞培在法萨罗展开了最后的决战。庞培虽然失去了西班牙军队，但他的实力仍然非常强大。

8 月 9 日清晨，双方在开阔的法萨罗平原上摆开了阵势。庞培在右翼安置了两个精锐军团，中心是征募的几个叙利亚军团，右翼是彪悍的西班牙步兵中队以及另一个意大利军团。由于战阵的右翼靠着陡峭的河岸，所以庞培把所有的骑兵和弓弩手都集中在左翼，想以此一举突破恺撒的防线。

恺撒的阵势也依次排开，他把自己最心爱的第 10 军团配置在右翼对付庞培的精锐部队，第 8 和第 9 军团配置在左翼，剩下的一个军团则安置在中央。

决战在即，恺撒一声令下，勇猛的第 10 军团便直扑敌阵。双方中央的士兵交织在一起，杀得难分难解。形势于恺撒军队极为不利，因为庞培的骑兵部队打垮了恺撒的骑兵封锁，开始向恺撒军团包围过来，骑兵支持不住地纷纷后退。就在这时，恺撒对隐蔽在后面的步兵中队发出了战斗信号，瞬间，步兵中队挥刀舞剑勇猛地直扑庞培的骑兵，用长矛拼命刺杀。庞培的骑兵猝不及防，纷纷向后退去，恺撒步兵越战越勇，骑兵无法抵挡，拨马便逃。骑兵的逃亡，使所有的弓弩手和投石兵

法萨罗斯战役后，庞培一路逃到埃及。

失去了防御屏障，左翼的步兵也没有了保护。恺撒步兵制胜后迅速插到庞培左翼步兵的侧面，而已被打退的恺撒骑兵也迅速加入战场，庞培左翼受到两面夹攻。

这时，恺撒大军展开了全面的进攻，喊杀声响彻整个战场，战斗进入了高潮。庞培大军被击溃，庞培同盟军见此情景，也纷纷逃亡，而庞培本人也带着几个亲信逃之夭夭。

法萨罗战役以恺撒的彻底胜利而告结束。庞培逃亡埃及被杀，到公元前 46 年，历时近 4 年的内战终于结束了。

埃及艳后

在埃及，几乎无人不识埃及艳后克丽奥帕特拉，这不单得益于她出众的才貌，更得益于她那富有传奇色彩的一生。罗马人对她痛恨不已，因为她差一点让罗马变成埃及的一个行省；埃及人则称颂她是勇士，因为她为弱小的埃及赢得了 22 年的和平。公元前 30 年，屋大维进攻埃及，克丽奥帕特拉自杀身亡，埃及并入罗马，

从此，古埃及文明走向终结。

埃及艳后克丽奥帕特拉七世是埃及托勒密王朝的最后一个女王。她是埃及国王托勒密十二世和克丽奥帕特拉五世的女儿，生于公元前69年，从小在骄奢淫靡的宫廷中长大。她不仅才貌出众，而且擅长权术，心怀叵测，一生充满了传奇和戏剧色彩。

公元前51年，国王托勒密十二世去世。他留下遗嘱，指定17岁的克丽奥帕特拉七世和她年仅10岁的异母弟弟托勒密十三世为王朝继承人，共同执政。按照法律，克丽奥帕特拉七世必须嫁给这个弟弟，才能开始统治埃及。然而，他们两人因派系斗争和争夺权力而失和。

公元前48年，克丽奥帕特拉七世被弟弟的支持者赶出了亚历山大里亚。但是此后，克丽奥帕特拉并未死心，仍在埃及与叙利亚边界一带招募军队，准备伺机攻入埃及。

这时，适逢罗马国家元首恺撒追击政敌庞培来到了埃及，他便以其特殊的身份，调停埃及王位之争。克丽奥帕特拉七世得到这个消息，乘船在夜间潜入亚历山大里亚，用毛毯裹身，由人抬到恺撒房门前。恺撒被克丽奥帕特拉的勇气和美貌所倾倒。很快，她便成为恺撒的情人。为了帮助克丽奥帕特拉重返埃及，恺撒在亚历山大里亚战争中大败托勒密十三世，并将他溺死在尼罗河。于是，克丽奥帕特拉顺理成章地成为埃及实际的统治者。在名义上则按照埃及的传统，克丽奥帕特拉七世则与另一异母兄弟托勒密十四世结婚，共同统治埃及。

为了取悦恺撒，克丽奥帕特拉女王百般逢迎，特意陪伴他乘坐游船溯尼罗河而上，观赏两岸风光。为了使恺撒永久保护埃及，克丽奥帕特拉女王甚至为他生下一子，取名恺撒里奥。

公元前45年，克丽奥帕特拉七世和托勒密十四世一起应邀前往罗马，备受殊荣，住在第伯树对岸的恺撒私人宅邸。恺撒实践誓言，在罗马建造了一座祭祀其尤利乌斯族系祖先的维纳斯的神庙，还把克丽奥帕特拉七世的黄金塑像竖立在女神之旁。

埃及女王克丽奥帕特拉想借助罗马人的兵力，夺回自己的王位，便用美色诱惑恺撒，把自己裹在地毯里命士兵送到恺撒住处。

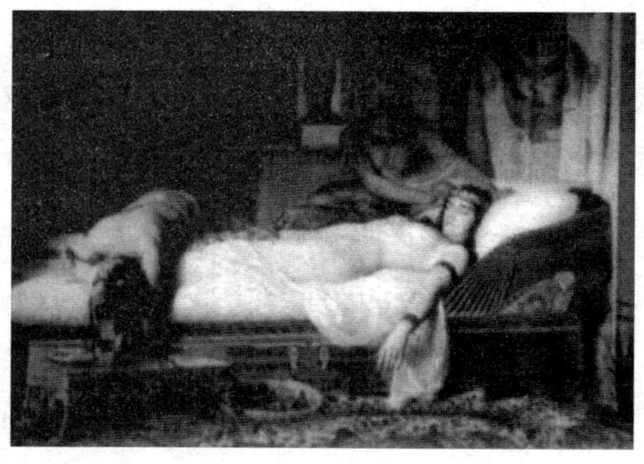

克丽奥帕特拉之死

但是公元前44年，恺撒被刺身亡，克丽奥帕特拉女王的美梦顷刻化为泡影。离开了罗马返回埃及后，克丽奥帕特拉七世毒死托勒密十四世，立她和恺撒所生之子为托勒密十五世，共同统治埃及。

恺撒死后，安东尼称雄罗马。公元前41年，他到达西利西亚（今波兰境内），遣使埃及，召见克丽奥帕特拉女王。聪明的克丽奥帕特拉女王，立即意识到这又是她的一个绝好机会。再次以自己的美貌征服了安东尼。但是后来为了巩固自己的地位，安东尼娶了屋大维的姐姐为妻。

公元前 37 年，安东尼休了屋大维的姐姐，同克丽奥帕特拉女王结婚，深居亚历山大宫廷。他宣称将罗马东部一些领土赠给克丽奥帕特拉女王的子嗣。安东尼的举动遭到了罗马的谴责。公元前 30 年，屋大维讨伐埃及，并包围了亚历山大港。

安东尼看大势已去，伏剑自刎，而克丽奥帕特拉亦被屋大维生擒。后来，当克丽奥帕特拉得知自己将作为战利品被带到罗马游街示众的消息后，心生绝望，便写下了遗书。经过梳洗沐浴、用膳之后，她怅然地走进自己的卧室，安详地平躺在一张金床上，从此再没有醒来。

据说，是女王事先安排一位农民在卧室里放置一只盛满无花果的篮子，里面藏着一条毒蛇，然后让毒蛇咬伤自己的手臂，导致中毒昏迷而死。

恺撒之死

恺撒一生，带兵打仗几十年，指挥过几十个战役，大都是出奇制胜，以少胜多。不仅如此，恺撒大帝还是一个大文学家，流于后世的战争回忆录现在仍被西方学校作为拉丁语教材。公元前 44 年，由于他在执政期间，实施的一系列改革措施引起了元老院贵族的极大不满。于是在一次元老院会议上，恺撒被密谋者刺杀，倒在了血泊之中……

法萨卢战役以后，战败的庞培逃往埃及，被埃及国王托勒密谋杀。恺撒借此来到埃及，一并将埃及征服，纳入罗马的版图。然后，又一鼓作气肃清了庞培在非洲和西班牙的所有残部。到公元前 46 年初夏，历时近 4 年的内战终于结束了。

公元前 46 年，恺撒回到罗马，人们对他的尊敬、畏惧和崇拜是空前的。他很快被推举为终身独裁官和为期 10 年的执政官，并被宣称为“祖国之父”，他的身体被宣称为神圣不可侵犯。

恺撒在元老院遇刺时的情景

执政期间，恺撒顺应历史潮流，果断地采取了一系列改革措施。他改组元老院，健全政府机构，加强中央集权，改善行省管理制度，扩大公民权，提高行省和意大利自治城市的地位。同时，在经济上，恺撒建立了一套由国家直接征收赋税的制度，取消了包税制。另外，他还进行了司法改革和历法改革，基本上完成了向君主独裁制的过渡。

恺撒从统一罗马到死去，还不到4年，但就在这样短的时期内，被恺撒重新统一了的罗马国家，已不再是过去的那个软弱无力的旧的罗马共和国。它已经是一个全新的中央集权的军事独裁国家，一个西起大西洋，东迄幼发拉底河，北临莱茵河和多瑙河，南屏撒哈拉沙漠的强盛的古罗马帝国。这对地中海沿岸各地区的经济发展和文化交流提供了有利条件。

公元前44年3月，恺撒正在全力准备对小亚细亚地区的帕提亚人的一场战争。在此之前，早有一则许多罗马人都信奉的预言：只有国王才能打败帕提亚人。于是社会上流言四起，认为恺撒是在找一个公开称王的机会。

由于恺撒对罗马的改革引起了一部分元老院贵族族的不满，在恺撒出发之前，元老院准备在3月15日召开一个会议，密谋分子们决定在会上动手刺杀恺撒，其中的骨干就有恺撒的部将布鲁图和加西阿斯。当晚，密谋分子之一的布鲁图来到恺撒家，居心叵测地极力劝说恺撒，不要给人以指责他高傲的新口实，要求他去元老

院亲自宣布取消这次会议。在布鲁图的再三劝说下，恺撒最后答应由其陪同前往元老院。

恺撒在临死前对着布鲁图斯喊道："我的孩子。也有你吗?"

此前，有一位占卜师提醒恺撒说要他当心 3 月 15 日。鉴于此，恺撒一直犹豫是否应待在家里，并推迟或取消原定在元老院要做的事情。但他最终还是听信密谋分子的话，决定前往元老院。

据说，离开家之前，恺撒还笑着对曾给他卜卦的占卜师说："是啊，3 月 15 日已经到了，但还没有过去。"途中，恺撒也曾收到一张揭发密谋分子阴谋的纸条，但他却没有马上读这张纸条。

刚一踏进元老院议事厅，恺撒就被密谋者团团围住。他们纷纷拔出匕首，刺向恺撒的身体。当他看到自己一向深信不疑的布鲁图扑向自己的时候，他放弃了抵抗，只是对着布鲁图绝望地喊道："我的孩子，也有你吗?"说完便倒了下去。

恺撒在世时被尊为"祖国之父"，死后，他的名字成为威严与权力的象征。恺撒死后，罗马发生了争夺继承权的斗争。元老院贵族原以为杀死恺撒就能变独裁为共和制，但在公元前 43 年，恺撒的密友安东尼和骑兵统帅雷必达，以及恺撒的甥孙屋大维公开结成同盟，史称"后三头"。但是不久后，"后三头"分裂，屋大维脱颖而出，于公元前 30 年掌握政权，在恺撒奠定的基础上，彻底完成了把奴隶制的罗马共和国改建成帝国的任务，实现了恺撒未竟的事业。

屋大维

盖乌斯·屋大维又名奥古斯都，他统治罗马长达43年，是罗马帝国的开国君主，也是最伟大的罗马皇帝之一。公元前28年，他获得了“奥古斯都”（神圣、至尊之意）的称号，建立起了专制的元首政治，开创了罗马帝国。在位期间，他结束了一个世纪的内战，使罗马帝国进入了相当长一段和平繁荣的辉煌时期。

屋大维雕像

恺撒的姐姐有一个外孙，名叫盖乌斯·屋大维。恺撒非常喜欢他，把他收为养子，想让他日后做自己的继承人，所以把他送到亚得里亚海滨的一所军营锻炼。在屋大维18岁时，即公元前44年，屋大维听到恺撒被刺的消息，日夜兼程赶回罗马。

回到罗马之后，当时掌权的安东尼根本没把这个毛头小伙儿放在眼里。为了夺回属于自己的权力，屋大维开始召集自己的军队。公元前 43 年，以屋大维、安东尼、雷必达为首的“后三头同盟”形成，他们掌握了罗马的最高统治权。在“为恺撒复仇”的口号下，他们杀戮了 300 个元老、2000 个骑士，并没收了他们的财产，以犒赏士兵。在铲除了庞培的残余势力后，屋大维的势力慢慢强大起来，最后他把雷必达的军权解除了。

公元前 42 年，安东尼前往埃及出任罗马东部行省总督。在那里，他爱上了埃及女王克里奥佩特拉。他爱得忘乎所以了，用罗马的军队帮她扫除异己，还要把罗马东方的土地送给她，甚至要立她的儿子为继承人。这消息传到罗马元老院，元老们很生气，派屋大维率舰队去讨伐他。

画家提埃波罗描绘的安东尼与克丽奥帕特拉在一起的情景。恺撒死后，安东尼去了埃及，在与埃及女王克丽奥帕特拉密切接触中，坠入了情网。

公元前 31 年 9 月 2 日下午，屋大维和安东尼的船队在希腊西部的亚克兴海上对峙，双方展开了一场激战。双方势力相差不大，一时间难分胜负。正在战争的高潮时，埃及女王的收兵号声“呜！呜！”响起。安东尼也随她去了，丢下了自己的舰队。屋大维趁机收拾了安东尼的舰队，但是没有人知道埃及女王为什么要在这个

时候撤退。第二年，屋大维又率兵进攻埃及，逼得安东尼和克里奥佩特拉双双自杀。此时，只有 32 岁的屋大维成为罗马唯一的主宰。

当他带着胜利的消息回到罗马的时候，罗马的百姓和元老们站在道路两旁欢迎他，他要把和平带给罗马人民。第二天，他和全城的百姓来到神庙前，在这里他自豪地宣布："罗马从此迎来和平，从今以后供着战神的神庙将被关闭。"在治理国家的问题上，屋大维吸取了恺撒的教训，表示愿意恢复共和制度。公元前 28 年，屋大维改组元老院，自任"元首"。公元前 27 年 1 月 13 日，屋大维在元老院宣布交出权力，还政于民，元老院为此授予他"奥古斯都"的尊号。

事实上，屋大维所开创的"元首政治"就是君主制的开始。虽然他没有称帝，但他已经可以说是罗马帝国的第一个皇帝。他思考了以往罗马长期内乱的原因，认为是出于宗教的衰弱和道德的败坏。于是，他开始修建庙宇和神像，自己也只住在简陋的房子里，像元老院贵族一样生活得很简朴。

正如他所承诺的，屋大维把和平带给了罗马，同时也带动了地中海的安定。那里的经济呈现出欣欣向荣的态势，文化方面也是百花齐放。而他自己就一直生活在帕拉丁山顶上一所简陋的住宅里。人们为了纪念他，在他死后给他举行了隆重的葬礼，还用他的名字"奥古斯都"来命名他去世的这个月。

亚克兴海战

亚克兴海战是古罗马"后三头"的屋大维和安东尼为争夺国家最高权力的海上决战。亚克兴海战灭亡了曾经无比发达的埃及王朝，从此，埃及不再是一个独立的国家，这种局面一直延续到近代。而由于屋大维的胜利，使他顺理成章地成了罗马的救星，以后更建立了罗马帝国，使罗马成为古代史上一个最庞大的帝国。

恺撒死后，罗马内部争权夺利的矛盾更加激化。公元前 37 年，安东尼与埃及女王克丽奥帕特拉七世结婚，并公然声称将罗马东方行省部分地区赠予她和她的子嗣。第二年，屋大维剥夺雷必达的军权，坐镇意大利而与东方的安东尼对峙。为了取代安东尼，屋大维怂恿元老院和公民大会宣布安东尼为“祖国之敌”，并向埃及女王宣战。

公元前 32 年，安东尼亲自率领约 16 万的军队直扑雅典。而此时，屋大维也已做好了充分准备，他动员所有的军队和船只，总计步兵 8000 人、骑兵 1. 2 万人、战船 400 艘。其中陆军由他亲自率领，舰队则由阿格里帕指挥，他们分别集中在意大利东南部布伦的西和塔兰托港。

为了争夺国家最高权力，屋大维和安东尼发动了亚克兴海战，结果屋大维取胜，之后，在他的统治下，罗马成为古代史上一个强盛的帝国。

屋大维的战船上装备有一种叫“钳子”的新武器，它用铁皮包着，敌人既无法砍断跳板，又无法割断后面的绳索。安东尼的战船比较庞大，船上装有旋转的“炮塔”，船的两侧备有木材“装甲”，以防敌舰冲撞。安东尼的舰队共分 8 个支队，主力位置在普雷佛扎城以南的亚克兴海角。

在希腊西海岸，夏季的风上午总是从海上吹向大陆，到中午就转为西北风，风力相同。安东尼根据这个规律制定了一个完美的作战计划，但是令他没有想到的是，一个逃兵把计划泄露给了屋大维。屋大维听后便将计就计，把舰队在海面分左中右三部成一线展开，各由阿格里帕、阿伦提和自己指挥。他们面对普雷佛扎海峡，等待着安东尼的舰队驶出港湾。

公元前31年9月的一天，海面微风习习，一场血战一触即发。安东尼的右翼和阿格里帕的左翼同时向对方侧翼迂回，战争由此爆发。安东尼的士兵不断用机械或手投掷巨石、弩箭和带倒刺的铁标枪。阿格里帕率领左翼战船，充分发挥船体轻、机动性好的优点，猛烈向敌舰撞击，欲将其击沉。海面上，大船小船混杂在一起，喊声、号角声和船板破裂声交织在一起，战斗十分激烈。士兵们跳到对方甲板上，用长矛、短剑杀死敌人，海战顿时变成了陆战，船上、海上血肉横飞，鲜血染红了海面。

就在安东尼指挥右翼仍在苦战之际，他的中央和左翼舰队竟然掉头逃跑。安东尼知道败局已经无可挽回，便在枪林弹雨中，与一部分士兵逃离重重包围。一些没有逃走的战船和陆军看大势已去，便纷纷向屋大维投降。自此，亚克兴海战以屋大维的胜利而结束。

安东尼逃回埃及从此一蹶不振，不问军政大事，整日在饮宴中度日。

公元前30年夏，屋大维进攻埃及，安东尼又振作起来，试图率兵抵抗，结果他的残存兵力全都趁机逃跑投奔了屋大维。此时，安东尼又听到克里奥帕特拉死亡的传言，遂伏剑自杀。不久，埃及女王克里奥帕特拉也自杀死亡，古老的埃及托勒密王朝就此覆灭了。

耶稣创立基督教

在世界的三大宗教中，基督教以教徒最多、影响范围最广被世人誉为世界第一大宗教。两千多年来，基督教作为社会上层建筑已渗入人类社会的每一个角落，深深地影响着世界广大地区的历史发展与文化进程。耶稣是基督教信仰的救世主，基督教的创始人。后人为了纪念耶稣，用他的诞生日定为公元元年。

基督教是人类历史上最具影响力的三大宗教之一，在西方精神世界里一直占据统治地位。自耶稣创立基督教以来，人类历史和思想尤其是西方人的思想和观念发生了巨大变化。

耶稣诞生

据《圣经·新约》中说，在耶路撒冷小镇伯利恒，有一位叫马利亚的圣女，她在上帝的指引下怀孕，并在伯利恒的一个马棚里生下了“上帝之子”耶稣。

耶稣从小就对神殿有一种特殊的感情，长大后，他走遍了中东各地。当时，一位名叫约翰的义士在人群中传教，他向人们宣讲，所有的人必须接受水的洗礼，洗掉身上的罪恶，才能得到上帝的赦免；他奉劝人们要信奉耶和华，不仅从内心向他忏悔，而且要在行动上有所改变，与悔改的心相称。

约翰的宗教信仰吸引着耶稣，于是在约旦河边，他接受了约翰的洗礼，并追随约翰投身于宗教事业。从耶稣被施洗开始，洗礼成为基督教的圣事之一。

耶稣30岁时，开始出外传教，讲天国的道理，宣传《福音书》。耶稣为人类创建了一个充满“爱”和“真情”的天国，在那里人人平等，这便是耶稣带给人类的“福音”。据说，耶稣是一个无所不能，无所不会的人，他的头上出现了一轮巨大的光圈，使人民能在黑暗中清楚地看见他。耶稣不断地为人民做好事，免费为百姓治病，慢慢地越来越多的人崇拜他、信仰他。耶稣开始拥有了众多的信徒，他们尊称耶稣为“耶稣基督”，基督即救世主之意。

耶稣的思想反映了下层人民的理想，受到了极大的欢迎，但却使罗马的统治者

感到了威胁。于是，罗马统治者收买耶稣十二门徒中一个叫犹大的人。在犹太人的逾越节前夜，他们俘获了耶稣。第二天，按照当地处死贱民的刑法，耶稣被钉死在十字架上。

据说，耶稣被钉死在十字架上的第三天清早，人们发现他已复活。耶稣的门徒开始并不相信，当天晚上，众门徒又发现耶稣显现。从此，门徒们更加相信了耶稣，尊他为神，将他所创立的教义传播到更广大的人群中去。

耶稣基督受难时的情景

耶稣死后，他的信徒们继续传播他的思想，使得基督教的影响越来越大。公元4世纪时，罗马统治者认为基督教的教义在某些方面对他们的统治有利，就把基督教定为国教。从此，基督教以更快的速度传遍全世界，成为世界上三大宗教之一。

耶稣虽然是传说中的人物，但他出生的那一年却被作为计算历史年代的第一年，叫基督纪元，即“公元”，是现在的世界各国通行的纪年法。

暴君尼禄

尼禄是古罗马帝国朱里亚·喀劳狄王朝的最后一任皇帝，也是古罗马乃至欧洲历史上著名的暴君，被世人称之为“嗜血的尼禄”。作为暴君。尼禄被永远铭刻在人类文明史的耻辱柱上。关于他的传闻与故事流传甚广，但都是惊人的一致，那就是荒诞、残酷和淫乐。他死后，元老院下令，凡是尼禄的塑像、碑文、建筑物上的铭刻，都必须销毁或抹除。

暴君尼禄

公元 37 年，罗马一个贵族家庭中诞生了一个小男孩，他就是尼禄。他的父亲是罗马帝国一个劣迹昭著的官员，曾杀死过许多无辜的百姓。3 岁时，尼禄死了父亲之后，他的母亲也遭到流放，尼禄幼年一直跟着姑母生活。

尼禄的母亲小阿格里庇娜是一个富有心机的女人。公元 49 年，小阿格里庇娜被召回后就嫁给了当时罗马的皇帝喀劳狄。成为王后之后，小阿格里庇娜并没有满足于现状，而是进一步让国王废除原先的太子，把尼禄立为王储。因为担心皇帝喀劳狄反悔，她就投毒把他给害死了。此后，她又用金钱收买了禁卫军，扶持 16 岁的尼禄登上王位。

尼禄执政之初，国家方针由小阿格里庇娜和几个旧臣共同决定，他们与元老院阶级合作，维持前朝的稳定发展政策，在首都举办希腊式的赛会。他还降低了税收；制定了给老人以年金、给穷人以补助的法律；派遣优秀官员在海外任总督。根据法律，罗马的显赫家庭成员要为平民做业余表演；元老院议员的妻子必须登台表演；贵族要骑着大象走绷索。在节日里，他举办有奖演出并亲自参加，他的言行博得了人们的好感。这一时期，罗马城内十分繁荣，边境比较安定，这段时期也是罗

马历史上最繁荣兴旺的年代的一部分。

当时的罗马帝国，以罗马为中心，北起不列颠南到摩洛哥，西从大西洋东到里海，疆域十分辽阔。国家的所有权力都集中在皇帝一个人手中。尼禄不仅拥有了这些土地，还拥有至高无上的权力。他几乎一个人垄断了所有的大权，既是政府首脑，又是立法者；既是大法官，又是大祭司。

尼禄所继承的王国就是这样一个强大的帝国。登上王位之后，他就开始排除对自己有威胁的人。他对母亲强烈的权利欲望和干涉政治非常不满，在一场亚美尼亚使臣谒见的场合中，尼禄以皇帝的身份阻止母亲进入会场。小阿格里庇娜便以扶助即将成年的老国王的太子来威胁尼禄。

公元 55 年，尼禄担心太子会夺取自己的王位，便从一个巫婆那里找来一种烈性毒酒，在宴会上让他喝下去。14 岁的太子在喝下毒酒后就全身抽搐着，痛苦死去。看到太子这样，周围的人非常惊恐，而尼禄却一边津津有味地继续吃饭，一边若无其事地说："他这不过是癫痫病发作而已！"

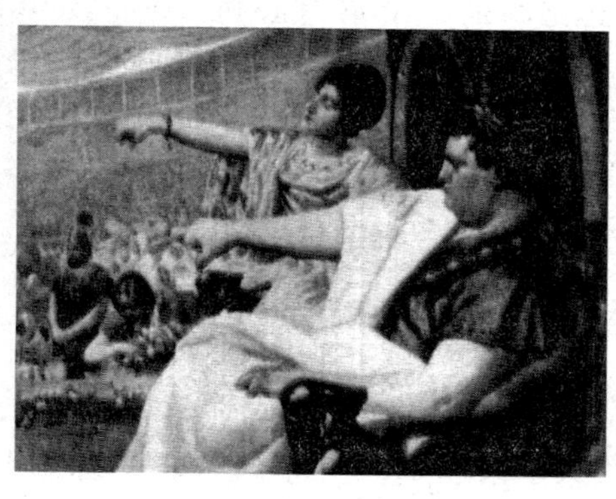

不可一世的尼禄在看台观看表演

面对大权，尼禄的野心不断膨胀，但是由于他的母亲分享了他的权力，并常常以女王身份自居，这使尼禄十分恼恨。有一次，他在海滨举行宴会招待母亲，然后用一只特别的船送她回家。当天夜里，这只船在大海上破裂成碎片，但是小阿格里庇娜游到了岸边，并派人给尼禄送信。尼禄在和信使讲话时，偷偷在地上放了一把匕首，然后脸色一变说，他母亲派人来刺杀他。这条罪状便使他的母亲丧了命。

尼禄的家庭生活也充满了血腥残暴。15 岁时，他娶了老国王的 13 岁的女儿奥克塔维娥为妻。但是，他十分厌恶这个安详的女孩子，不久就把她放逐到一个岛上，后来竟然杀死了她。第二任妻子波比亚因为有一次抱怨他回家太晚，他又把第二任妻子也杀了。而他的第三任妻子斯塔蒂丽亚则是他杀夫夺妇得到的。

尼禄在独揽大权之后，罪恶本性很快膨胀起来。他对于元老贵族的崇敬逐渐淡灭，开始喜欢接受人们的奉承，并大肆打击与他对立的政治势力。最有名的是公元65年的“批索的阴谋”，一群共和派的政治人士打算推翻尼禄的统治，但是他们的计划在事前泄漏，尼禄为了报复，扩大打击面，整肃异己，从而让罗马的上层阶级随时感受到皇帝的恐怖统治。

尼禄把基督教徒紧紧地捆在十字架上，点燃后作为黑夜中的火炬。

尼禄喜欢挥霍浪费，用惊人的赌注打赌，外出游猎时由一千来辆华丽的马车列队护送。国库空虚时，他把私人财产充公，并废除了早年制定的减税法以及对老人和穷人的补助法，霸占寺庙财产，贬值货币。对于尼禄的做法，人们非常不满。

公元64年7月的一个夜晚，罗马城内发生了大火。这场大火一烧就是六天，把整个罗马城的14个区烧得只剩下4个了。当时，住在安齐奥的尼禄星夜赶回救火，把公共建筑物和私人花园全部开放，让无家可归的人暂时在那里栖身，并采取措施阻止投机活动。

尽管这样，大家都在议论这场火到底是怎么烧起来的。有人说尼禄是纵火者，原因是他想要建造一座新的罗马城，又想看一下大火燃烧起来的场面，所以放了一把火烧了整个罗马城。甚至还有人宣称，看到在大火燃烧的时候，尼禄穿着戏服在一个高塔上弹琴吟唱，唱的是他自编的“特洛伊陷落之歌”。可就在大火过后，他却开始寻找“嫌疑犯”。最后他控告基督教徒放火，于是他就开始了对基督教徒的迫害。

大火之后，尼禄大兴土木，一座新的罗马城在他的手中被建造起来。尼禄把这座新城取名为“尼禄城”。原来的市中心在大火中化为灰烬，在那里，尼禄给自己建造了一座金碧辉煌的“金殿”。屋子外有树林和湖泊，屋子内部更是装修得富丽堂皇，尼禄这样称赞他的宫殿：“这才像个人住的地方!”

人们看尼禄这么挥霍，便公开宣称尼禄正是暗地纵火者。这话传到尼禄的耳朵后，他被激怒了。为了不使传言扩大，他便宣称这场灾难是基督徒阴谋纵的火。他先是指控他们纵火，然后又指控他们“仇视人类”，并下令逮捕这些基督徒，公开将他们残酷地钉上十字架，披上兽皮让恶狗撕咬，直到咬死。

此后，尼禄对周围的人产生了怀疑，他认定有一个阴谋集团在反对他。在极度疯狂和恐惧中，他宣布全国进入戒严状态。只要他提出一个人的名字，这个人就得被处死。元老院议员和卫队官员中的一些人被斩首，一些人被勒令自杀，整个罗马笼罩在一片极其恐怖的气氛之中。

尼禄的恐怖统治、疯狂屠杀和对基督徒的残酷迫害，激起了元老院的反对和百姓的反抗。尼禄的雕像被玷污，人们在墙上写着咒骂他的文字。最终，官员们纷纷叛逃，罗马军队也起来造反，北非和西班牙的军队也举行暴动，各路军队向罗马挺进，地方官员纷纷宣布背叛尼禄。成千上万的军队和百姓围着王宫，逼迫尼禄出宫给大家说法。

这时，面对四面楚歌和众叛亲离的境地，尼禄孤立无援，他乞求宫廷禁卫军帮他逃走，但却遭到拒绝。他写了一封信，要求人民宽恕他，但他看着这种庞大的声势，不敢走出宫廷交给人民。到了半夜，他只好披上一件旧斗篷，带着四个侍从，骑马逃出了罗马城，逃到郊外一个叫法恩的家奴房子里。他躲在地下室里，让仆人在房子后边为自己挖掘一座坟墓。

公元68年，尼禄逃跑后，元老院宣布尼禄为"人民公敌"，任何人都可以追捕或诛杀他。听到这个消息后，尼禄非常绝望，想以自杀结束自己的生命。但可笑的是，他自己没有勇气自杀，竟然无理地要求一个仆人先自杀给自己做示范，结果被仆人拒绝。

尼禄死后，憎恶尼禄的人们烧毁了金殿。公元80年，人们在金殿旧址上建成了古罗马竞技场。

天快亮时，传来了阵阵马蹄声，眼看着追兵就要赶来，尼禄便将一把匕首递给了一个侍从，让他刺向自己的喉咙。随着一声惨叫，31岁的尼禄倒在血泊里，结束了自己罪恶的一生。尼禄死后，罗马人念他是恺撒家族的最后一个统治者，为他举行了规模很大的葬礼。

庞贝古城

公元79年，意大利的古城庞贝在维苏威火山的爆发中消失了。千年过后的今天，我们看到了历史遗留下来的痕迹——庞贝，以它瞬间痛苦的毁灭为代价，穿越

了千余年的时空，向世人诉说着生命的宝贵。神秘的庞贝古城究竟在岁月的沧桑中遭受了怎样的灾难？又是什么力量将这座曾经繁华的城市埋葬？

庞贝城位于意大利那不勒斯东南的维苏威火山脚下，始建于公元前 6 世纪，公元前 89 年并入罗马。由于这里濒临海湾，阳光明媚，气候宜人，很快吸引了罗马的权贵和富豪。他们在这里兴建豪华的游乐场所和宅邸，城市规模不断扩大，街市日益繁荣。到了公元 70 年，庞贝城已经成为富人的乐园，人口超过了 2 万，成为闻名遐迩的大都城。

公元 79 年，维苏威火山爆发。瞬息之间，火山喷出的灼热的岩浆遥天蔽日，四处飞溅，浓浓的黑烟，夹杂着滚曼的火山灰，铺天盖地降落到这座城市。

公元 79 年 8 月 24 日这天，人们像往常一样开始了他们一天的生活。但是人们做梦都没有想到，厄运就要降临到自己的头上。

灾难即将降临！一块奇怪的云遮挡住了太阳的光芒，天暗淡下来，接着“轰隆”一声巨响，岩浆从火山口汹涌而出，直冲云霄，遮天蔽日的黑烟挟带着滚烫的火山灰向人们袭来，刹那间天昏地暗，地动山摇。火山灰、浮石、火山砾构成的“阵雨”在庞贝城下了 8 天 8 夜，接着是高热水蒸气形成的瓢泼大雨。雨水扫荡着山上的石块、泥沙、火山灰，形成巨大混浊的泥石流，顺着山势滚滚而下，奔流着冲向庞贝古城……

火山爆发一直持续了 18 个小时。就在这段时间内，火山灰、石块等把这座古城一层层地覆盖起来。庞贝城方圆数十千米以内的土地、城市、建筑完全被掩埋，最深处竟达 19 米。城内尖叫声、哭喊声响成一片，人们纷纷逃离，那些逃命不及的人和动物，都被活活掩埋。即使侥幸离开家园而逃离劫难的庞贝人，再回到家乡时，已无法找到原来的建筑。曾被誉为美丽花园的庞贝就这样沉睡在了时空之中，一切的安逸繁荣，就在刹那消失，庞贝的历史也因此戛然而止。

不久以后，新的城镇很快又矗立起来，经过漫长的岁月，人们已忘却了这座完整密封于占地 65 公顷的火山屑中的罗马古城，只叫它“西维塔”。直到一千六百多年以后，一个偶然的发现使得被遗忘已久的庞贝古城重新出现在世人面前。

1707 年，一群生活在维苏威火山下的意大利农民正在山下挖掘水渠。他们挖着挖着，突然挖出了三尊衣饰华丽的女性雕像和一些亮闪闪的金币。很快，这里挖出宝藏的消息不胫而走，很多人都来到这里挖宝藏。于是越来越多的宝贝被挖了出来，有陶器、大理石碎块等。

庞贝古城遗址

起初，人们以为这些不过是那不勒斯海湾沿岸古代遗址中的文物，没有人意识到，一座古代城市此刻正完整地密封在他们脚下占地近 65 公顷的火山岩屑中。

直到 1748 年，人们又挖掘出了被火山灰包裹着的人体遗骸，这才意识到，沉睡了一千六百多年的古城开始苏醒了！大批的考古学家闻风而至，经过他们精心的挖掘和认真的研究，这个深埋于地下、曾经有过灿烂辉煌文明的庞贝古城终于重见

天日了。

今天，人们看到的庞贝早已不是那个如花园一样美丽、繁华的庞贝了，它已成为历史中一页真实的标本……

弗拉维乌斯王朝和过继制皇帝

弗拉维乌斯王朝巩固了罗马帝国。过继制皇帝们在此基础上推动了帝国的进一步发展，引领了一个黄金时代的到来。

公元69年，在尼禄死后的真空时期，先后有四位皇帝宣称拥有皇位。朱迪亚总督维斯巴芗最后胜出，建立了弗拉维乌斯王朝。他通过较好的经济管理和增加税收平衡了国库财政赤字，从他征收的排污税中还产生了“金钱不发臭”的名言。

钱币上的维斯巴芗肖像

维斯巴芗开始建造罗马的圆形大剧场，重组军队，通过扩大公民权加强了与行省的联系。在他的后继者提图斯（公元79—81年在位）的统治时期，庞贝城和赫库拉雷乌姆城在维苏威火山的爆发中被毁。弗拉维乌斯时代以提图斯之弟及继位者图密善（公元81—96年在位）被杀而告终。

随后的时代被称为“过继制皇帝”的时代，每个君主都收养了手下最能干的大将，并让他继位，这个时代被认为是罗马最人性化的时代。法律的实施得到了保障，救济和社会机制也被建立起来。图拉真（公元98—117年在位）被元老院宣布为“最高元首”，他在对达西亚和帕提亚及北非的战争中获胜，帝国达到了疆域最广阔的时期。

哈德良皇帝（公元117—138年在位）是位将军，也是希腊文化的崇拜者。他和热爱和平的安东尼努斯·皮乌斯（公元138—161年在位）的统治时期被看成是罗马帝国的黄金时代。由于受到斯多葛主义的影响，他们两人都致力于建立一个多

罗马的图拉真记功柱，内容是图拉真在士兵面前演讲。

民族和多文化的帝国，推行防御性外交政策，使边疆得以稳固。不列颠的哈德良长城就是一个很好的例证。

马可·奥列略（公元 161—180 年）被称为“带着皇冠的哲学家”。他希望能够维护和平，却被迫在帝国的边境上不断进行防御战争，这些战争主要是针对意大利北部的马科曼尼人、多瑙河流域的夸德人、埃及人和西班牙人。他打破过继制，任命其子康茂德（公元 180—192 年）为继位者。在康茂德被杀后，过继制瓦解。

公元 79 年，维苏威火山爆发。

塞维鲁王朝

塞维鲁巩固了国内的军事力量，并为 3 世纪军事皇帝的统治打下了基础。在他的统治下，东方对罗马的影响日益增强。

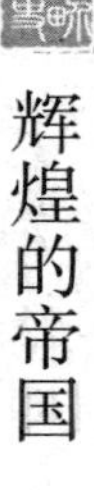

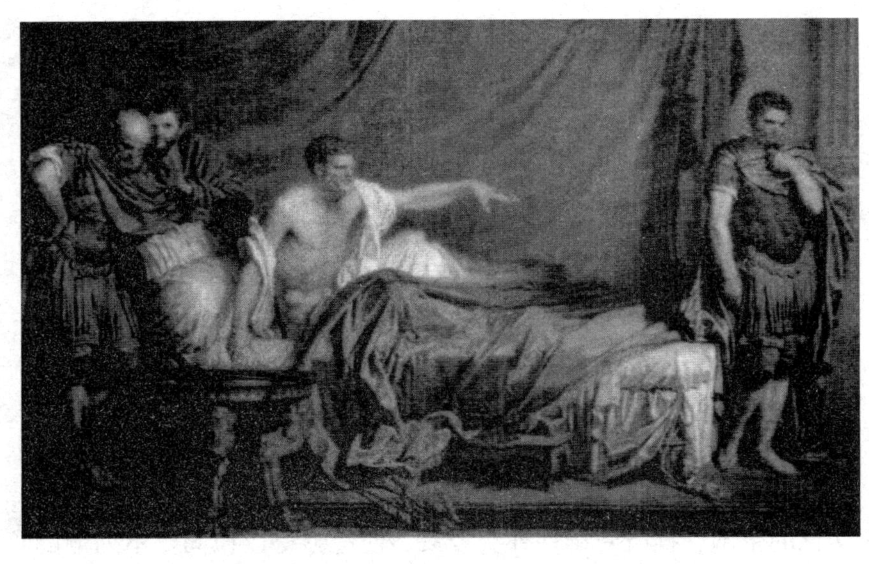
塞维鲁斥责他的儿子卡拉卡拉企图谋杀他

康茂德死后，五位将军争夺皇位。193 年，来自北非的塞维鲁获胜。他巩固了帝国，改革了财政，使行省居民和意大利人获得了平等的地位。他轻视元老院，用自己的军队取代了禁卫军，并指定忠诚的军人来担任权势愈重的帝国政府职务。他把帝国转变成了军事君主制，因此学者认为是他开始了军人皇帝的统治。

212 年，塞维鲁的儿子卡拉卡拉谋杀了共同摄政的兄弟吉塔而成为皇帝，他支持罗马和东方宗教崇拜融合。卡拉卡拉在军队和禁卫军的支持下推行了恐怖统治。当他在帕提亚战争中失败后，禁卫军长官马克里努斯暗杀了他，并在 217—218 年成为皇帝。

卡拉卡拉雕像

卡拉卡拉的叙利亚表兄弟埃拉伽巴卢斯（218—222 年在位）的统治是罗马君主统治中的新低谷。他是埃米萨太阳神的祭司，经常举行奢靡的夜间庆典，还建立了秘密宗教，试图使叙利亚的太阳神崇拜成为国家的宗教崇拜，从而破坏了罗马帝国的认同。

埃拉伽巴卢斯的表兄弟亚历山大·塞维鲁（222—235 年在位）出生于巴勒斯

乌尔庇安在塞维鲁及其母亲面前被杀，1876 年的木版画。

坦，他选择了另一条道路，他强化了元老院，并接受律师乌尔庇安的建议，严格按照古代罗马的法律进行统治，但是很明显，皇帝已经不可能违背军队和近卫军的意愿来进行统治。在率军远征美索不达米亚和埃及、进攻日耳曼的马科曼尼人均未取得战果后，乌尔庇安和对他影响很大的母亲在 228 年都成了护卫军谋杀的牺牲品。军队最终完全控制了罗马帝国。

军人皇帝时期（235—284 年）

军人皇帝统治时期（235—284 年），皇位的继承规则不明，皇帝和篡权者频繁更替，帝国统治极不稳固，直至最后一位军人皇帝稳定了帝国的统治。

由军人皇帝统治构成的 50 年也被称作“危机重重的 3 世纪”，这是一个极其混乱的时代：一共有 26 位皇帝和 40 位篡位者登上皇位，并均死于谋杀，这些皇帝大多出自伊利里亚-帕诺尼亚的军官，大多数人都是戎马一生。常常会同时出现相互争夺皇位的皇帝，导致帝国的分裂。

在这一时期罗马还被迫转入防御政策。从 3 世纪初期起，日耳曼部落，尤其是哥特人就威胁着帝国西部。到这个世纪中期，多瑙河流域、小亚细亚和希腊均失陷。在西亚，新建的萨珊波斯帝国迫使罗马在该地节节败退。在 260 年的一次大败中，瓦勒里安皇帝（256—260 年在位）被波斯人俘虏。258 年，篡位者波斯图姆斯将高卢从帝国分裂出去，建立了高卢-罗马帝国，这一政权在他死后仍然存在。帕

260 年，萨珊波斯王朝的国王沙普尔一世在埃德萨附近战役中战胜罗马皇帝腓力浦和瓦勒里安。

尔米拉的叙利亚总督奥德纳图斯宣布独立，并迫使罗马承认他为“整个东方的统治者”，他死后，其遗孀泽诺比娅自封为女皇。

275 年，奥勒良在拜占庭附近被杀。

这一时期的最后几位军人皇帝终于恢复了帝国的稳定。克劳迪二世（268—270 年在位）成功阻挡了阿勒曼尼在意大利北部的入侵，在多瑙河流域战胜了哥特人。奥勒良（270—275 年在位）这位最重要的军人皇帝，环绕罗马建立了奥勒良城墙，并于 270 年至 271 年将高卢人永远地驱逐出了意大利北部。接着，他向东方进发，

摧毁了帕尔米拉王国（273 年），再次将埃及并入罗马帝国版图。奥勒良对经济和行政进行了改革，接受了叙利亚的“不可战胜的太阳神”崇拜为帝国统一的宗教崇拜。崇拜这个神的节日是 12 月 25 日，日后被基督教采用为圣诞节。

绘有狮子的萨珊王朝银盾

继奥勒良之后，普罗布斯（276—282 年在位）安抚了刚刚平定的高卢，并将法兰克人赶出了莱茵河，使该河再次成为帝国的边界线。他还安置了日耳曼部落，使之成为殖民地或将他们归入他的军队中去。他被谋杀后，形势再次变得动荡，直到戴克里先登上皇位才得以恢复平静。戴克里先的统治赋予帝国新的特征。

帝制时代：戴克里先和“四帝共治制”

戴克里先先是和马克西米安二帝共治，而后又建立起“四帝共治制”，有效地解决了帝国逐渐走向分裂的问题。就这样，戴克里先恢复了罗马的力量。

284 年 11 月，出身卑微的近卫军长官戴克里先夺取了皇位，建立起帝国的新秩序，从而结束了“3 世纪危机”。285 年，高卢爆发战争，戴克里先任命军事统帅马克西米安为“共治副帝”（称为“恺撒”）。第二年，在他成功镇压了高卢的反叛后，又任命他为“共治正帝”（称为“奥古斯都”）。

刚开始戴克里先的统治并不稳固，他一方面必须稳定帝国内部的动荡局面，另一方面又须在帝国的边境上抵抗外敌的入侵。两名“共治正帝”各负其责。戴克里先主要负责进行全面的行政和军事改革。他推行新税制，彻底改革了行政官员的薪

金制度，另外还改革了法庭。行省被赋予更大的权力，这加速了帝国权力的分散化。而马克西米安则奔波往返于各个战场，负责帝国战事。

戴克里先雕像

286—287年，在地方篡权者的带动下，不列颠从帝国分裂了出去，同时在西亚也爆发了反叛。戴克里先意识到，帝国已经无法再进行中央集权统治，于是在293年，他建立了“四帝共治”的体制。他和马克西米安各领养一个继承人协助统治。正帝退位后，继承人即取而代之。戴克里先和马克西米安分别选择了加列里乌斯和君士坦提乌斯为副皇帝。四位皇帝按区域划分他们的权力范围。作为帝国东部的正皇帝，戴克里先统辖自色雷斯至西亚和埃及的地区，其首府设在撒罗那（今斯普利特）；加列里乌斯管辖多瑙河流域诸行省和希腊。

戴克里先宫殿复原图，300年左右戴克里安为退位而建造，靠近撒罗那。

作为帝国西部的正皇帝，马克西米安统辖意大利、西班牙和北非，驻地在米兰；而君士坦提乌斯则管辖高卢和不列颠。如若发生利益冲突，戴克里先以“资深皇帝”之名拥有最终决定权。这一体制历经二十年而牢不可破，最后戴克里先决定和马克西米安在305年5月1日同时退位，让位于加列里乌斯和君士坦提乌斯。

皇帝们以罗马古老的神明崇拜为国家的意识形态，将自己神化，要求民众崇拜统治者。基督徒拒绝遵守这样的规定，因而在299年遭到迫害。这种迫害在303—305年达到高峰，基督徒们被迫在罗马的地下墓穴藏身。在此之后，戴克里先在基督教的历史学中一直是被斥责的对象。

使徒保罗的画像，基督徒藏身的一个地下墓室里的壁画。

“四帝共治制”的瓦解以及君士坦丁和李锡尼的胜利

306年后，争夺权力的斗争使得“四帝共治制”瓦解。在君士坦丁大帝和李锡尼取得胜利后，基督教首次得到了帝国的承认，从此逐渐成为罗马的国教。

到305年，“四帝共治制”已摇摇欲坠。马克西米安不愿意放弃权力。另外，除了养子君士坦提乌斯以外，马克西米安还有一个亲生儿子，叫作马克森提乌斯，他热衷于追逐权力。在帝国东部，权力交接顺利，加列里乌斯将马西米努斯·达亚提升为副皇帝。

钱币上的李锡尼

在帝国西部，权利的更替导致了激烈的斗争。君士坦提乌斯去世后，其亲生儿子君士坦丁在军队的支持下，攫取了皇位。不服气的马克森提乌斯则在罗马让禁卫军拥戴他为皇帝。加列里乌斯派遣军队讨伐马克森提乌斯的倒行逆施，但被打败了。由此在君士坦丁和马克森提乌斯之间展开了一场长达 5 年的争夺帝国西部统治权的战争。

308 年，加列里乌斯宣告李锡尼为帝国西部的皇帝，这使得形势变得更加严峻。李锡尼任命君士坦丁为他的副皇帝，并且在 311 年劝服基督教的迫害者加列里乌斯颁布一个宗教宽容的赦令，以此来获取基督徒的支持。这是罗马皇帝对基督教最早的承认。

米尔维安桥之战，312 年。

在 312 年、已经公开支持基督教的君士坦丁率领他的军团进军罗马，在米尔维安桥之战中击败了数量是其两倍之多的马克森提乌斯的军队。第二年，同样是在基督教徒的帮助下，李锡尼也在东方击败了马西米努斯·达亚。两位胜利者瓜分了帝国——李锡尼统辖东部，君士坦丁统治帝国西部，罗马帝国至此出现了一个新的时代。

在米尔维安战役中，君士坦丁的骑兵将马克森提乌斯赶入河中的场景。

七、从君士坦丁到拜占庭的兴起

公元 312—867 年

313 年，君士坦丁和李锡尼在米兰颁布了《米兰敕令》，使基督教和罗马的宗教崇拜取得相同的地位。不到一个世纪的时间里，基督教就成了罗马的国教。君士坦丁是第一位利用基督教作为工具来加强其统治的皇帝，他使教会严格处于政治控制之下。他的后继者均沿袭了这一做法。395 年，帝国东部和西部事实上的分裂开始固定下来。西罗马帝国迅速走向灭亡，而拜占庭帝国则一跃成为一个新的强国。

君士坦丁大帝

君士坦丁大帝是罗马皇帝，也是罗马第一位信仰基督教的皇帝。为了争取广大基督徒的支持，他在位期间曾颁布《米兰敕令》，承认基督教为合法且自由的宗教。公元 330 年，他将罗马帝国的首都从罗马迁到拜占庭，并将该地更名为君士坦丁堡。此外。他的一系列改革措施，为欧洲从奴隶社会向封建社会的过度起到了重要作用，他被称为西方的“千古一帝”。

君士坦丁约于 280 年出生在南斯拉夫的内苏斯镇（今尼什）。他父亲君士坦提乌斯是部队的一位高级将领。据说，君士坦丁是父亲君士坦提乌斯和他的旅店女仆

的私生子。在戴克里先皇帝的宫廷所在地尼考米迪亚，君士坦丁度过了自己的少年时期。

当时，正值戴克里先推行四帝共治制，君士坦提乌斯成为西部帝国皇帝马克西米连的副手，年轻的君士坦丁很快便成长为帝国上层建筑的重要人物。他曾到东部帝国的皇帝戴克里先军中服役，并在对埃及和波斯的战争中靠自己的勇敢和才干升任高级军官。

公元 305 年，戴克里先和马克西米连同时退位，君士坦提乌斯成为西部帝国的皇帝，君士坦丁回到他身边，随父亲转战不列颠等地。一年后，君士坦提乌斯病逝，君士坦丁在军队拥立下继位为西部帝国的皇帝。但是帝国的部分将领不服，便爆发了一系列的国内战争。

米尔维亚桥战役

经过 6 年的征战，公元 312 年，君士坦丁在罗马附近的米尔维亚桥战役中取胜，统一了西部帝国。此后，他成了罗马帝国西半部名正言顺的统治者。但是与此同时，李锡尼也控制着东部帝国的政权，因此形成了两帝并立的局面。初期两人曾密切合作。公元 313 年，君士坦丁和李锡尼颁布了《米兰敕令》（又译作《米兰诏

令》或《米兰诏书》)，使基督教成为一种合法的、自由的宗教。

俗话说一山难容二虎。公元323年，君士坦丁主动进犯并击溃李锡尼。两年后，在亚德里雅那堡和克里索普利斯打败了李锡尼，重新统一了罗马帝国。

君士坦丁大帝临终受洗的情景

君士坦丁统一罗马帝国之后，致力于加强皇帝本人的独裁权力。他废除了四帝共治制，分封他的子侄统治各地；废除了近卫军，改用皇帝直接控制的宫廷亲卫队来代替它；同时进一步神化皇帝本人。自屋大维时代开始不断强化和神化的皇权，到了君士坦丁时代，终于达到了它的顶峰。

尽管随着罗马帝国疆域扩大，拜占庭位置显得日益重要，但是在君士坦丁之前的罗马帝国时代，它却一直未受到应有的重视。君士坦丁命人重建，并大规模扩建了拜占庭。公元330年，他宣布将罗马帝国的首都从罗马迁到拜占庭，并把它重新命名为君士坦丁堡（今名伊斯坦布尔）。从此，这个城市开始了它辉煌的千年历史，君士坦丁的名字与这个城市融为一体，直到1453年。

君士坦丁制定的一些民法更为重要，他创建的法律规定某些职业（如屠夫和面包师）为世袭职业。他还颁布一道法令禁止佃农离开祖先的土地，用现代的话来说，他把佃农变成了农奴，终生依附在那块土地上。这道法令和类似的法律为奠定中世纪欧洲整个的社会结构基础起到了积极作用。

公元337年，君士坦丁大帝临终前接受了洗礼，以一个基督徒的真面目升向他梦想中的天国。

《米兰敕令》

公元4世纪初，曾经在罗马帝国一度被视为非法宗教的基督教逐渐盛行起来。为了向日益盛行的基督教寻求支持，公元313年，君士坦丁大帝颁布了一个宽容基督教的敕令——《米兰敕令》。《米兰敕令》的颁布是基督教发展历程中的重大转折，它为君主制找到了理论根据，从此基督教成为帝国的精神支柱。

基督教在罗马的传播经历了很长的过程。一千六百多年以前，罗马是一个多信仰、多文明的帝国，在信仰自由的罗马人眼中，“一神论”基督教曾一度处于非法地位，受到罗马帝国多次残酷的镇压。但是基督教中平等、互助等教义得到了贫苦百姓的青睐，开始在他们中间不断地传播。

到了公元3世纪，基督教徒发展到了六百多万，教堂更是各地林立。随着教徒人数的增加，教徒的范围也在不断扩大，甚至出现了官吏和皇族子弟。

罗马帝国的统治者为了向日益盛行的基督教寻求支持，转而采取了利用政策。具有代表性的事件就是罗马君主——君士坦丁大帝颁布的《米兰敕令》。

君士坦丁大帝雕像

君士坦丁究竟何时开始信奉基督教我们不得而知。最通常的一种说法是在米尔维安大桥战役的前夕，君士坦丁看到天空上闪耀着十字架样的火舌与这样的话：“依靠此，你将大获全胜。”看到这样的奇景，君士坦丁非常震惊，他以十字架为旗标指挥军队作战，最终击败了马克森提。

当然这仅是关于基督教的一种传说，不

管如何他都是罗马第一位信仰基督教的皇帝。他信仰基督教，并为使基督教从一个受迫害的宗教，转变为在欧洲占统治地位的宗教起了重大的作用。

有感于基督教的神奇力量，君士坦丁大帝下达了停止迫害异教徒的命令，使基督教与其他宗教处于平等的地位。

公元313年，君士坦丁和东部的奥古斯都李锡尼联合颁布了《米兰敕令》，宣布罗马帝国境内有信仰基督教的自由，并且发还了已经没收的教会财产，亦承认了基督教的合法地位。罗马世俗诸神从此开始了被排挤出外的历程。敕令还要求归还先前被没收的基督教的财产，规定星期天为礼拜日。

《米兰敕令》的颁布是基督教发展历程中的重大转折，它标志着罗马帝国对基督教的政策从宽容与镇压相结合，转变为依靠、扶植和利用。从此基督教开始与奴隶主政权合流，成为御用的思想统治工具。

君士坦丁放开对基督教的限制促进了它的发展。他颁布法令赐予基督教以诸多特权，如教会有权接受遗产和捐赠，教会神职人员豁免赋税和徭役等。

君士坦丁统治时期，公元325年，为了解决阿里乌和亚大那西的信徒之间的一场论战，君士坦丁召开了基督教历史上第一次会议——尼西亚会议。会议通过了坚持三位一体说的《尼西亚信经》。此后《尼西亚信经》成为基督学说的正统。

虽然君士坦丁放开对基督教的限制绝不是为了使它成为正式的国教，但他制定的法律和其他政策都有力地促进了它的发展。

经君士坦丁时代之后，基督教的地位已不可动摇。公元392年，罗马皇帝狄奥多西一世以法律的形式，使基督教成为罗马帝国的国教，之后基督教成了中世纪欧洲的精神支柱，开始了在西方文化史上唯我独尊的时代。直到14世纪后兴起了文艺复兴运动，基督教的权威才开始动摇。

君士坦丁的后继者

君士坦丁死后，其后继者的兄弟相残动摇了帝国的统治。最后，君士坦提乌斯

尼西亚会议是基督教的第一次会议，君士坦丁和基督徒手上拿的则是《尼西亚信经》。

二世取得胜利，沿袭了其父的政策。后来，“背教者”朱利安皇帝曾试图转向异教，但这一时期相当短暂。

330年，君士坦丁将拜占庭改名为“君士坦丁堡”，作为他统治的罗马-基督教帝国的新首都。到335年，受戴克里先“四帝共治制”的影响，他创立了一套新的皇位继承制度。具体说来，他的长子和次子，即君士坦丁二世和君士坦提乌斯二世将成为正皇帝，而他最小的儿子君士坦斯和侄子达尔马斯乌斯将成为副皇帝。然而在337年，当君士坦丁准备对波斯进行军事进攻，在接受基督教洗礼几天之后，他就去世了。在他死后，他的三个儿子都被封为皇帝。

背教的皇帝朱利安，约1320—1325年的壁画。

同胞之间的自相残杀随即开始。在这场斗争中，君士坦丁第一任妻子弗丝塔所生之子君士坦提乌斯二世将父亲第二任妻子的所有亲戚消灭殆尽，并在这场权力斗争中取得了最后的胜利。在击退了波斯人的进攻

后，围绕阿里乌斯教派和其他基督教小教派的争执威胁到了帝国统治的稳定，所以君士坦提乌斯二世积极推行了父亲的基督教政策，试图建立政治上与宗教上的统一，通过强调基督教皇帝至高无上的地位。他的宫廷仪式已经展现出统治者的宗教热忱，这后来成为拜占庭帝国的特征。

361 年，君士坦提乌斯的堂弟朱利安继承了皇位。朱利安从 355 年后就一直是西部帝国的副皇帝，后来在 360 年称帝，和君士坦提乌斯对抗。朱利安对希腊哲学充满热情，他渴望恢复古罗马的伟大和荣耀，这使得他迷失了宗教信仰，企图压制基督教，建立新柏拉图主义的太阳崇拜。尽管他并没有迫害基督教徒，但他试图逆时而动的行为导致帝国的动荡。当他在 363 年死于与波斯作战后，他的新太阳崇拜就崩溃了。基督教历史学家谴责他为“背教者”。他的死亡标志着君士坦丁王朝的结束。

被基督教指为背教者的朱利安，罗马帝国最后一位多神信仰的皇帝。

瓦伦提尼安和提奥多西统治下的罗马帝国

罗马皇帝瓦伦提尼安一世和提奥多西大帝为加强罗马帝国的力量作了最后的努力。瓦伦提尼安巩固了罗马内部的团结，提奥多西则将基督教立为罗马的国教。

基督教并不是在罗马帝国的所有地方都受到欢迎，如“背教者”朱利安对基督教的反应就受到了一些人，尤其是罗马旧精英阶层的赞同。然而，作为帝国信仰的基督教并未就此瓦解。罗马帝国在瓦伦提尼安和提奥多西的领导下，也再一次经受住了来自日耳曼部落的猛烈袭击。

364 年 2 月，军官瓦伦提尼安加冕为皇帝。在军队的请求下，他让居住在君士坦丁堡的弟弟瓦伦斯与他共任为帝，分治东部。瓦伦提尼安首先投身于亟须加强的帝国边防事务。

《巴莱塔巨型雕像》，瓦伦提尼安一世的塑像。

在高卢，他迫使入侵的阿勒曼尼人退回莱茵河彼岸，并建立起了从北海至雷蒂亚的边防要塞。接着他开始推行节俭的财政政策，但这引起了罗马上层阶级的反对。

在东部的瓦伦斯则必须与哥特人和波斯人作战。376 年，他让西哥特人在色雷斯定居，没想到他们却进一步向希腊推进，战争爆发了。他的外甥格拉提安急忙带着帝国军队赶来援助。但瓦伦斯没有等待援军便开始行动，在 378 年的亚得里亚堡之战中被西哥特人打败了。瓦伦斯被杀死，哥特人占领了东欧。

瓦伦提尼安的儿子格拉提安继承了西罗马的皇位，但是将军提奥多西一世（大帝）掌握了政治领导权，格拉提安在379年1月任命他为东罗马的皇帝。

皇帝尤金尼斯和提奥多西一世手持象征胜利的标志

382年，提奥多西与西哥特人缔结和约，赐予他们多瑙河下游的南部领土，称他们为帝国的“同盟者”。格拉提安死后，提奥多西开始致力于整个帝国的基督教化。他反对异教崇拜，并在392年将在尼西亚宗教会议上确定的基督教体系定为罗马帝国的国教。格拉提安和提奥多西是最早摒弃罗马大祭司头衔的皇帝，教皇则成了大祭司，而他们愿意服从教会的决定。

提奥多西是一位在宗教和政治上都富有远见的人，同时也是一位正直的君主。但他召集条顿军团将领反抗篡位者尤金尼斯的决定给其继任者留下了难以解决的问题。

西罗马帝国的灭亡

395年，罗马帝国不可挽回地被分裂为东罗马帝国和西罗马帝国。在476年西罗马帝国灭亡之前，皇帝们始终受控于条顿军团将领。

395年1月提奥多西去世，他的儿子们瓜分了罗马帝国。长子阿尔卡迪乌斯继承了包括君士坦丁堡在内的东部地区，次子霍诺里乌斯继承了罗马帝国西部。提奥

369 年，哥特人和罗马皇帝瓦伦斯签订和平协定。

多西的儿孙们在很大程度上都依附于条顿将领。402 年，霍诺里乌斯将西罗马首都从罗马迁至拉文那。

日耳曼军队首领奥多亚克于 476 年推翻西罗马帝国的最后一位皇帝罗穆鲁斯·奥古斯都，约作于 1880 年的未版画。

霍诺里乌斯受控于帝国军队的统帅——汪达尔人弗拉维乌斯·斯提尼科。斯提尼科是帝国的将军，从395年起一直抵御着日耳曼部落的侵略。随着西哥特首领阿拉里克逼近意大利，罗马国内掀起了一股反对日耳曼人的浪潮。在这股浪潮下，斯提尼科于408年被处死。不久之后，阿拉里克在410年8月攻陷了罗马城。

瓦伦提尼安三世是提奥多西王朝的最后一位皇帝。由于母亲加拉·普拉奇迪娅在425—437年期间是摄政王，他一直受其母亲的影响。从433年开始，罗马将军弗拉维乌斯·埃提乌斯成了西罗马的实际统治者。437年，他摧毁了地处莱茵河地区的勃艮第王国，然后与西哥特人结盟。在西哥特人的帮助下，埃提乌斯在451年的夏隆之战中打败了阿提拉的匈奴大军。瓦伦提尼安感到了埃提乌斯势力的威胁，于是在454年阴谋刺死了他。455年3月，他自己也被埃提乌斯的同党谋杀。

410年，阿拉里克率领西哥特人征服罗马。

450年开始，西罗马帝国与日益强大的东罗马帝国关系变得紧张后，便迅速衰落。最终在476年，日耳曼统领奥多亚克征服了拉文那，废黜了这位西罗马最后一位皇帝，西罗马帝国灭亡。拜占庭皇帝成了唯一的罗马皇帝。

拜占庭帝国的巩固

450年之后，拜占庭的皇帝们使东罗马帝国的力量逐渐加强，维护了它在欧洲的统治地位。作为东罗马帝国的首都，君士坦丁堡继承了陷落的罗马留下的遗产。

在提奥多西懦弱的继任者们的统治下，东罗马帝国要向匈奴和日耳曼首领们进贡大量的金钱。东罗马走上了一条和西罗马命运相似的道路，几近灭亡。然而从450年马尔奇安登上皇位开始，其贤明的统治使这一情况遽然发生了改变。马尔奇安拒绝向匈奴人缴纳贡金，并把他们赶到了西部。通过和西哥特人与格皮德人的同

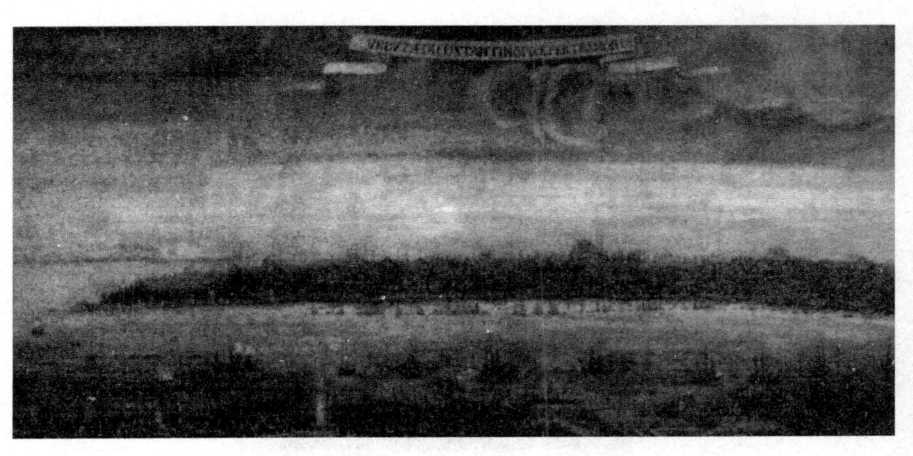

君士坦丁堡：博斯普鲁斯海峡上的景色。

盟协定，他击退了叙利亚和巴勒斯坦的阿拉伯部落，巩固了东罗马帝国。451年，马尔奇安在卡尔西顿召开宗教会议，谴责了分裂帝国的基督一性论。

马尔奇安的继任者利奥一世增强了东正教的力量，并挑起了对日耳曼将军阿斯帕尔的战争，因为后者从424年起就权倾帝国。马尔奇安创建了伊苏里亚近卫军，这支来自家乡山区军事部落的伊苏里亚人组成的精英部队在471年打败了阿斯帕尔，从而结束了日耳曼将军把持东罗马帝国的局面。他的女婿芝诺也是伊苏里亚人，他将君士坦丁堡建设成了罗马陷落后新的“世界中心”。芝诺不是个武士，而是个外交家。488年，他把他的“将军儿子”提奥多里克派往意大利。提奥多里克最终废黜了奥多亚克，正式将意大利置于东罗马帝国的统治之下。

这时候军事力量已大为增强的帝国需要新的内部结构。491年，帝位第一次由一位高级行政长官阿那斯塔修斯继承。首先，为了迎合传统行政精英，他解散了伊苏里亚近卫军；然后，为抵御波斯人和保加利亚人的入侵，他修建了防御工事。阿那斯塔修斯以其人性化的立法而著称，并通过精简的行政管理积累了巨大的国资储备。

查士丁尼一世在这些成就上再添辉煌，他在527年继位后将东罗马帝国带入了它的第一个黄金时代。查士丁尼是一个伊利里亚农民的儿子，但其父受过良好的教育。在他叔叔查士丁一世（518—527年在位）和他妻子提奥多拉的支持下，在国

东罗马皇帝阿那斯塔修斯一世，6 世纪初的象牙双联画。

家事务中占据重要地位，并成为查士丁一世的共治者。

查士丁尼与赫拉克留斯统治下的拜占庭帝国

在查士丁尼一世的统治下，拜占庭成了欧洲最重要的政治和文化强国。赫拉克留斯改革了帝国的组织结构，这种改革后的结构一直延续到它的灭亡。

在对外事务上，查士丁尼力图在西方建立起拜占庭帝国的统治，在东方击退波斯人的入侵，最重要的是，铲除不安分的日耳曼部落。在他统治时期，北非汪达尔人的王国（533—534 年）以及意大利东哥特王国（551—553 年）都归入了拜占庭的统治之下。

查士丁尼一世按照帝国神圣统治的观念，进一步细化了拜占庭的宫廷礼仪，使之披上了强烈的宗教色彩（“皇帝天主教”），并使君士坦丁堡大主教和罗马教皇屈从于皇帝的权威。查士丁尼最伟大的成就是从 528 年开始编纂的民法法典。《查士丁尼法典》决定性地框定了整个欧洲法律史的模式。在他的统治下，拜占庭帝国经历了自身文化的第一次文艺繁荣。

查士丁尼还投入大量金钱建造宏伟的建筑如君士坦丁堡的圣索菲亚大教堂，以及扩建帝国境内的城市。但是他的后继者们不但忙于与波斯人、阿瓦尔人（Avars）

耶稣受难的场景，君士坦丁与海伦娜站立在十字架下。

以及保加利亚人的战争，还卷入了政教纠纷。

610年，将军赫拉克留斯声望鹊起，夺取了皇位。他继续致力于塑造拜占庭帝国的特性。然而登基伊始，他就发现自己面临攻击。614年，波斯人攻陷了耶路撒冷；626年，波斯人和阿尔瓦人联手包围了君士坦丁堡。然而波斯人一被赶出安纳托利亚，局势就开始逆转。拜占庭军队攻入波斯领土，并于627年收复了耶路撒冷。

圣索菲亚大教堂中的耶稣像

此后，赫拉克留斯改革了帝国的组织结构，他重新组织了东正教会，把帝国划分成军区，并铲除了大地主的势力。最重要的是，他用教会和老百姓使用的希腊语

替代拉丁语，作为国家行政和军队的官方语言。“巴西琉斯”代替了“奥古斯都”成为皇帝的称号。赫拉克留斯由此完成了对帝国希腊-拜占庭特征的发展。

711年，赫拉克留斯王朝以及后来的皇帝都不得不抗击阿拉伯人和保加利亚人。从7世纪一直到9世纪，阿拉伯人和保加利亚人不断入侵，对帝国构成了致命的威胁。在国内，从711—843年，关于偶像崇拜的激烈争论曾一度动摇了帝国。皇帝和大主教们成了争论的牺牲品，多个行省通过内战获得了独立。尽管如此，拜占庭帝国的结构和领土大致上仍然保持完整。

717年，阿拉伯人围攻君士坦丁堡，13世纪的书籍插图。

亚美尼亚和比提尼亚

公元前2世纪，亚美尼亚是最早从塞琉古王国中取得独立的王国，并在公元300年左右成为世界上第一个基督教国家。相比之下，比提尼亚原先是一个独立的国家，但之后被归入罗马版图。

亚美尼亚最初是乌拉尔图古王国，它刚开始只是斯基泰人和辛梅里安人通往其他地区的一条通道，公元前550年左右成为波斯阿契美尼德帝国的一个行省。在公元前331年亚历山大大帝的征服之后，塞琉古王朝统治了亚美尼亚，但不久该地又被帕提亚人（安息人）所占据。到了公元前189年，由于叙利亚的安条克三世战

败，导致了亚美尼亚的分裂。

“屠龙者”乔治，阿塔马尔岛上亚美尼亚教会的圣十字架教堂中的浮雕。

提格拉尼一世在公元前90年左右又统一了亚美尼亚地区，而且还征服了卡帕多西亚和塞琉古王国的余部，包括腓尼基和西里西亚，进而向西扩张了其王国的疆域。然而在公元前69年，提格拉尼一世又被罗马人所打败，失去了本已征服的领土。亚美尼亚在罗马人和帕提亚人，后来还有萨珊波斯人的夹缝中生存，并成为这些大国竞相争夺的目标。

300年左右，“启示者”格里高利劝化亚美尼亚皈依基督教，使它先于罗马成为第一个基督教国家。亚美尼亚教会又称亚美尼亚使徒教派或格里高利教派。他们的领袖则被称为至尊大主教。亚美尼亚教会信奉基督一性论，迄今为止仍独立于其他基督教会之外。

从公元前4世纪末起，位于小亚细亚西北部的比提尼亚王国就由当地王族统治。在公元前264年，比提尼亚最重要的一位统治者尼科美德斯一世建立了都城尼科美底亚，后来成了希腊化文化的中心。比提尼亚的最后一位国王尼科美德斯四世（公元前95—前75年在位）被本都的米特达拉梯驱逐，但又在苏拉的帮助下于公元前84年重返王位。作为回报，他将他的王国遗赠予罗马，罗马遂于公元前74年占据了比提尼亚。

阿塔马尔岛上亚美尼亚教会的圣十字架教堂

卡帕多西亚和本都

卡帕多西亚与早期的本都曾与罗马结盟，然而在米特达拉梯四世统治时，本都变成了罗马帝国的一个危险敌人。在米特达拉梯被打败之后，罗马获得了整个小亚细亚的控制权。

卡帕多西亚位于小亚细亚东部。最初它只是波斯的一个行省，但是在亚历山大大帝死后获得了独立。它成功地抵御了亚历山大的继承者，保卫了自己的独立，同时又积极地吸收希腊文化。在公元前 190—前 189 年之间，卡帕多西亚与罗马结盟。从公元前 114—前 113 年起，它受到了自称国王保卫者的本都统治者米特达拉梯的威胁。

在约公元前 100 年，米特达拉梯杀死了阿里阿拉特七世，立自己的儿子为卡帕多西亚王，称阿里阿拉特九世。罗马人打败了米特达拉梯后，卡帕多西亚被纳入罗马的直接控制之下。公元前 36 年，安东尼任命忠诚的阿基劳斯为王。他死后，罗马皇帝提比略将卡帕多西亚收编成罗马的一个行省。

位于小亚细亚北岸的本都王国是罗马最后一个重要的对手。本都定都于阿玛塞亚，在政治上，王国处于各省割据的状态，每个省都有各自的行政中心。自公元前 3 世纪起，本都逐渐将小亚细亚的希腊诸城市置于自己的统治之下。虽然本都早先是罗马的同盟，但两者之间的冲突在本都的儿子米特达拉梯六世统治时爆发了。

密特拉教神庙里分食圣餐情景

公元前 112 年，希腊诸城向米特达拉梯求援，以反抗罗马，他便趁此机会占领了博斯普鲁斯和克尔索尼兹，并且攻占了克里米亚和俄罗斯南部一直到小亚美尼亚的诸多地方。然而，米特达拉梯企图将这些地区纳入自己疆域的做法在一定程度上触犯了罗马人的权益，于是便引发了与罗马的战争。

密特拉杀死公牛，约 2 世纪的大理石雕像。

在第一次米特达拉梯战争（公元前 89—前 84 年）中，本都占领了小亚细亚和希腊全境，但在公元前 84 年败给罗马统帅苏拉后被迫求和。在公元前 74—前 73 年，米特达拉梯攻占了比提尼亚，引发了第二次米特达拉梯战争。虽然在初期获得了成功，但是这位“希腊化的蛮族人”在公元前 63 年败给了庞培。他的继任者与

罗马结盟，至此罗马控制了整个小亚细亚。

本都的米特达拉梯训练他的儿子阿里阿拉特

在公元前40年，罗马任命米特达拉梯之孙大流士为王。王国一直延续到公元64年，之后被收编为罗马帝国的行省。在与米特达拉梯的交战的过程中，印度-伊朗古老的密特拉教逐渐在罗马传播开来，并且有专属的崇拜圣地。

安息帝国（公元前250—公元224年）

帕提亚人继承了塞琉古帝国的遗产，他们不断地向西方扩张，并最终导致了与罗马帝国的冲突。

从公元前4世纪起，一支被称为帕尼人的游牧部落从里海的东南岸迁移进了伊朗高地。他们在第一任统治者阿尔萨斯一世的率领下，于公元前250年征服了帕提亚行省，并因此而得名帕提亚人，其建立的帝国被称为安息帝国。阿尔萨斯及阿尔萨德王朝的继任者把塞琉古帝国的势力逐出了伊朗，并在公元前2世纪米特达拉梯一世的率领下，进一步把塞琉古人赶出了美索不达米亚。之后美索不达米亚成为王国的中心，他们甚至把首都就建在底格里斯河边的泰西封。帕提亚人采纳了塞琉古帝国的希腊文化和他们的行政管理结构。各省几乎完全自主地由独立的总督——往往是王室成员——统治。

公元前1世纪，在米特达拉梯二世（大帝）统治之时，安息帝国疆域达到了最

克拉苏在卡莱战败

鼎盛的时期，领土范围从幼发拉底河一直延伸到印度河。为了争夺亚美尼亚，它与罗马帝国发生了几次冲突，但双方都不占上风。公元前53年，帕提亚人在卡莱之战中打败了罗马执政官克拉苏。然而在奥古斯都统治时期，安息行省总督的独立野心以及围绕王位的争夺给了罗马人可乘之机。他们通过支持不同王位篡夺者的方式，推行了一种“分而治之”的政策。

希腊风格的帕提亚神庙，位于伊拉克的哈特拉。

图拉真皇帝在114年征服了美索不达米亚，但在哈德良统治时期，罗马又失去了对它的统治权。3世纪初，罗马又对安息发动了几场战役。218年，安息被迫与罗马讲和，此时他们的王国已是内患重重。224年，统治法尔斯（波西斯）行省的总督阿尔达希尔终结了阿尔萨德王朝的统治，建立起萨珊王朝。而法尔斯行省正是古代阿契美尼德王朝的发源地。

萨珊帝国（224—651年）

萨珊王朝把自己看成是阿契美尼德王朝的继承者，并且致力于振兴他们祖先的

文化。但是与罗马人旷日持久的战争使萨珊王朝精疲力竭，最终屈服在阿拉伯人的统治之下。

萨珊王朝的阿尔达希尔一世在224年推翻了帕提亚的最后一位国王。和帕提亚人的阿尔萨德王朝相比，萨珊王朝更为认同古代波斯的传统，而且力图复兴这些传统，琐罗亚斯德教被确立为正式的国教。萨珊王朝剥夺了行省的自治权，建立了中央集权，它仍然延续了和罗马以及拜占庭帝国对抗的政策。260年，沙普尔一世在埃德萨轻而易举地打败了罗马人，甚至还俘虏了罗马皇帝瓦勒里安。

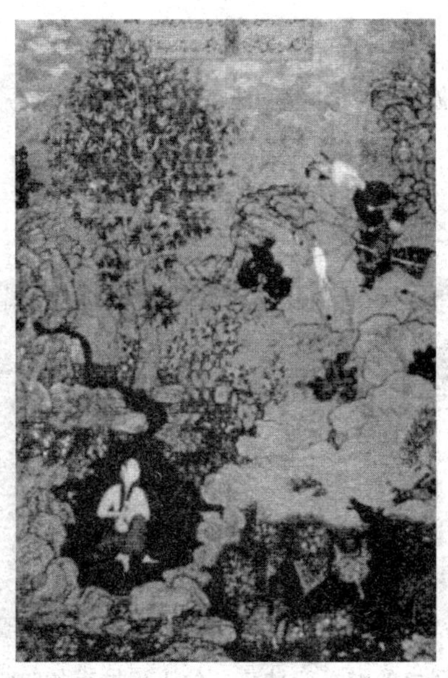

库思老二世和他的基督徒妻子希尔琳，15世纪的插图。

4世纪，在沙普尔后继者们的统治下，基督教徒被认为在政治上是可疑的，是罗马潜在的支持者，因而受到迫害。但到了5世纪，和罗马的冲突缓和，基督教徒也因而获得宗教信仰的自由。在库思老一世（Khosrow I）统治期间，萨珊帝国达到了鼎盛时期。库思老一世在560年摧毁了厌哒（Hephthalite）帝国，在570年征服了阿拉伯南部地区。

与拜占庭的战争在库思老二世时达到高潮，拜占庭帝国濒临崩溃。库思老二世继而占领叙利亚和埃及，并在614年攻下耶路撒冷，偷走圣骨。然而，拜占庭皇帝赫拉克留斯阻止了萨珊的扩张，于627年赢得了关键的尼尼微之战的胜利。库思老

库思老二世在战败后被自己的儿子处以极刑，17 世纪的雕刻。

二世被废黜并遭谋杀，他的继位者没有其他选择，只能向赫拉克留斯求和。经过这些征战，萨珊的军事资源已经消耗殆尽，所以在面对阿拉伯的入侵战争时无力自卫。萨珊王朝的末代国王伊嗣埃（Yazdegerd）三世逃往东方，于 651 年被杀。

八、欧洲民族大迁徙前后

约公元前6—公元7世纪

在古代，欧洲的大部分土地上居住着凯尔特人、斯拉夫人和古代日耳曼诸部落。最早的关于日耳曼人的报道就来自于他们与罗马人在战争中的频繁接触。375年，匈人从欧亚大草原上崛起，由此引发了一场大规模的民族迁徙，使得西罗马帝国因受到连番入侵而灭亡，从而永久地改变了整个欧洲的面貌。而且，在匈人崛起之前，伟大的游牧帝国已经在各游牧部落联合的基础上建立起来了。

凯尔特人的迁移

凯尔特人从他们最先居住的法国西部和德国南部迁移到了欧洲的西部和东南部，他们还在意大利北部和安纳托利亚中部的平原上定居了下来。

“凯尔特”之名可追溯至公元前6世纪。当时的希腊文献用这个名字表示那些居住在多瑙河和罗纳河附近的部落，凯尔特人迁移的证据来自他们与伊特鲁里亚人、罗马人和希腊人的接触。在公元前6世纪，他们开始在原先由伊特鲁里亚人控制的波河平原上定居。到了公元前4世纪，他们向南派出一些突袭队伍，甚至还在公元前390年洗劫了罗马。

在公元前3世纪，凯尔特人强行侵入欧洲南部和巴尔干，进入希腊并抢劫了德

战败后杀妻并自杀的凯尔特人，大理石雕像，约作于公元前 3 世纪。

尔斐。公元前 278 年，高卢的凯尔特人作为比提尼亚国王尼科美德斯一世的雇佣兵到达了小亚细亚。他们在公元前 275—前 274 年的“大象之战”中被叙利亚的安条克一世打败。之后安条克一世使他们永久定居在了安纳托利亚中部（加拉提亚）。直到公元 1 世纪他们仍旧住在那里。

虽然没有证据表明凯尔特人曾经大规模地向伊比利亚半岛或者不列颠群岛迁移，但是受凯尔特文化影响的人从公元前 5 世纪起就开始从西班牙北部向南扩散，他们被称为凯尔特伊比人（Celtibers）。而在罗马统治之前，不列颠群岛的居民之所以被认为是凯尔特人，主要是由于他们的语言和文化的缘故。

在公元前 1 世纪早期，日耳曼部落从北面南下，迫使中部欧洲的凯尔特人迁出莱茵河和多瑙河北面的河谷，直至他们最终进入罗马人统治的区域。在罗马的影响下，一个独立的高卢-罗马文化在凯尔特人居住的高卢地区发展起来。在不列颠群岛的凯尔特人从未屈于罗马帝国的统治之下，他们在爱尔兰、苏格兰和威尔士维护了独立。在 5—6 世纪，一些讲凯尔特语但又被罗马化了的部落从这些地区移居到

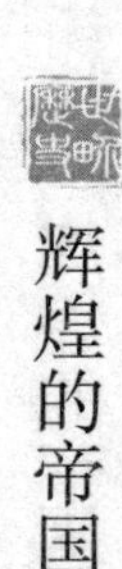

骑在马背上的凯尔特士兵

了布列塔尼半岛。在此地，凯尔特语言和文化一直保存至今。

位于爱尔兰的敦安格斯，在公元前 1 世纪是凯尔特的军事要塞。

早期的苏格兰人很可能也是讲凯尔特语的，但是，在遭到盎格鲁-撒克逊人以及维京人、诺曼人的入侵后逐渐被同化了，最终丧失了本民族的凯尔特语言。尽管如此，在当今的苏格兰地区，凯尔特语言的残留仍然处处可见。

凯尔特人和罗马人

在公元前 200—公元 100 年间，罗马人几乎征服了凯尔特人全部的领地。

罗马人和高卢人第一次大规模冲突以公元前390年布伦努斯统率的凯尔特塞农人洗劫罗马城而告终，高卢人是对居住在高卢地区的凯尔特人的称呼。在接受了罗马人的贿赂后，凯尔特人向北方撤兵，并在波河平原定居下来。然而在公元前225—前190年间，罗马人征服了这一地区。

纹身的高卢士兵（左）和

全副武装的将领，画家复原图。

罗马人对阿尔卑斯山以北的凯尔特人领地的征服始于公元前125年，全过程分为几个阶段。那里的凯尔特各部落之间常常发生争执，由于无力组织共同抵抗，他们有时会向罗马人求援来对付自己的同胞。恺撒由此得以在公元前58年介入凯尔特人内部之争，帮助高卢人对抗日耳曼人的军事领袖阿里奥维斯图斯。公元前51年，恺撒征服了高卢全境，即今天的法国和比利时。他还和许多凯尔特部落结成同盟。罗马最顽强的敌人是韦辛格托里克斯国王，他在公元前52年被数个部落推举为王。但是他最终还是被罗马人俘获，在阿莱西亚成为恺撒的阶下囚。公元前46年，他在罗马凯旋式中被示众后处决。

在恺撒继任者的统治下，罗马帝国的版图延伸到莱茵河和多瑙河，这样欧洲中

部所有凯尔特人的领地都处在了罗马的统治之下。在伊比利亚半岛和现今英格兰的凯尔特人也向罗马屈服。公元 60 年，不列颠的凯尔特人王后布迪卡组织了反抗罗马的起义。虽然最初取得了几场胜利，但最终还是被镇压了下去，王后自杀而亡。

刻有凯尔特装的帕诺尼亚人的墓碑，公元 1 世纪。

高卢的罗马化促使了高卢-罗马文化的发展。高卢人很快采用了拉丁文、罗马法律和罗马的行政体系，还吸收了罗马的文明和文化。虽然凯尔特贵族钟情于乡村的生活，但是他们也逐渐适应了罗马的生活方式，获得了罗马的公民权，甚至被准许进入元老院。

凯尔特人的居住地如巴黎和特里尔，因为谷物、酒类和织物制品的出口带来巨大利润，所以成了罗马最重要的行省之一。

凯尔特文化和社会

凯尔特文化与其他古代文化的主要差别在于它没有文字。而在其他所有方面，

韦辛格托里克斯向恺撒投降，19 世纪的木刻画。

无论是社会政治、物质文化，还是经济和贸易，它都达到了相当的高度。

凯尔特人没有国家统一的认同感，他们分裂成许多的部落，这些部落不时地根据政治需要相互联合或相互交战。在早期，这些部落由国王领导，后来国王的作用为贵族会议所取代。首领们常常带兵打仗，因此凭其巨大的财富和影响力而位居贵族之上。他们死后与贵重的陪葬品一起被埋葬在宽敞的墓室内。在贵族之下是平民大众，平民大众之下还有奴隶。在当时，严格的结盟体系和个人忠诚十分重要。首领拥有大量的财产，征收各式捐税，还铸造他们自己的钱币。

复原后的凯尔特定居点防护墙

农业和畜牧业是凯尔特经济的基础。此外，在伊特鲁里亚人、罗马人和希腊人的巨大影响下，他们的金属制造业和制陶业都达到了相当高的水平。凯尔特人住在

凯尔特的首领，公元前 5 世纪的砂石雕塑。

个体农庄或村庄里。较大型的村落往往围绕显贵的居住地周围发展起来。在公元前 2 世纪，他们还建造了拥有防御工事的城市。

在凯尔特人中，德鲁兹派形成了一个祭祀阶层，特别受到人们的尊重。他们主持宗教仪式，进行预言，还进行法律判决。凯尔特人在人造的圣地里以及泉水、河流或大树旁进行崇拜神明和祖先的仪式，他们偶尔也使用人祭。

克尔农诺斯神，贡德斯特鲁普大锅的局部，作于公元前 1 世纪。

德鲁兹派通过口述使自己的知识代代相传。凯尔特人的历史也通过游吟诗人的诗歌一代代传唱下来。在这些诗歌中，历史事件往往和神话故事交织在一起，正如亚瑟王的传奇。

早期的斯拉夫人

4世纪晚期，匈人的西进导致了日耳曼各部落的迁移，也为斯拉夫人的迁徙提供了动力。起初，他们定居于日耳曼人遗弃的地区，但渐渐地他们向南挺进，进入了巴尔干。

斯拉夫人很可能是起源于维斯瓦河和第聂伯河之间、喀尔巴阡山脉的北部。在5世纪的民族大迁徙过程中，他们散布开来，跟随撤退的日耳曼部落迁徙。斯拉夫人往西最远到达易北河和波罗的海，往东最远到达堪察加半岛。在南面，他们先是受阻于拜占庭帝国的边境多瑙河一线。但是在突袭队伍的带领下，他们很快进入拉古萨，直到君士坦丁堡的城门前。大批的斯拉夫人最终渡过了多瑙河并且在巴尔干地区定居下来。古代作者将他们称作萨尔马提亚人和斯基泰人。在7世纪，斯拉夫人开始修建防御性的城堡。

斯拉夫堡垒的发掘实景，位于德国北部梅克伦堡。

6—8世纪，多瑙河地区的斯拉夫人被一个马背上的民族阿瓦尔人所统治。9世纪，发源于欧亚大草原的马扎尔人在现今的匈牙利定居下来。斯拉夫人定居的地区被分裂为西部、东部和南部三个斯拉夫族，他们都是独立发展而成的。

早期斯拉夫人公共生活的基本单位是氏族。几个氏族联合在一起形成了部落。古代文献把他们描述为勤劳的牧民。在6世纪，农业仍旧占主导地位，手工业还没有发展起来。饮水器皿、工具等物品基本都是为家用而生产。在斯拉夫人未受外邦统治的地区，氏族领袖才逐渐形成一个显要的阶层。

吕根岛上的阿科那海角，是基督时代之前的斯拉夫圣地。

人们对早期斯拉夫人的宗教崇拜情况知之甚少，仅知道他们崇拜自然神灵。基督教是在9世纪经由西里尔和美多迪乌斯传给他们的，前者的名字用来命名了西里尔字母。

古代日耳曼人的文化和社会

古代日耳曼人被罗马的作家们描述为一个特别好战的民族。尽管他们缺乏统一的领导，但依然成功地抵御了罗马的入侵，并给罗马帝国带来了相当的威胁。

到公元前1世纪，起源不详的古代日耳曼人已经散布在了从欧洲东北部到莱茵平原和多瑙河流域的大片土地上。日耳曼人的社会分裂为多个部落，每个部落由一个军事贵族阶级所领导，这个阶级的权力以财产和个人的绝对忠诚为基础。在战争时期，他们也推举国王作为军事统帅。

在民族大迁徙期间，国王的位置被永久确立了下来。日耳曼人从事农业和畜牧业生产，他们的社会由贵族精英、自由人和奴隶三个阶层组成。他们与罗马帝国有广泛的贸易往来。选举产生的法官主持民众大会，也负责审理法律案件。法律的裁决通过宣誓得到强化，而且裁决本身被看作是神的判决。

所有自由人都参加的、被当成大事的部族大会。

尽管日耳曼人与罗马人冲突不断，尤其阿米尼乌斯是罗马的最大威胁，但是从公元1世纪起，日耳曼人越来越多地被征入罗马军队当雇佣兵，最终成了罗马军队的主力。罗马人很欣赏他们的体魄、战斗力以及他们贫乏而简单的生活方式。罗马史学家塔西陀特别提到了那些战士在作战前将自己激发到一种狂乱激动的状态，并称它为“条顿之怒”。

战争同样在日耳曼的宗教和神话中占有重要的地位。他们的神话充满着好战的神明和魔鬼之间的斗争。战神沃登（奥丁）很有可能是日耳曼众神之首，他在瓦尔哈拉城堡里收纳阵亡士兵的英灵。日耳曼人常常在神圣的地点或自然的纪念物旁以牲口或者活人为祭品来崇拜这些神明。

日耳曼人的精神世界主要通过像《埃达》这样的中世纪史诗和神话而流传下来。《埃达》是在早期冰岛语诗歌的基础上发展而来的，可以追溯到2世纪。最早的资料包括神谕、巫术的程式和诅咒，它们用如尼文写成，如今只有在斯堪的纳维亚留下了比较长的如尼文文献，主要保存在墓碑上。

古代日耳曼人和罗马人

从公元前1世纪开始，在莱茵河和多瑙河一线，日耳曼诸部落与罗马帝国之间

日耳曼部落的村庄

发生了不断的冲突。

早在公元前1世纪，日耳曼诸部落与罗马帝国就在莱茵河和多瑙河一线发生经常性的冲突。甚至在3世纪民族大迁徙开始之前，罗马人就已经与游牧的日耳曼部落兵戎相见，如在公元前2世纪南下的辛布里人和条顿人。

当公元前l 13年罗马人派出支援凯尔特部落的几支部队遭受重创时，罗马陷入了一阵恐慌。罗马人害怕他们的城市再次遭到洗劫，就像布伦努斯曾经率领凯尔特人所做的那样。

辛布里妇女参加反抗罗马人的战争，19世纪的雕刻。

然而，在马略的率领下，罗马军队转败为胜，在公元前102—前101年歼灭了辛布里人和条顿人。接下来的一场硬仗是日耳曼的军事领袖阿里奥维斯图斯发起的对高卢的进攻。凯尔特人又一次依赖于罗马的援助。恺撒在公元前58年击退了日耳曼人，并且紧接着攻下了整个高卢。从此以后，莱茵河和多瑙河就成了罗马帝国的疆界，但是日耳曼人仍不时地派出一些袭击的部队骚扰罗马帝国边境。

扎尔堡，一个罗马的石堡，在多瑙河前线的长城上。

从公元前 12 年起，罗马人计划攻占易北河一带的所有地区，以便彻底解决这一问题。直到公元 9 年罗马执政官瓦鲁斯在条顿堡森林之战中战败，罗马人才放弃这一征服计划。在莱茵河和多瑙河的北面，只有位于两河之间的“纳贡土地”掌握在罗马人的手中，它由一条长城保护起来，并且利用岩壁、壕沟和瞭望塔加强防护。

尽管不时受到侵犯，罗马人仍旧能够遏制分散的日耳曼部落。但是到了 2 世纪后半期，阿勒曼尼人和法兰克人这样的大规模部落逐渐出现了。170 年左右，马可·奥列略皇帝不得不用极大的兵力才能够击退定居在易北河和多瑙河之间的马科曼尼人和夸德人。阿勒曼尼人和苏威汇人在 260 年对“纳贡土地”的占领以及法兰克联盟在帝国边境上的安扎，都预示着一些变化正在发生，而这些变化将最终导致西罗马帝国的衰落。

军团士兵抓住正在逃跑的日耳曼妇女和她的孩子，2 世纪的浮雕。

日耳曼民族的迁徙

375 年，匈人从欧亚草原上崛起，把东哥特人和西哥特人赶出了他们世代繁衍的多瑙河和黑海北部地区，其他日耳曼部落也被迫开始迁徙。

法兰克人的石版画，发现于 7 世纪。

在匈人 375 年入侵之前，罗马人就已经被迫割让自己的土地给日耳曼部落。350 年，罗马人无法抵御法兰克人在莱茵河下游的入侵，而被迫接受讲和。他们不得不与法兰克人结为同盟，并且用赔款以求得和平。法兰克人的一些首领被授予罗马军职。罗马帝国解体后，他们便在高卢地区取得了独立。一些日耳曼的军事领袖逐渐上升为罗马帝国的将军，甚至罗马军队的统帅，成为虚弱的皇帝背后的支撑力量，比如在 395 年罗马帝国分裂之时，斯提利科就是如此。日耳曼将军奥多亚克在 476 年废黜了罗马的末代皇帝。

斯提利科将军和他的妻儿，约 400 年的象牙雕刻。

民族大迁徙始于 375 年匈人将哥特人驱逐出他们的家园。哥特人很有可能是起源于斯堪的纳维亚，在公元 1 世纪和 2 世纪，他们定居在波罗的海以南沿维斯瓦河的地区。3 世纪时，他们到达了黑海和多瑙河，并袭击了希腊和小亚细亚地区。在 3 世纪的下半叶，哥特人分裂为东哥特人和西哥特人。

375 年，在匈人入侵之后，许多西哥特人逃往南方，越过了罗马的多瑙河边境。378 年，他们在亚得里亚堡之战中取得对罗马人的胜利，为他们赢得了和罗马的结盟。在 395 年罗马帝国分裂后，西哥特人很有效地利用了东西罗马帝国之间的对立为己谋利。西哥特国王阿拉里克与西罗马帝国的将军斯提利科有过多次交手。阿拉里克在 401 年入侵意大利，而且在 410 年抢劫了罗马城。

当西哥特人在 418 年企图进一步扩大战争时，罗马皇帝把法国南部割让给了他们，他们在那里建立起自己的王国，后来扩张到了西班牙。

东哥特人的大部分起初加入了匈人的军队。在匈人国王阿提拉死后，他们作为盟友在东罗马的领土上定居下来。488 年，在君士坦丁堡长大的东哥特国王提奥多里克以东罗马帝国皇帝芝诺的名义，率军进入意大利，并在 493 年打败了西罗马的

阿拉里克领导下的西哥特人攻占罗马，19 世纪的木版画。

摄政王奥多亚克，并在那里建立起了自己的王国。

东哥特式的鹰形扣子，大约作于 500 年。

与此同时，在 4—5 世纪之交，另一支日耳曼人被迫从他们在中欧和东欧的居住地迁出。406—407 年，汪达尔人和勃艮第人渡过莱茵河，进入高卢。汪达尔人继续向比利牛斯山脉前进，于 409 年定居于西班牙；而勃艮第人则在莱茵河流域建立起自己的王国。在西罗马皇帝的鼓励下，西哥特人不断进攻汪达尔人，对他们形成越来越大的威胁。于是，汪达尔人在国王盖塞里克的带领下于 429 年跨海到达北非，他们在那里建立起一个帝国，定都迦太基。他们也由此夺取了一个给罗马提供大量谷物的地区。

成群的盎格鲁人、撒克逊人和朱特人在亨吉斯特和霍萨的带领下，从波罗的海海边出发，在5世纪中期向被罗马人在约400年时放弃的不列颠进发。日耳曼人把凯尔特民族的布立吞人赶到了苏格兰、威尔士和康沃尔。仍然留在欧洲大陆的萨克森人设法抵御住了法兰克人。8世纪末，基督教渐渐在这些地区传播开来。

亨吉斯特和霍萨在不列颠海岸登陆，19世纪的木版画。

最后一个加入迁徙的重要的日耳曼部落是伦巴第人。5世纪之前他们都居住在易北河和多瑙河之间的土地上。当他们被骑马的游牧民族阿瓦尔人驱赶出来之后，他们在国王阿尔博因的率领下，于568年占领了意大利北部的一片土地，这个地区后来因他们而得名伦巴第，这也为这场民族大迁徙运动画上了句号。

大规模的迁徙导致了罗马帝国的衰落，并且促使了日耳曼和斯拉夫民族居住地的西向移动。古代晚期的民族融合与西哥特人、法兰克人、盎格鲁人、撒克逊人和伦巴第人文化中的日耳曼传统形成了中世纪早期欧洲文化的主要特征。

匈奴、贵霜和厌哒人

在匈人崛起之前，伟大的游牧帝国已经在各游牧部落联合的基础上建立起来了。

游牧民族如匈奴、匈人和突厥人等建立起来的帝国以及 13 世纪时成吉思汗的蒙古帝国，都是建立在不同部落和民族的融合之上。因为这些帝国的建立者们并不以民族性来确定他们的身份认同，每一个和帝国利益一致的群体，哪怕从前是敌人，都可以加入。当然，这种联合很容易导致游牧帝国的分裂，而事实上，大多数帝国存在的时间也确实相当短暂。

两个骑俑，作于公元前 2—前 1 世纪。

匈奴的部落联盟形成于公元前 3 世纪末，他们强悍、好战，由首领单于率领，给中国的汉朝带来了极大的威胁。为了抵御这个危险的敌人，汉朝统治者采取了一系列措施，包括建造长城和发动战争。2 世纪和 3 世纪，汉朝逐渐成功地瓦解了匈奴，并将他们驱逐。匈奴部落联盟的一部分开始依赖于汉人，并慢慢被同化。另一部分匈奴人被汉朝打败后开始西迁。很可能是匈奴西迁之时，影响了其他居住在西面的部落和民族，比如侵入中亚和印度的贵霜人。而在 4 世纪出现的匈人，在当今一些学者看来，则与匈奴人并无直接关联，虽然有可能余下的一些匈奴人融入了匈人的部落联盟。

在 5 世纪，强大的波斯萨珊王朝与厌哒人的游牧帝国发生了冲突。厌哒人又称为“白匈人”，他们向南方大举进发，在摧毁了印度北部的笈多王朝之后盛极一时，但他们自己在 567 年被库思老一世统治下的萨珊王朝所歼灭。

匈人

匈人的军事征战，尤其在国王“上帝之鞭”阿提拉率领下的征战，非常具有毁

阿提拉率领匈人骑兵入侵意大利

灭性，以至于当时很多欧洲人都相信他们正面临世界末日。

匈人在375年挫败东哥特人和西哥特人，并沿途摧毁了一切。他们有一个习俗：从小用绷带压平孩子的鼻子，以使他们的脸看起来更宽阔。因此早期的史学家把他们描绘为“像动物一样的人”，这更加剧了他们令人恐惧的形象。然而，匈人并不想完全消灭日耳曼民族，因为他们还需要日耳曼人为他们作战。

阿提拉带领匈人入侵欧洲，作于19世纪的木版画。

东罗马帝国企图用多达1500磅的黄金向匈人求和，条件是他们不得进入东罗马帝国的境内。但是，匈人在阿提拉的领导下，还是打进了东罗马腹地，踏平了巴尔干各省，还向东罗马索要更多的金钱。阿提拉在445年杀死了他的兄弟、共同掌

权的布勒达而成为唯一的国王。然后，阿提拉带领日益庞大的由匈人和日耳曼人组成的军队向西前进。一路上，很多城市如特里尔和梅斯都被大火烧成灰烬。

《利奥一世和阿提拉之晤》，扭斐尔在 16 世纪创作的壁画。

451 年 6 月，法兰克人、西哥特人和罗马人在帝国指挥官埃提乌斯的指挥下，在马尔讷河沿岸的夏隆附近，与匈奴展开了加泰罗尼亚平原之战，战争持续了数日之久，约有 9 万人战死，终于阻挡住了匈人前进的步伐。

匈人抢掠一个高卢一罗马庄园，19 世纪的木版画。

匈人及其同盟无奈地向东欧撤退，但是阿提拉没有被完全打败。452 年，他侵入意大利北部，直接威胁到了罗马。然而，教皇利奥一世设法说服了当时正在遭受着饥饿和瘟疫折磨的匈人撤兵。453 年，阿提拉在举行完自己的婚宴后暴毙。在接下来的一场战争中，匈人群龙无首，最终被彻底打败，迅速地被驱散了。

踏着匈人的足迹，一些新的游牧民族开始从东方进入欧洲，其中就有阿瓦尔人和马札尔人。据说阿瓦尔人将马镫引进到了欧洲，极大地增强了欧洲骑兵的作战优势。在中亚，突厥民族继承了匈人的传统。他们在 6—7 世纪建立起了一个幅员辽阔的游牧帝国，其版图从中国一直延伸到了里海。

第三章 黑暗时代

——中世纪时期的欧洲

一、日耳曼帝国与法兰克王国

公元 486—843 年

民族大迁徙时期，日耳曼人在法国、意大利、西班牙和不列颠等地建立了许多王国，但这王国多数都是昙花一现。而法兰克王国是一个多民族国家，其人口主要由民族大迁徙中的日耳曼人组成。罗马帝国灭亡后，法兰克王国在其存在的三个世纪中成了中欧最重要的国家。至于统治法兰克王国的帝王则多出自墨洛温王朝和卡洛林王朝，尤其是在查理曼大帝统治时期达到了顶峰。

日耳曼诸王国

从公元 374 年前后开始的日耳曼民族大迁徙，为后来日耳曼人在西欧、南欧等地区建立自己的王国奠定了基础。公元 395 年，罗马帝国分裂后，彻底摆脱罗马人束缚的日耳曼人，趁机在法国、意大利、西班牙和不列颠等地建立了许多短暂的王国，其中一些日耳曼部落，甚至一直迁徙到非洲北部（如汪达尔人）。虽然它们昙花一现，但却深刻影响了欧洲的历史。

公元 4 世纪中后期，受匈人追击的日耳曼各部落开始大举西迁运动，这是日耳曼人向欧洲西部、南部和东部迁徙的一次高潮。早在公元前 2 世纪罗马人就与日耳

曼人有直接交往。公元前1世纪中期，日耳曼人大举出发来到莱茵河畔，同罗马帝国发生了一系列军事冲突。在漫长而艰苦的斗争中，日耳曼部落中的汪达尔人、勃艮第人和哥特人，逐步占领了维斯杜拉河流域。他们赶走了已经在此定居的凯尔特人，最后在莱茵河以东、多瑙河以北和北海之间的广大地区扎下了根。

日耳曼人

此时的日耳曼人依然维持着原始的氏族组织，没有阶级对立，也没有特权阶层。公元1世纪，日耳曼人的大多数部落开始出现军事民主制，并出现了按地域关系组成的大家族公社，即“马克公社”。随着生产和生活方式的演变，部落内部的事务越来越复杂，这从客观上促成了部落首领、军事首领等管理阶层向特权阶层的演变。特权阶层、贫富分化、分配不均等不平等现象的产生，预示着日耳曼部落氏族体制正逐步走向瓦解，而罗马帝国对日耳曼人的征战，则从另一面加速了这一进程。

罗马帝国分裂后，特别是在进入5世纪后，此前移入罗马帝国的日耳曼人在他们新的居住地建立了诸多王国。如北非的汪达尔王国、伊比利亚半岛的西哥特王国、高卢的法兰克王国，以及勃艮第王国、英格兰王国、东哥特王国、伦巴第王国等。而在当时影响比较大的，要属狄奥多里克在位时期的东哥特王国。

公元476年，西罗马帝国最后一任皇帝被日耳曼首领奥多亚克废黜，西罗马宣告灭亡。当时的东罗马帝国皇帝芝诺，随即任命东哥特人领袖狄奥多里克作为帝国

官员，前去驱逐篡位的奥多亚克。狄奥多里克是东哥特国王狄奥多米尔之子，他虽然出身蛮族，但由于童年时候曾被作为人质送往君士坦丁堡，因而得以在那里接受了罗马式的教育，并受到东罗马帝国皇帝芝诺的赏识。公元 488 年，具有东哥特人领袖和东罗马帝国官员双重身份的狄奥多里克，接受了帝国皇帝芝诺的任命，踏上前往意大利的征程。东哥特人在狄奥多里克的带领下，越过阿尔卑斯山，进入意大利。公元 493 年，狄奥多里克攻破拉韦纳，杀死了奥多亚克。东罗马帝国随后封他为意大利的王，成为意大利的统治者。尽管名义上依然受制于君士坦丁堡，但东罗马帝国对他并没有实际的约束力。

东哥特领袖人物狄奥多里克

在西罗马帝国原先的辖地，如伊比利亚半岛、高卢、意大利等地，由于帝国的遗民人数远超过当地的日耳曼人，对此狄奥多里克采取了区别对待的政策。正是这样的民族宽容政策，使狄奥多里克统治下的意大利呈现出比 5 世纪之前的帝国时代

更好的发展趋势，而西罗马帝国的文明也因此受益，得以在意大利传承下来。

为了消除外患和加强日耳曼人之间的团结，狄奥多里克通过联姻，与其他日耳曼王国建立了密切联系。在狄奥多里克的努力下，东哥特王国成了日耳曼人靠联姻彼此联系的核心。此后，狄奥多里克还曾担任西哥特王国的摄政王。当时的西哥特王国领土范围包括高卢西南部，以及大部分的伊比利亚半岛。从公元 511 年起，狄奥多里克在兼任西哥特王国摄政王期间，其影响力扩散至包括今天的葡萄牙、西班牙和法国西南部，以及意大利在内的广大区域。

克洛维的征服

西罗马帝国的废墟成了日耳曼人的乐园，在日耳曼诸多部落中，最有成就的就是法兰克人。

3 世纪中叶，居住在莱茵河东岸的法兰克人破门而入，撵跑罗马军队，搬到了罗马帝国境内的卢瓦尔河以北的高卢地区。

克洛维一世

法兰克并不是一个统一的部落，内部四分五裂，若干小部落彼此独立，各自为政，都有各自的首领。5 世纪下半叶，法兰克诸部落中逐渐形成两大强势力量：萨利昂、利普利安。481 年，萨利昂首领希尔代里克去世，他年仅十五岁的儿子克洛维继承首领之职，历史上也把这一年看作法兰克王国墨洛温王朝的开始。

刚刚上台的克洛维就遇到一个劲敌——“罗马国王”西格里乌斯。西格里乌斯的父亲原来只是西罗马帝国跨国公司的一位“地区经理”，工作地点在高卢，职衔是高卢统帅。“公司”快垮台的时候，他合计着不如自己出来单干，说不定做得更好。于是，他宣布独立，脱离罗马帝国统治，定都苏瓦松，建立了一个疆域包括法兰西岛、塞纳河与卢瓦尔河之间的国家。

西格里乌斯挺能干，可是和克洛维比起来，他还是个菜鸟。克洛维联合其他法兰克人在“苏瓦松战役”中击败西格里乌斯，攻占法兰西岛，并移都巴黎，开始向南方展开军事扩张。五年后，克洛维又在领地以东的图林根取得一系列胜利。此后，在其他部落协助下，克洛维战胜了另一个日耳曼部落——阿拉曼。

俗话说一个篱笆三个桩，一个好汉三个帮。普通老百姓如此，帝王将相更不例外，克洛维进行军事扩张的大工程中，几乎每一场大仗都有其他部落帮助。他对这句话是深有体会，要想进一步扩大势力范围，就必须找一个长期盟友。克洛维在脑子里进行了一番海选：汪达尔·阿兰王国？不行，北非离得太远；勃艮第王国？地方小了点；伦巴第人？王国都没有建立，拉倒吧；西哥特王国？早晚得收拾他们；东哥特王国？对，怎么把它给忘了！

狄奥多里克大帝是东哥特人的骄傲，他在七岁的时候就被送到君士坦丁堡当人质。

一般人都会认为做人质要过那种寄人篱下的生活，要受人白眼。这种想法也不全对，那要看在哪里当人质，当什么人的人质。在君士坦丁堡当人质待遇就很好。君士坦丁堡是东罗马帝国的首都，当时欧洲的贸易中心，其繁荣程度难以形容。与东罗马帝国相比，日耳曼各部落落后得很多很多，所以被罗马人叫作蛮族。在君士坦丁堡的日子里，狄奥多里克大开眼界，童年记忆中的茅屋帐篷都换成了宫殿城堡。他在那里受到良好的罗马式教育，精通两门外语，能讲一口流利的拉丁语和希腊语。

后来在东罗马皇帝的许可下，狄奥多里克率军占领意大利，于 493 年建立东哥

南征北战的克洛维

特王国，定都拉文纳，并在那里修建了举世瞩目的恢宏建筑。狄奥多里克充分发挥了哥特人和罗马人各自的特长：将能征善战的哥特人充当士兵，让善于治国的罗马人担当官吏。

政治联姻是政客们常用的方法，古今中外，概莫能外。因为东哥特王国的实力不容小觑，所以克洛维选中了东哥特人，他决定把妹妹嫁给狄奥多里克。不止克洛维想到了政治联姻，狄奥多里克也想到了，于是欣然应允了这桩亲事。而狄奥多里克也是个联姻高手，他采用姻亲政策和其他日耳曼王国结成联盟：将妹妹嫁给汪达尔·阿兰国王，将一个女儿嫁给西哥特国王，另一个嫁给勃艮第国王。而最终，历史证明了，还是克洛维干得更漂亮：克洛维不仅采取政治联姻的方式联盟，还皈依了基督教。

当克洛维皈依天主教的消息很快传遍欧洲时，各地教会欣喜不已，“天佑吾王”之声此起彼伏。教皇阿那塔秀斯二世更是在信中激动地邀请克洛维成为教会的后盾、顶梁柱，作为回报，教会也将支持他对异教徒的战争。得到教会的表态，克洛维暗自窃喜。他把自己装扮成教会的保护伞、罗马帝国的合法继承人，利用宗教这把利刃，开始了声势浩大的对外扩张。对外扩张就像一股狂风，刮遍所到的每一个角落。500 年，克洛维征服第戎。507 年，他又攻占西哥特王国首都图卢兹，将阿

基坦大部分地区纳入囊中。西哥特人成了丧家犬，逃奔伊比利亚半岛。第二年，经图尔主教圣格里高利斡旋，东罗马帝国皇帝阿那塔秀斯一世授予他执政官和贵族称号，克洛维摇身一变成了堂堂正正的文明人。

在扩张过程中，克洛维没收了被杀或逃亡地主的土地，以此来巩固王权和继续扩张，使自己成了部落里最大的地主，并且他还把土地赠给其他贵族来收买人心。而在军事扩张的同时，他也在肃清内部的反对势力。克洛维是个谋杀高手，他先后施计杀害了其他各部首领，甚至他自己的亲属也不放过。经过数十年的血雨腥风，他最终统一了法兰克各部，于509年成为全法兰克人的国王。

此时的克洛维倍感孤独，真可称得上是孤家寡人。面对现实，他无不感慨地说道："寡人犹如香客，独活陌生人之中。寡人亲属皆登天堂，如遇灾难，何人能救寡人于倒悬？"511年，克洛维在孤独中死去，时年四十五岁，葬于巴黎的圣德尼基督教堂。

纵观克洛维的一生，他做了三件影响巨大的事情：统一法兰克、征服高卢和皈依天主教。"统一法兰克"使他完成了从部落首领到国王的华丽变身；"征服高卢"奠定了日后法兰西王国的基础；"皈依天主教"使法兰克王国得到教会的支持，促进了版图扩展。克洛维对后来法兰西王国的产生也起到非常重要的作用，从"路易"（Louis，克洛维的变音）这个法兰西国王沿用数代的名字中便可见一斑。

懒王与宫相——王权如何成为浮云

按照法兰克人的继承传统，每代墨洛温王朝的国王死后，都由其儿子平分国土。于是，墨洛温王朝逐渐形成了东部的奥斯特拉西亚、西部的纽斯特里亚以及勃艮第三个王国。此外，还有阿基坦公爵领地，处于三国的共管之下。

为了取得封建贵族的支持，墨洛温王朝历代国王把大量土地赏赐贵族，耗尽了自己的力量，培植了贵族势力。王室成员勾心斗角，各植朋党，互相倾轧、残杀，也使国王权威跌落，贵族力量趁机发展。某些当政国王或童稚登基，或愚昧无能，

难理朝政，又往往为封建贵族参政篡权大开方便之门。639 年，国王达戈尔贝特死后，继位的十多位国王大多手无实权，成为大贵族的傀儡，他们每日乘舆服辇，奔走于领地之间，置身于犬马声色之中，国家大权完全落入宫相之手。

宫相最初是王宫的管家，只是国王的一个仆人。但因其地位显要，渐渐执掌机要，不仅控制内政，也成为军队的最高首领。大多数宫相由国王亲自任命，但也有一些由贵族推举产生。宫相所起的作用也不尽相同。有些宫相积极支持国王反对贵族，也有些宫相率领贵族对抗国王。纽斯特里亚受罗马影响较深，罗马皇权至高无上的原则仍在流行，这里的宫相大多数支持国王。奥斯特拉西亚则是日耳曼人集中的地方，它的宫相往往成为封建贵族的代表。墨洛温王朝晚年，奥斯特拉西亚和纽斯特里亚两国不断争斗，实际上是两国宫相之间的斗争。在 7 世纪中叶，纽斯特里亚宫相艾布罗因居优势，他做出种种努力，反对贵族，巩固王室权力。681 年艾布罗因被刺身亡，687 年他的后继者被奥斯特拉西亚宫相赫斯塔尔的丕平战败，丕平遂成为三国的实际统治者。

宫相查理·马特的雕像

丕平家族是奥斯特拉西亚最富有、最有权势的大贵族家族之一。自从其祖父“莱登的丕平”起，这个家族世袭担任奥斯特拉西亚宫相。赫斯塔尔的丕平取得整个法兰克王国实权之后，做了三件事：一是征服莱茵河右岸的萨克森人、图林根

人、巴伐利亚人等日耳曼人部族；二是在奥斯特拉西亚恢复已废弃的五月校场游行等法兰克人的古老传统，以笼络法兰克人的民心；三是积极支持基督教传教士在莱茵河右岸日耳曼人各族中传教，以此取得教会对自己的支持。这些活动增加了丕平家族的声威，巩固了丕平家族的地位。

采邑制下的欧洲庄园

715 年，丕平的私生子查理·马特继任宫相。他拥立了墨洛温家族的克罗泰尔四世作为傀儡，自己以宫相和奥斯特拉西亚公爵的身份掌握实权。715—718 年，他率军抵御莱茵河右岸佛里松人和萨克森人的进攻，并深入腹地，征服了萨克森人，迫其称臣纳贡。此时，占据西班牙的阿拉伯人也大举北侵，占领郎基多克，夺占那旁内作为中心，并继续北侵。732 年，在普瓦蒂埃，查理·马特的军队击败了阿拉伯骑兵。从 732 到 739 年，他除了继续镇压北部萨克森人的反叛外，在高卢南部多次与阿拉伯人交手，将阿拉伯侵略军赶出了高卢。查理·马特还致力于高卢法兰克人的统一。掌握实权后，他依靠贵族的支持，同对手纽斯特里亚王国宫相展开角逐。719 年在苏瓦松战役中，他击败了纽斯特里亚及其盟友阿基坦公爵的军队，此后又迫使阿基坦公爵向他宣誓效忠。几年后，他最后用武力统一了勃艮第。在抵抗阿拉伯军队取胜后，查理又把南部普罗旺斯的许多地区纳入自己的统治之下。直到

741 年去世时，查理·马特实际上已是整个高卢唯一的统治者。

查理·马特积极推行采邑制度，给卡洛林王朝的建立打下了基础。为抵御外侵，实现法兰克各国的统一，查理亟需建立一支忠诚于自己的强大军队。为此，他将自己拥有的土地、从政敌手中没收的土地以及从纽斯特里亚和勃艮第教会和修道院手中夺取的大量土地，作为采邑分授给他的属下，属下以向查理效忠，服兵役为条件占有和使用这些土地，此即采邑制。采邑制在查理以前早见记载，但只是在查理统治时期才大规模推行。对王室和大封建主说来，采邑制比无条件的土地封授更为有利，不少封建大贵族也仿效查理，向部属封授采邑。采邑制的推行，一度加强了卡洛林家族对贵族的控制。

丕平篡位

公元 741 年，“矮子丕平”继承他父亲查理·马特的职位，担任了法兰克王国的宫相，掌握了实权。此时的法兰克王国宫相拥有巨大的权力，掌管着王国司法权、官员任免权和土地封赏权，最重要的是统帅着王国军队，国王已经成为纯粹的“傀儡”。

矮子丕平

但即便如此，“矮子丕平”依然不满足，他的理想是获得王国最高荣誉，篡夺王位。但是，“矮子丕平”虽然控制了整个王国的实际权力，篡位对他来说也不存在困难。但他还得面对当时整个欧洲都必须遵循的规矩。当时的欧洲已经几乎都皈依了基督教，任何人取得王位都必须得到宗教势力也就是基督教方面的承认和支持，否则就是非法的，别人就可以打着“替天（也就是上帝）行道”的旗号名正言顺地推翻他。这和东方的中国有很大的不同。因此，“矮子丕平”篡位成功与否关键取决于他能否得到基督教势力的支持和承认，他本人对这点也非常清楚。而最直接同时也是最有效的方法无疑就是得到基督教最高领袖罗马教皇本人的支持和承认。而恰好在他最需要的时候，已经走投无路的罗马教皇主动找上门来寻求当时欧洲最强大的法兰克王国的保护。老奸巨猾的罗马教皇本人很清楚只能依靠掌握法兰克王国实权的“矮子丕平”，而他更明白“矮子丕平”此时也正需要勾结自己，需要寻求教廷方面的支持，使自己篡位称王披上合法的外衣。于是，一个是落魄的高级僧侣，一个是企图弑君篡位的叛臣，两者一个愿买，一个愿卖，很快便沆瀣一气勾搭到了一起。

矮子丕平的加冕仪式

公元751年，“矮子丕平”派出特使去觐见当时的罗马教皇扎恰里，目的是最后确认罗马教皇以及罗马教廷对他篡夺法兰克王国墨洛温王朝王位的态度，然后再

决定对教皇求援的态度。特使来到罗马觐见教皇后，没有任何拖拉，明目张胆、直截了当地当面向教皇提出了如下问题："第一，王国目前情况下，教皇认为是让徒有虚名的人做国王好，还是让真有实权的人做国王好；第二，教皇目前的处境，是王国现在的傀儡国王还是王国宫相丕平能拯救他"。面对使者的提问，罗马教皇扎恰里已经很清楚"矮子丕平"的用意，于是明确答复："在我和我的主教们看来，让真有实权的人当国王要好些，掌权者应为王"。至此，罗马教皇已经明确表明了他对"矮子丕平"篡位行动的支持。在得到教皇的认可和支持后，"矮子丕平"立即开始行动。公元 751 年 11 月，"矮子丕平"在苏瓦松召开了全体法兰克贵族及其附庸国代表的会议。在会议上，丕平宣布，自己根据"全体法兰克人的拥戴，众主教的奉献和贵族的宣誓"，正式废黜法兰克王国墨洛温王朝的末代国王希尔德里克三世，并把他关进修道院作僧侣。接着，在罗马教皇扎恰里的支持下，"矮子丕平"建立起了法兰克王国加洛林王朝。而此时新即位的罗马教皇斯提芬三世则亲自到高卢为"矮子丕平"举行宗教加冕仪式。教皇亲手将王冠带在丕平的头上，同时宣布新国王是"蒙上帝之恩当选"的神权君主，是上帝在世间统治的代表，反对国王就是反对至高无上的上帝。至此，"矮子丕平"的王位成为"上帝许可的、神圣不可侵犯的"，他终于如愿以偿地成了"名正言顺"的国王。"矮子丕平"如此顺利地实现了篡位的心愿，与罗马教皇方面的全力配合是分不开的，他也因此对教皇充满感激，为此他保证对罗马教皇的所有要求将有求必应。公元 754 年，伦巴底王国进攻罗马公国，直接威胁到教皇领地，罗马教皇斯提芬三世亲往法兰克王国向丕平求援。"矮子丕平"亲自到庞帝翁城迎接教皇。为了表示对教皇的尊重，丕平让教皇乘坐自己的御用马车，而他自己则徒步行走，表现出一副恭谦的样子。罗马教皇斯提芬三世自然要报答，赐给丕平以"罗马贵族"的头衔，使法兰克加洛林王朝的君主成为罗马教皇名正言顺的武力支持者。

查理曼大帝的扩张

19 世纪，德国莱茵河西边的威斯特法伦地区仍然流行着这样一首村谣，歌词是这样的：

“希尔曼，鼓声在响，

皇帝将临，

他用锤和杖，

将希尔曼吊起来。”

查理曼大帝

这首村谣传唱的是伟大的卡洛林王朝皇帝——查理曼大帝公元772年出兵莱茵河畔，占领埃雷斯堡，毁坏树立在比的爱米苏神像石柱的往事。这是查理曼大帝32年萨克森战争中的第一次出兵，具有讽刺意味的是，被他当作异教魔鬼的象征推倒的石柱上雕刻的粗糙人像，有可能是北欧奥丁神的化身——伊尔明苏神，更有可能是公元9年带领日耳曼人起义在此地歼灭瓦鲁斯所部3个军团，迫使雄才大略的奥古斯都皇帝于公元14年放弃了对日耳曼尼亚殖民政策的日耳曼民族英雄——希尔曼·阿耳米纽斯的纪念像。

这里也许是我们观察了解查理曼帝国崛起这出历史悲剧的绝佳地点。是的，埃雷斯堡，一个小镇，当时还够不上一个堡垒。公元9年8月2日，正是在此处不远的条顿堡森林里，昆提里乌斯·瓦鲁斯的军团和他们的指挥官一起遭到了可耻的覆

灭——军团、将军、副将、军团将校、辅助部队，几乎全被歼灭，消息传来，在罗马实行了宵禁以防骚乱，并且最终影响了罗马帝国的日耳曼尼亚殖民政策：奥古斯都皇帝在公元 14 年的遗嘱中叮咛泰比里乌斯不要扩张帝国的领土……现在，离开奥古斯都大帝放弃这一开疆拓土的伟业已长达 758 年！登极才 4 年，771 年刚刚统一王国的野蛮人之王，精力充沛的法兰克国王，年仅 30 岁的查理曼，为了征服异教，重建秩序，重新将目光投向了这片从未被征服过的蛮荒之地，投向了这片罗马帝国的雄鹰未尝飞翔的半极地荒原，同时也投向了西班牙，投向了意大利，投向了所有他渴望征服的土地上。然而，他“征服异教，重建秩序”的梦想能成功吗？

查理曼大帝接受萨克森人的投降

但事实证明，伟大的查理曼大帝成了尤里乌斯·恺撒的合格接班人，他成功地统一了当时除西班牙外西欧大部分地区。774 年伦巴第人大遭惨败，意大利北部被并入了他的版图。之后，查理曼出征德国南部和法国西南部，以巩同他对这些地区的控制。为了确保帝国和东部边界地区的安全，查理曼又同阿瓦尔人进行了一系列的战争。阿瓦尔是一个与匈奴族有血缘关系的亚洲民族，他们占有一片广阔的领土，即今日的匈牙利和南斯拉夫，但查理曼最终彻底打败了阿瓦尔军队。期间，查理曼也努力确保他的南部边疆的安全。778 年，他对西班牙发动了一次侵略，虽未获得成功但却在西班牙北部建立起一个边境国，叫作西班牙三月国，该国承认他的主权。也许更重要当然也更困难的是对萨克森——德国北方一个广大地区的征服，进攻的总数不下十八次。第一次发生在 772 年，最后一次在 804 年。反对萨克森人

查理曼大帝的加冕典礼

的战争打得如此持久和残忍，宗教因素肯定是其原因的一部分。萨克森人是异教徒，查理曼坚持要让他所统治的萨克森人改信基督教，拒绝接受洗礼和后来又改信异教的人均被判处死刑。在这些强迫改宗运动的过程中，据估计有多达四分之一的萨克森人被杀害。虽然萨克森和巴伐利亚以东的国家未被法兰克人占领，但是在从德国东部到克罗地区一条宽广的地带上的那些国家，却都承认法兰克的宗主权。由于查理曼许多次战争的胜利（法兰克人在他的45年的统治期间进行了54次出征），成功地使西欧大部分地区都归属于他的统一领导之下。他的帝国实际上达到包括今日的大部分法国、德国、瑞士、奥地利和低地国，以及意大利的一个地区和许多的边界地区。自从罗马帝国衰亡以来，欧洲还没有这么广阔的领土被一个国家控制过。

在整个统治期间，查理曼一直坚持与罗马教皇保持密切的政治联盟，而他统治的高峰或至少是最著名事件于800年圣诞节发生在罗马。这一天，教皇利奥三世把一顶皇冠戴在查理曼的头上，宣布他为罗马人的皇帝。这意味着在3个多世纪前被毁灭的西罗马帝国正在复辟，查理曼现在是奥古斯都·恺撒的合法继承人。

但是智者千虑，必有一失。查理曼在政治上通常是机智敏锐，洞察秋毫，但他却在王位继承问题上犯下了严重的错误——在他死后把帝国分给他的三个儿子。他认为这样做通常是避免战争的一剂灵丹妙药。但这最终成了帝国分裂的导火索，于是乎，在他死后不到三十年的时间里，帝国便一分为三，最终灰飞烟灭。

查理曼帝国的分裂

查理曼大帝死后，路易一世即位。有一天，他家花园里的一段长廊塌了。为此他立了遗嘱，分了遗产，然后宣布退休，带着老婆周游全国去了。结果在旅途中，他的妻子因病去世了。

皇后去世了之后，皇帝会干嘛呢？——很简单，“续弦”，白话叫作“娶新老婆”。读了那么多历史书了，您见过有几个皇帝给皇后守寡的呀。于是他就又迎娶了一位新皇后——施瓦本公国阿尔特多夫伯爵韦尔夫一世的女儿尤蒂特。

长子罗退尔

都说“英雄难过美人关”，路易一世不是英雄，但他是英雄的儿子。自从路易新婚之后，他每天晚上所做的事情就不仅仅是祈祷和忏悔了。公元823年，尤蒂特皇后为路易一世生下了一个儿子，就是未来西法兰克王国的开国之君——秃头查理。中国明朝的万历皇帝朱翊钧在不该生儿子的时候，提前生了一个儿子，结果闹出来了一个“争国本”事件，足足闹腾了十五年。而法兰克的虔诚者路易，在该不生儿子的时候，又多生了一个儿子，结果因为分家产闹得引发了持续不断的内战。

首先，尤蒂特皇后向路易一世提出了自己希望的两块封地：施瓦本和阿尔萨斯。这个请求是非常不明智的，因为阿尔萨斯和施瓦本分别是罗退尔和路德维希的领地，也就是说，皇后娘娘一出手，就同时得罪了两位皇子。这个请求的最大意义就在于她把她丈夫的帝国彻底推向了土崩瓦解的深渊。

经过了短暂的军事和外交准备，公元833年，罗退尔在得到了罗马教廷和两个弟弟的支持后，起兵反对自己的父亲。同时，由教宗格里高利四世出面，废黜了路易一世的皇位，这是罗马教廷第一次废黜皇帝，今后他们还将多次这样做。在格里高利四世宗教旗帜的号召下，路易一世的部属纷纷倒戈，路易一世本人也被软禁在苏瓦松，而一心想裂土分疆的秃头查理则被罗退尔关进了阿登修道院。至于整个事件真正的罪魁祸首尤蒂特皇后自然也难逃罗退尔的报复，不过她的罪名并不是"为秃头查理谋求领地"。罗退尔声称，他的后妈与纳尔旁边地伯爵贝恩哈特有私情。于是尤蒂特被羞辱性地剃光了一头秀发，发配到了伦巴第郊外的一座修道院里，这座修道院一直以来是用来关押女巫和女性精神病患者的。

一般人在取得了辉煌的胜利之后难免会得意忘形，忘乎所以，而这时通常是他智商的低谷和失败的开始。罗退尔也一样。望着父亲留下的那把椅子，他看到了，他坐上去了——他惹事了。因为他忘记了，他可不止一个弟弟，而是三个。除了已经关起来的查理之外，他还有一个弟弟叫丕平，在阿基坦；还有一个弟弟叫路德维希，在巴伐利亚。兄弟俩虽然原先支持哥哥，但是当罗退尔准备取代父亲成为帝国的新皇帝的时候，丕平和路德维希出兵反对了。原因很显然，引用《新三国》里的一句台词来说就是：越是想当皇帝的人就越容不得别人当皇帝。战斗很激烈，过程很简单，结果很明确：罗退尔成为自罗马帝国灭亡以来，欧洲历史上第一个因为两线作战而失败的人，当然，绝不是最后一个。于是罗退尔灰溜溜地退回了意大利。

作为一种政治姿态，丕平和路德维希将他们的老爸放了出来，并且重新扶上皇位。查理也一同被释放。重获自由的路易一世仍然锲而不舍地希望能为自己的小儿子获得一块与他的几个哥哥相同的领地。赶上公元839年，路易一世的次子丕平因病去世，留下了一个年幼的继承人小丕平。于是已经沉默了许久的路易一世突然在

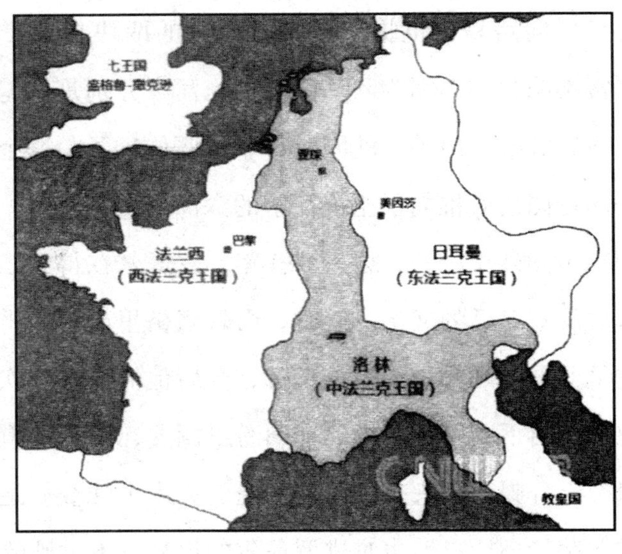

一分为三的查理曼帝国

沃尔姆斯帝国会议宣布，在他死后，以罗讷河-索恩河-马斯河为界，以东由罗退尔继承，以西由秃头查理继承。

结果，诏书宣布了还没几天，公元840年6月20日，法兰克皇帝路易一世在英格海姆去世。路易一世是一个虔诚的基督徒，但却不是一个合格的皇帝。他是一个孝顺的儿子，一个惧内的丈夫、一个宽厚的父亲，这除了因为他自己本性中的懦弱之外，还因为她的父亲、妻子和儿子们都是牛人，比他牛得多的牛人。除了宽忍，他没有其他的选择。如今，他获得了最终的解脱。

得知父亲的死讯，罗退尔匆匆赶到了亚琛，准备接管朝政，没想到遭到了他父亲留下的偏向秃头查理的帝国政府的一致反对，于是罗退尔联合他的侄子小丕平一起进攻秃头查理。秃头查理只好派人向自己的姨夫——德意志的路德维希求救。尽管很出人意料，但是事实确实如此，路德维希不仅是秃头查理同父异母的三哥，还是他如假包换的亲姨夫！

公元842年2月24日，路德维希和秃头查理在莱茵河畔的斯特拉斯堡会晤，约定共同对抗罗退尔。公元843年，路德维希和秃头查理的联军占领了帝国的首都亚琛。到了这时候，罗退尔、路德维希和查理决定追求和平，因为他们都认清了一

个现实，那就是他们谁都没有能力消灭谁，帝国已经不可挽回的分裂了。明白了这个道理，那事情就简单多了。查理曼的三个孙子终于坐到了一起，开始谈判，这次和谈的成果就是著名的《凡尔登条约》。

公元 843 年签订的《凡尔登条约》将帝国领土一分为三，分别形成了所谓的东法兰克王国、西法兰克王国和中法兰克王国：莱茵河以东为东法兰克；“四河流”（埃斯考河、马斯河、索恩河和罗讷河）以西为西法兰克；意大利以及东、西法兰克之间剩下的那些七零八碎儿属于中法兰克。近三十年的争斗成就了欧洲版的三国志，也为加洛林王朝的衰败埋下了伏笔。当然，内斗不息也为维京人的趁火打劫提供了千载难逢的机遇。

二、中世纪的神圣罗马帝国

公元 911—1519 年

日耳曼人的中世纪全盛期以三个前后相续的王朝，即萨克森、萨利安和霍亨斯陶芬王朝为标志。这三个王朝都曾为实现帝国的统一和中央集权而努力。然而，萨克森王朝过于倚靠教士；萨利安王朝和霍亨斯陶芬王朝则只是坐视教士和诸侯势力的增长。这两者也成为争夺国家最高统治权的又一个角逐者。然而，最后世袭君主制的尝试也失败了。中世纪后期，地方诸侯的独立主义倾向远胜过集权国家的观念。

萨克森人治理下的神圣罗马帝国初期

神圣罗马帝国发端于东法兰克帝国。萨克森公爵亨利一世当选为皇帝，帝国得到进一步的巩固。

加洛林王朝的统治者是法兰克王查理曼大帝及他的儿子路易的后裔，他们很快就撤销了许多部落的公爵领地。这些领地包括如萨克森、士瓦本、阿勒曼尼以及位于帝国东部的图林根、巴伐利亚等地在内。

但是，为了治理这个庞大的王国，公爵领地又被重新恢复。面对马扎尔人、斯拉夫人和诺曼人的威胁，国王不得不赐给他所任命的公爵以军事权力。随着王室权

威的衰微，各公爵领地日益独立。

“捕鸟者”亨利一世

911 年，东法兰克的加洛林王朝灭亡之时，日耳曼各诸侯集会选举弗兰科尼亚（Franconia）的康拉德公爵为帝。919 年，萨克森的亨利一世继任为帝，他被称为“捕鸟者”亨利（Henry the Fower）。君主选任制而非世袭制的观念从此确立。

亨利立即与西法兰克国王即法国国王查理三世签署了一项条约。该条约正式确立了东法兰克或神圣罗马帝国的独立地位。925 年，亨利取得了对西法兰克洛林地区的控制权。933 年，在图林根的里阿德（Riade）战役中，他成功地抵御了马扎尔人的掠夺性袭击。

亨利的后继者精力非凡。936 年，在亨利逝世之后，他的儿子奥托一世成为第一个在亚琛或艾克斯拉沙佩勒（Aixla-Capelle）加冕的日耳曼皇帝，也因此建立了与查理曼传统的链接。

为平衡贵族的势力，奥托过分仰仗教会的支持。他增加教会财产，提高高级教士的法律权威。而教会有义务向国王提供财政和军事援助。教士的独身生活使他们无法世袭其职位和采邑。因此，在职者逝世之后，职位和采邑就得归还给皇帝。为确保此项政策的顺利实施，皇帝而不是教皇必须掌握对续任权，即授任教会职位的控制权。这也最终酿成 11—12 世纪的授职权之争。

亨利一世战胜马扎尔人，19 世纪的木版画。

奥托文艺复兴和萨克森王朝的灭亡

在意大利，奥托一世（奥托曼）的势力很大。他还成功地战胜了斯拉夫人，保住了自己的权力。然而，他的继承者却没能及时地巩固他的帝国。

998 年，奥托三世惩罚反叛的首领。挖掉其双眼。

砍断其双手，17 世纪的铜雕像。

为了控制难以驾驭的各地公爵，奥托一世把巴伐利亚赐给兄长亨利，把士瓦本

赐给长子鲁道夫。士瓦本即以前的阿勒曼尼，也曾像其他公爵一样，反复挑战国王的权威。在对外事务方面，奥托大帝硕果累累。950 年，他征服波希米亚。他还建立新边疆以确保边界地区的安全，并设立新主教辖区以推动斯拉夫人的皈依。

951 年，受罗退尔二世的遗孀、伦巴第的阿德莱德的邀请，奥托首次翻越阿尔卑斯山进入意大利。他娶阿德莱德为妻，成为意大利王。955 年，在进一步的军事行动中，他在临近奥格斯堡的莱希菲尔德（Lechfeld）地区再次击退马扎尔人，打败伦巴第各诸侯，战胜拜占庭人。

奥托一世在莱希菲尔德战役中战胜马扎尔人，15 世纪的书籍插图。

962 年，奥托接受教皇加冕，成为神圣罗马帝国皇帝。此后，只要是在亚琛加冕的国王都有权在罗马加冕成为神圣罗马帝国的皇帝这一传统成为定制。作为与拜占庭帝国和解的手段，奥托的儿子，奥托二世娶拜占庭皇帝之女西奥法诺（Theophano）为妻。

奥托二世只统治了十年，即 973—983 年。在帝国内部，他不得不设法征服其堂兄巴伐利亚的亨利二世（“好争吵者”）。982 年，在卡拉布里亚（Calabria）战役中，奥托败在阿拉伯人手中，他在意大利的地位也遭到削弱。983 年，斯拉夫人的大起义是帝国即将失去易北河以外地区的征兆。奥托二世死后，西奥法诺和婆婆阿德莱德支持年轻的奥托三世进行统治，以此对抗亨利。

之后，奥托在波兰的格涅兹诺和匈牙利的格安设立主教辖区，促进了东部的传

组成帝国的四个部分：斯克拉维亚（东欧）、日耳曼（德国）、高卢（法国）和罗马（意大利）交纳贡品。10世纪的书籍插图。

教工作。996年，他促使其堂兄布鲁诺当选为教皇格里高利五世——日耳曼人的第一位教皇。然而，罗马贵族并不乐意罗马被日耳曼帝国统治，因此，在1001年，他们将奥托逐出了这个城市。1002年，亨利的儿子登上帝位，称亨利二世，但他死后无嗣，王朝自然而然也就灭亡了。

萨利安人统治时期

在革新后的罗马教廷以及内阁的支持下，康拉德二世和亨利三世与诸侯之间展开了权力斗争。

1024年，亨利二世逝世。贵族选举奥托的一位法兰克亲属——康拉德二世为德意志皇帝，萨利安王朝自此建立。1033年，根据奥托统治时期达成的一项继承协议，勃艮第王国并入德意志。

尽管皇帝现在已经控制了穿过阿尔卑斯山的所有隘口，但勃艮第各城市却越来越独立。为平衡那些强大的诸侯势力，康拉德把许多特权赐给一些伦巴第城市。但伦巴第也开始反对王室的权威。富有的城市主教和高级贵族与低级士绅之间也发生了冲突。

亨利三世和妻子一起向童贞女玛利亚致敬，1050 年左右的书籍插图。

1039 年，康拉德的儿子，亨利三世继承王位，他更加直接地干预教会事务。他认为只要支持克吕尼改革运动就能够控制罗马教廷。因此，他赞同改革者提出的反对教士结婚和买卖圣职的斗争。尽管遭到对立的罗马贵族的阻力，亨利还是成功地帮助数位具有改革思想的教皇当选，其中包括克莱芒二世和利奥九世。虽然他最初取得了成功，但从长远来看，他的所作所为反而给神圣罗马帝国制造了更大的麻烦。因为除了诸侯外，逐渐自信的教会也成了皇帝的又一个强大对手。这种状况到他的儿子亨利四世统治时期更加暴露无遗。

德意志皇帝开始日益依赖内阁大臣。早在 11 世纪，内阁大臣的地位就有所上升，还掌握了一定的权力。他们最初只是一些在行政部门和军队里工作的仆从，依靠领主提供的非世袭的采邑过活。他们对领主的这种依赖使得他们更加值得信赖。因此，他们愈来愈多地被委以宫廷官职，负责管理整个王国的王室财产。

授职权之争和萨利安王朝的灭亡

亨利四世与获得新生的罗马教廷展开争夺政治霸权的斗争。然而，直至其子亨利五世继位时，双方也没有妥协。

神圣罗马帝国皇帝亨利三世全身像

1056 年，亨利三世之子亨利四世继位。他得到内阁大臣和地位日益重要的城市支持。在城市里，一个自信的中间等级也已出现。他们雄厚的资本为其提供了一种平衡力，足以对抗贵族对乡村地区的控制。

深受亨利三世欢迎的改革后的罗马教廷已发展成为亨利四世的主要对手。教皇格里高利七世要求由教廷完全控制教会的所有权益，特别是授职权——即任命僧侣就任教职的权力。因此，1076 年 1 月，在沃尔姆斯宗教会议上，亨利宣布废黜教皇。格里高利则报以褫夺皇帝教籍，取消臣民和诸侯对亨利的效忠誓愿。

一些诸侯在特里布尔（Tribur）召开会议。会议决议声明只要褫夺教籍令仍然生效，他们便要求亨利退位。这次冲突造成了帝国内封建体系的崩溃，破坏了德皇至高无上的权威。贵族乘机利用皇帝和教皇之间的斗争，夺占一些大主教遗弃的财产，增加了他们的财富。

1077 年，亨利来到卡诺莎觐见教皇，以重新获得摄政的权力。这帮助亨利在 1080 年击溃了那些反叛的诸侯。与此同时，这些诸侯另外选立士瓦本的鲁道夫为皇帝。后来，教皇乌尔班二世在 1095 年的克莱芒宗教会议上重申了关于世俗授职权的禁令。

教皇格利高里七世于 1085 年获释，后死于流放之中；亨利四世和对立教皇克莱芒三世在一起，12 世纪的木版画。

亨利自己的孩子们甚至也转而反对他。1090 年，长子康拉德得到一些反叛的伦巴第城市的支持，篡夺了其父在意大利的统治权。次子亨利虽已经被选立为王位继承人，但在一些反叛诸侯的压力下，于 1105 年强迫其父退位，是为亨利五世。次年，亨利四世去世。

亨利五世俘获教皇帕斯加尔二世，19 世纪的木版画。

继叛乱之后，在 1121 年乌兹堡（Wurzburg）召开的神圣罗马帝国会议上，亨利五世与诸侯们最终达成一致。1122 年的《沃尔姆斯教约》最终结束了有关授职权的争论：教会负责选定即将担任主教和修道院院长等教职的人选，而皇帝负责授予他们世俗管辖权。从此帝国教会不再只是一种权力工具了。

威尔夫家族和霍亨斯陶芬家族之间的战争

康拉德三世和腓特烈一世都没能获得持久的霸权，以凌驾于教皇及势力强大的帝国诸侯之上。

亨利五世，即最后一任萨利安王，死于1125年。继任的是苏普林堡的萨克森公爵罗退尔。皇帝罗退尔二世联合威尔夫家族——此家族正统治巴伐利亚公爵领地——成功地战胜了他的竞争对手——士瓦本的霍亨斯陶芬公爵康拉德。罗退尔还一手包办了女儿格特鲁德和威尔夫公爵之子“高傲者”亨利的婚姻。亨利因此得以继承自己家族以及罗退尔的领地。萨克森和巴伐利亚也从此统一在了一起。

教皇阿德里安四世（1154—1159年），16世纪的铜版画。

威尔夫家族成为帝国内势力最强大的诸侯之一。然而，1138年，诸侯们却选举康拉德为国王，以继任罗退尔。康拉德三世罢黜亨利，还将他的公爵领地赐给效忠于自己的诸侯。威尔夫家族和霍亨斯陶芬家族之间的冲突开始，并导致帝国整整分裂了一个世纪。

萨克森公爵的领地落入阿斯卡尼家族的阿尔布雷希特之手。巴伐利亚则为巴本贝格的亨利公爵所占。不过四年之后，“高傲者”亨利的儿子“狮子”亨利又重新夺回萨克森，他也是势力强大的英王亨利二世的女婿。

“狮子”亨利和他的英格兰妻子莫德的墓碑，位于不伦瑞克，1250 年左右的白垩石雕像。

1156 年，康拉德的侄子和继任者腓特烈一世恢复对巴伐利亚的统治，封其为奥地利公爵亨利，希望以此为补偿，最终实现两个家族的和解。

霍亨斯陶芬家族的腓特烈一世（又称为巴巴罗萨或“红胡子”，1152—1190 年）花费大量精力对付意大利伦巴第城市以及教皇的敌对活动。后者得到西西里诺曼国王的支持。在德意志的秩序恢复之后，1155 年，他加冕为神圣罗马帝国的皇帝。1176 年，在莱格纳诺战役中，腓特烈战败。在这场战役中，步兵第一次战胜了骑士军队。腓特烈被迫签署和平协议，暂时解决了他和意大利城市、教皇以及西西里之间的纠纷。

意大利战争期间，威尔夫家族领袖“狮子”亨利违背誓约，拒绝援助皇帝。在之后的审判中，亨利受到公开指责，还失去了他的公爵领地，只允许保留威尔夫家族的私人领地。巴伐利亚被赐给了维特斯巴赫家族。面积已极大缩减的萨克森地区再次落入了阿斯卡尼家族之手。

许多原巴伐利亚或萨克森的附属地区现直接置于皇帝的管辖之下。这样一劳永逸地解决了旧部落的公爵领地问题，为区域性小国家的出现开辟了道路。而亨利连同他的亲属则一道踏上了流亡的道路。

1190 年，腓特烈溺死于萨勒夫河，13 世纪的书籍插图。

霍亨斯陶芬王朝的衰落

霍亨斯陶芬家族和威尔夫家族之间的斗争不可避免地削弱了德意志的君主政体，该斗争一直持续到霍亨斯陶芬家族世系灭绝时为止。

西西里的诺曼王朝成为霍亨斯陶芬家族的统治基地。1190 年，亨利六世继父亲腓特烈·巴巴罗萨之后荣登帝位。他迎娶西西里女继承人康斯坦茨为妻。然而直到亨利死时，他都没有实现在德意志和意大利推行世袭君主制的计划。

他未成年的儿子腓特烈也只继承了他的西西里王国。而帝国内部却再次爆发了霍亨斯陶芬家族和威尔夫家族的斗争。

1198 年，诸侯选立了两位对立的皇帝：一位是亨利六世的兄弟——士瓦本霍亨斯陶芬家族的腓力浦，另一位是“狮子”亨利的儿子——威尔夫家族的奥托四世。最初，教皇英诺森三世支持威尔夫家族。不过，当 1128 年腓力浦逝世后，奥托成为唯一的君主，而且还企图夺取西西里时，英诺森遂转变立场，承认腓特烈二世为德意志皇帝。

虽然奥托得到英国亲属的帮助，但在 1214 年里尔附近的布汶战役中，他还是败给了腓特烈及其盟友——法王奥古斯都·腓力浦二世。1218 年，奥托逝世后，腓特烈毫无争议地成为国王。1220 年，他加冕为神圣罗马帝国皇帝。

腓特烈二世住在意大利南部地区。为训练政府官员，他建立了波洛尼亚大学。他主要通过分发王室特权、把帝国领地的最高治权下放到教徒诸侯手中等方式来治理德意志。但这些措施造成了帝国的分裂，助长了一些自治诸侯的独立倾向。

1126 年，腓特烈分派给德意志神职等级以征服和转化普鲁士的重任。1235 年，他和威尔夫家族实现和解。同年，“狮子”亨利的孙子——奥托被指定为布伦瑞克和卢伦堡两地的公爵。但是，腓特烈和教皇的斗争仍在继续。结果，1227 年，他被褫夺了教籍。1245 年的教会会议甚至谴责他为异教徒。

1268 年在那不勒斯的康拉丁的死刑，19 世纪的鹅毛笔版画。

1250 年，腓特烈去世。其子康拉德四世只统治了短短四年便过世了。康德拉的儿子康拉丁不得不面临法国国王之弟、安茹的查理的入侵。1268 年，在塔里阿科扎战役中，康拉丁战败。他虽然得以从战场上逃脱，但不久之后还是落入了查理之手，被处死于那不勒斯。霍亨斯陶芬王朝的统治就此结束。

三大家族之间的权力政治

皇室中央集权崩溃，地方诸侯的统治权退回到各自的领地之上。帝国和地方王

朝之间的冲突由此产生。

霍亨斯陶芬王朝灭亡之后，开始了一个所谓的空位期。1257 年，士瓦本的腓力浦的后代，西班牙国王卡斯提家族的阿方索五世当选为神圣罗马帝国皇帝。然而，他和竞争对手、英国的一位王位争夺者康沃尔伯爵理查德都未能获得诸侯的认可。由于两位君主都不住在德意志，世俗诸侯趁机扩展他们的权力。结果，一批势力非常强大的诸侯——选帝侯逐渐形成。他们进而要求垄断选举皇帝的权力。

哈布斯堡家族鲁道夫的墓碑，位于施派尔。

1273 年，康沃尔的理查德逝世。诸侯选举哈布斯堡家族的鲁道夫为新皇帝。鲁道夫虽然出生在一个备受尊崇且富裕的家族，但他并不属于上层贵族。因此，诸侯原以为他比较容易控制。然而，他却竭尽全力根除王国内各种不合常规的事情，比如他打击强盗男爵。他为自己的家族建立了牢固的地区权力基础。1278 年，鲁道夫打败波希米亚的奥托卡尔二世，封两个儿子为奥地利和斯泰里尔公爵。巴本贝格家族灭亡之后，波希米亚人曾占据了这些地区。

1291 年，鲁道夫逝世。经过拿骚家族阿道夫的短暂统治之后，1298 年，鲁道夫的儿子当选为阿尔伯特一世皇帝，然而，他只统治了 10 年。1308 年，他为其侄所谋杀，这件事情粉碎了哈布斯堡家族实现世袭君主制的计划。随后，卢森堡家族的亨利七世当选为皇帝。亨利之子约翰娶了波希米亚女继承人为妻，而波希米亚则成为卢森堡家族权力的地区基础。

一些强盗男爵正在劫掠一个村落，15世纪的羽毛平版印刷画。

1314 年，维特尔斯巴赫家族的路易四世在选举中击败竞争对手——即哈布斯堡家族的一位候选人。而当选为国王。1328 年，他接受罗马人的加冕成为皇帝。但因为支持教皇的对立者，1324 年，教皇约翰二十二世开除了他的教籍。

在 1338 年的兰斯会议上，德意志诸侯最终决议禁止教皇干预皇帝的选举事宜。因为路易过于积极地扩大自己权力基础，诸侯遂于 1346 年选举卢森堡家族的查理四世为国王及神圣罗马帝国皇帝。1355 年，他又赢得伦巴第王冠。1347 年，路易逝世后，查理成为唯一的统治者。

哈布斯堡王朝的兴起

卢森堡王朝灭亡之后，哈布斯堡家族一直把持着帝国朝政，一直持续到 1806 年神圣罗马帝国覆灭为止。他们利用明智的婚姻外交策略，扩展了自己的家族领地，巩固了政权。

在 1356 年的“黄金诏书”中，查理四世重新制定了国王的选举程序：指定三个大主教选帝侯（即美因兹、特里尔和科隆）和四个世俗选帝侯（即莱茵的帕拉丁、萨克森、勃兰登堡和波希米亚）；即使没有教皇参与，国王也可以在亚琛加冕

巴伐利亚的路易皇帝打败其王位争夺者——奥地利的腓特烈，14 世纪的书籍插图。

为皇帝；七位选帝侯既有权干预帝国政治，又有权处理自己领地上的事务。在查理的努力下，首都布拉格得到了极大的改善。1348 年，他在德意志建立了第一所大学。

1356 年查理四世制定的帝国制度法“黄金诏书”的首页

因为对帝国事务缺乏兴趣，查理的儿子温瑟斯劳斯遭到选帝侯的废黜。从1410年起，温瑟斯劳斯的弟弟西吉斯孟开始担任德意志帝国皇帝。他的大部分精力都消耗在各种冲突之中。1414—1418年，他召开康斯坦茨宗教会议，结束了教会的大分裂。但他未能击退入侵匈牙利的土耳其人。他早先通过联姻取得了这块地区。1419

七个选帝侯，1350年的书籍插图。

年，他继任其兄温瑟斯劳斯成为波希米亚国王。后来该境内的胡斯战争分散了他对帝国内部紧急问题的注意力。

腓特烈三世，15世纪的绘画。

1437年，西吉斯孟去世。他的女婿奥地利哈布斯堡家族的阿尔伯特二世继承了他的领地。然而，因阿尔伯特及其子拉斯洛（Laszlo）五世的早逝。哈布斯堡家族

同时失去波希米亚和匈牙利两地。仅在帝国以及奥地利的世袭领地上，阿尔伯特的侄子腓特烈三世皇帝方才费力地保住权威。1477 年，腓特烈之子马克西米利安一世（被称为“最后的武士”）娶勃艮第的玛丽为妻，从而取得对经济发达的荷兰的统治权。他还成功地抵御了法国的袭击。

1493 年，马克西米利安一世继承了父亲的王位。虽然他在帝国内部推行的改革胎死腹中，但他在联姻政策方面却颇为成功。其子腓力浦和西班牙王国女继承人的婚姻，孙子斐迪南和匈牙利继承人以及孙女玛丽和波希米亚继承人的双重婚姻，都为加强哈布斯堡家族的力量奠定了基础。在他的统治之下，哈布斯堡家族的势力发展到了顶点。1519 年马克西米利安逝世之后，查理五世继任为帝。

三、瑞士、法国与勃艮第公国

约公元 500—1848 年

约 13 世纪，瑞士联邦逐渐形成，并于 1648 年宣布独立。但它没有官方的国教，从历史来看，天主教和新教两大宗教之间势均力敌。

约在 10 世纪，法兰克帝国分裂，根据 843 年的《凡尔登条约》，东部部分就是现在的德意志，中部是后来逐渐消亡的勃艮第，而西部逐渐成了现在的法兰西。经过与英国的百年战争后，在 15 世纪末逐渐形成了一个中央集权制和君主立宪制的国家。法兰克人还征服了勃艮第人控制的部分领地。

从为独立而战到信守中立的瑞士

为抗击哈布斯堡王朝、萨伏伊王朝和勃艮第王朝的入侵，瑞士一些地区成立安全同盟。该同盟日后发展成为瑞士联邦。

中世纪盛期，今天的瑞士既是勃艮第王朝（隶属于士瓦本公爵领地）又是德意志王国的组成部分。初始时，大部分世俗统治者还都处于国王和公爵的控制之下，但他们逐渐稳固地发展了自身的自主权。到了 13 世纪，统治士瓦本的霍亨斯陶芬王朝衰落，进一步加速了这个进程。当西南部的萨伏伊王朝和北部的哈布斯堡王朝试图恢复统治时，为了保持独立地位，许多城市和乡村社团都开始联合起来反对

他们。

位于阿尔高州的哈布斯堡。自11世纪以来，它一直是哈布斯堡家族的住地。

1291年，最早的一些州，即乌里、施维茨、下瓦尔登州联合组成“永久同盟”，这成为旧瑞士联邦的核心。1315年，在莫加顿战役中，同盟州战胜哈布斯堡王朝。

1291年的吕特利宣誓，宣布建立瑞士联邦，亨利·富塞利绘于18世纪。

1353 年，伯尔尼、苏黎世以及其他许多城市纷纷加入联邦。1476 年，“大胆者”查理领导的勃艮第人组成哈布斯堡同盟。在格朗松和莫腊战役中，该同盟战败。1477 年南希战役中，查理阵亡。瑞士曾干预法国和哈布斯堡王朝之间在意大利的战争，他们占领了提契诺。

在 1515 年的摩尔哥纳战役中，瑞士被法国人击败，之后便采取了中立政策。但是，他们和萨伏伊王朝的冲突仍时常发生，后者被迫放弃了沃州和日内瓦等地。

瑞士和格里森都深受三十年战争的影响。格里森当时还不是联邦的成员。1648 年，在《威斯特伐利亚和约》中，瑞士的独立地位获得普遍认同。

瑞士联邦

今天的瑞士联邦是由 19 世纪的州联盟发展而来的，这些州原来就具有一些自治权。

乌尔利希·兹温利，16 世纪。

“瑞士联邦”的称呼得自于施维茨州，它是联邦最早的成员之一。作为统称，瑞士联邦是由 13 个旧成员州、一些新成员州以及附属区和联盟区所组成的。各州通过相互间错综复杂的条约体系和政府关系而彼此联系。

旧成员州包括苏黎世、伯尔尼和日内瓦等重要城市。新成员州并非联邦完全意

义上的成员。结盟使得它们对联邦有所依赖，但它们在内部是享有自治权的。它们包括纳沙泰尔公国、圣高尔修道院。巴塞尔主教辖区和日内瓦城市共和国。联邦中也有一些地区归旧成员州独立管辖。只有议会是联邦中唯一的共同机构，各州使节会在此互相磋商。

宗教改革期间，各州的信仰差异恰巧和制度差异相一致。16 世纪，乌尔利希·兹温利和约翰·加尔文各自独立地传播宗教改革思想——前者在苏黎世，后者在日内瓦。

拿破仑·波拿巴接待瑞士代表团，下达《仲裁法案》，19 世纪的木版画。

在 1529 年和 1531 年的卡佩战争以及 16—18 世纪早期的维尔梅根战役中爆发了新教徒和天主教徒之间的武装冲突。因为双方都未能取得压倒对方的优势，瑞士仍然分裂为天主教州和新教州。

1798 年，拿破仑军队入侵时，瑞士的中立地位仍得到尊重。拿破仑支持一些自由主义派别建立了中央集权的国家——赫尔维蒂共和国。不过，这个共和国从一开始就遭到内部的强烈抵制。

在 1803 年拿破仑的《仲裁法案》中，新中央集权主义者和旧邦联主义者达成妥协。1815 年的维也纳体系崩溃之后，联邦各州重新取得自治权。但是，有关共同体制上的争论仍继续存在。

1847 年，一些保守的天主教州成立“特别联盟”，以此来对抗自由的新教州。

虽然“特别联盟”在联邦内战中略胜一筹，但他们只持续了一个月，死伤约 100 人，最后以失败告终。这场战争导致 1848 年瑞士联邦国家的建立。联邦国家建立后在立法、防务和贸易方面实行了中央集权，但在其他方面依然保持原貌。

“法兰西岛”的国王

公元 987 年，加洛林王朝的末代懒王路易五世驾崩，之后的加洛林王朝，就像东西两个法兰克王国一样，绝嗣而亡。

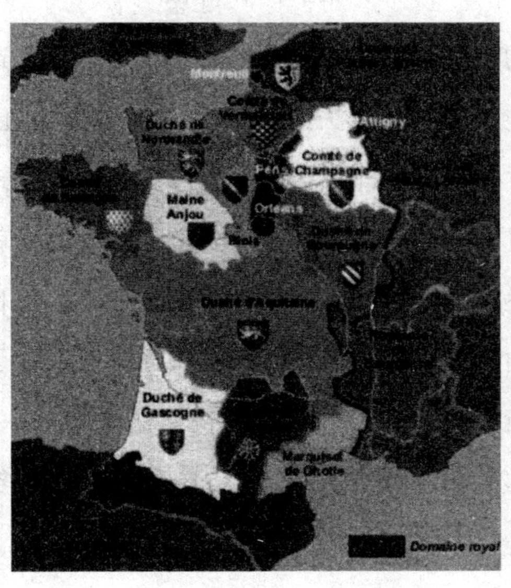

卡佩王朝初年的诸侯割据

国不可一日无主，那谁来继承王位呢？当然是法兰西王庭的忠臣——巴黎伯爵兼法兰西公爵于格·卡佩，这老兄已经像曹操一样当了多年的内阁首辅，这回总算多年媳妇熬成婆，黄袍加身，当起国王了。

相比较它的前任加洛林王朝和墨洛温王朝，卡佩王朝绝对算得上一个长命王朝，从 987 年开始到 1792 年法国大革命结束，整整八百多年，之后还成功复辟两次，真是怎一个牛字了得！（当然，卡佩王朝的直系统治到 14 世纪就结束了，但如果深究一下，其实瓦卢瓦王朝和波旁王朝都是卡佩家族的支系同志）。

王朝建立初年，国内诸侯割据，整个法兰西四分五裂。国王统治区域仅限于包

法王于格·卡佩

括巴黎和奥尔良在内的位于塞纳河和瓦鲁尔河中游的地区，这块被诸侯领地切分得支离破碎的狭长南北地带，史称“法兰西岛”。当时法国领土有四十五万平方公里，而法兰西岛仅三万平方公里。但即使在这小得可怜的王室领地里，国王仍不能全面掌控。一些有权势的贵族往往自建城堡，在大道上设个关卡就能收过路费，明目张胆地抢劫。国王甚至没有固定的首都，经常在巴黎和新奥尔良之间更换住处，更别提系统的行政管理机构了。王室的经济收入也相当有限，为了开源，有时国王竟然也干些拦路抢劫的勾当。11世纪，菲利普一世竟然抢劫过一位来自意大利的客商。卡佩王朝实在寒酸至极。但是法国境内的大小公国、伯国多如牛毛，像诺曼底公国、阿基坦公国、勃艮第公国、布列尼塔公国、图卢兹伯国、安茹伯国等。这些爵爷名义上是国王的臣子，实际上完全独立，他们在各自领地内享有种种特权，甚至还可以铸造货币，更有一些爵爷们的财产远超国王。在王室领地之外，国王影响几乎为零。

当然，国王仍然可以从精神上领导国家。卡佩王朝的国王在兰斯加冕行涂油礼时，所使用的香膏中混有一种特殊的上等香油。据说这种圣油是当年克洛维受洗时上帝派一个鸽子送的。加冕使用此圣品，说明卡佩王朝的国王还是法兰克的正派继承者。

诸侯领主推举国王是法兰西一向挺民主的传统，于是，于格·卡佩也在众人的推举下登基坐殿，但他深知王冠意味着什么，便在还活着的时候通过诸侯大会推举

于格·卡佩登基称帝

自己的儿子为国王，这样登基便不会有什么麻烦了。公元1世纪的欧洲，国王在位的时候就推举下一任国王，这一有效做法被传承下去，并逐渐得到爵爷们的认可和尊重。于是，世袭制便逐渐压倒选举制，这也是卡普王朝确立八百年基业的不二法门。

路易七世与埃莉诺的恩怨情仇

路易七世当国王实在是阴差阳错，其实他只是路易六世国王的次子。因此，打从他出世那天起，他就是被王室当成未来大主教来进行培养的。十岁以前，这位王子都生活在圣丹尼斯皇家修道院里，是修道院长、皇家主教休杰最寄予厚望的学生。当一个出类拔萃的教士献身基督，是自幼就深植于这位王子内心的崇高理想。

但是天不从人愿，1131年，他的哥哥、已经成为法国小王的菲利普年仅15岁就短命夭亡了，路易七世不得不被赶鸭子上架当上了他并不能胜任的法国国王。可怜的小教士就这样离开了他那圣洁的修道院，当上了法国国王，还迎娶了阿奎丹女公爵埃莉诺，抱着不亚于赴难的心情，决心为法国完成生下男性继承人的艰巨使命。为了这个世俗的责任和义务，他还要经常痛哭流涕地向上帝忏悔，可怜呐，阿门……面对这样一位没有情趣的丈夫，可想而知活泼好动的埃莉诺有多么不适应。路易七世将男欢女爱视作邪恶的罪过，他与王后同床的唯一目的就是让她怀孕，只有证实王后的确没有怀孕，他才会再次勉强自己进入她的闺房。这一切使一向被男人狂热追求的埃莉诺感到十分难堪，她觉得自己是嫁给了一个修士，而不是法国的

法王路易七世

国王。她撒娇、她挑逗，最后甚至发展到经常为此与路易七世吵闹。可惜，她的所有努力都被路易七世当成是邪恶的考验，根本不起效果。直到结婚七年以后，埃莉诺才生育了第一个孩子玛丽公主。

作为一个专业而虔诚的宗教人士，路易七世愿意将他全部的精力和国家的国力都投入到宗教战争当中，就在第一个孩子出生的那年圣诞，路易七世宣布他要发起一次圣战，去巴勒斯坦拯救沦陷在异教徒中的基督教徒。埃莉诺既欣喜于修士丈夫的远征决心，生性好动的她更想亲身参与这样一场规模庞大的战争（她拥有自己的阿奎丹骑士团，并且是他们的最高统帅），所以从策划之时起，她就参与进了第二次十字军东征。经历长途跋涉的十字军很快就来到了目的地，但在这里，埃莉诺却开始对安条克公国的国王、普瓦捷的雷蒙德王子一见钟情，被他迷得神魂颠倒。路易七世对妻子与雷蒙德之间的暧昧关系有所察觉，在埃莉诺拒绝执行自己直达耶路撒冷的战略意图后，法国国王与王后之间爆发了一场激烈的争吵。争吵的结果是埃莉诺占了上风，她决定留在雷蒙德身边，而不是跟随丈夫去耶路撒冷。路易七世既想坚持自己的见解，又敏感地意识到自己的帽子开始有点儿发绿，于是他做出了一件令所有人始料未及、超乎他勇气范围内的事情：在夜深人静时绑架了埃莉诺。据说埃莉诺是被绑在马上带离雷蒙德势力范围的。

阿基坦的埃莉诺

可惜，此后的事情发展未能让路易七世如愿，按照他的意图作战的十字军颗粒未收，彻底失败，普瓦捷的雷蒙德也在与穆斯林的战斗中丧生，局势再难挽回。埃莉诺的愤怒程度可想而知，她宣布自己再也不愿继续这段与路易七世的婚姻了，两人从此形同陌路。而就在国王夫妇回国不久，二十八九岁的成熟王后却又与十七八岁的少年公爵——诺曼底公爵兼安茹伯爵亨利二世之间来起电来。两人眉来眼去，完全当路易七世不存在。

1152 年，路易七世的怒气值终于满槽，以不守妇道和不能生育男性继承人为理由，终止了这段王室婚姻。而就在这段婚姻结束仅六周后，埃莉诺便与诺曼底公爵亨利二世在阿奎丹秘密结婚。路易七世怎么也没有料到“前妻”居然如此迅速就再嫁了。得到消息后他立刻回过味来，意识到自己犯下了一个不可挽回的错误：他失去了富饶辽阔的阿奎丹公国，将它拱手送给了自己的对手亨利二世。愤怒的路易七世决定向亨利二世宣战，但这场妒火中烧的战事以新婚夫妇大获全胜告终。

更让路易七世垂头丧气的事接踵而至：仅仅过了一年，再婚后的埃莉诺就在 1153 年 8 月 17 日为亨利二世生下了长子威廉。虽然这个孩子在三岁时夭折，但埃莉诺此后却一连为亨利二世生下了四子三女。因认定埃莉诺无法生育儿子而痛下决心离婚，并因此丢掉了整个阿奎丹公国的路易七世顿时成了整个欧洲的笑柄。就在

埃莉诺生下儿子不久，心慌意乱的路易七世也在1154年8月再婚了，新娘是卡斯蒂利亚康斯。这可怜的姑娘不会想到，这场并不快乐的婚姻很快就会要了她的命：1160年10月4日，22岁的卡斯蒂利亚康斯死于难产。和埃莉诺一样，她也只给路易七世生了两个女儿。

英王亨利二世

而在这边，亨利二世与埃莉诺夫妇却正是春风得意。托老娘和老婆的福，1154年12月19日，诺曼公爵亨利二世加冕当上了英国国王，同时还拥有阿奎丹公国，顿时成为欧洲最炙手可热的人物。在埃莉诺的支持下，亨利二世四处征伐兼并，没过多久，他和埃莉诺名下拥有的领地兵力，就足足比路易七世多了两倍。

前妻的日子过得如此有滋有味，自己却每况愈下，偏偏又没有挑衅的实力，路易七世只有躲在暗处咬牙切齿，不停地向上帝祈祷，希望终有报仇雪恨之日。

功夫不负有心人，机会总会有的。不过在那之前，路易七世还得等上个十几年。而在这十几年里，亨利二世和埃莉诺似乎都没有想到在自己的背后，路易七世一直像匹狼似的，无时无刻不瞪着绿幽幽的眼睛等待扑上来撕咬的机会。在此期间，路易七世唯一的安慰，就是他的第三任王后终于给他生出了一个男性继承人菲利普，而未来亨利二世父子都要在这个菲利普手里大大的吃亏。

菲利普二世与金雀花王朝的恩恩怨怨

菲利普二世是路易七世的长子，1165 年 8 月 21 日生于巴黎。路易七世中风瘫痪后，14 岁的菲利普二世加冕登基。小国王登基之初，法国王室的地盘还是仅限于“法兰西岛”，法国大片领土依然在英国金雀花王朝的控制中，而且小国王的周围还有几个野心勃勃、贪心不足的叔父在捣乱。可不要小瞧了这位“少年天子”，他人小鬼大、足智多谋、雄心勃勃，其权谋心机甚至比那些“久经考验”的政坛老手还要高明。在摆脱了几个叔父的控制之后，菲利普二世独掌王权，开始使用“非常手段”来对付他最大的敌人——英国金雀花王朝。

法王菲利普二世

正巧这个时候，英国王宫里出事了！亨利二世和他那几个“不听话”的儿子（这几个王子就包括日后的英格兰国王“狮心王”理查、“无地王”约翰）发生矛盾，父子之间闹得不可开交。菲利普二世得知此事，喜出望外，他趁机挑拨亨利二世和其儿子们的关系，鼓动这些家伙反对其老爸。这些个个认为自己才是爷的王子们本来就对他们老爸不满，再加上菲利普二世的火上浇油，立刻和老爸打了起来，英格兰陷入战乱，菲利普趁机捞回了不少地盘。别看菲利普二世这招够损，但是确实对法兰西大为有利，正所谓“兵不厌诈”。

1189 年，亨利二世郁闷而死，其子理查即位，这位与老爸干仗的家伙就是中世纪威名赫赫的“狮心王”理查一世。虽然理查一世也是菲利普要对付的敌人（反

正是英国金雀花王朝的国王，全都得对付），但是在一件事上他们却合作了一把，这就是第三次十字军东侵。1187 年，穆斯林领袖萨拉丁重夺“圣城”耶路撒冷的壮举震惊了整个欧洲。1189 年，欧洲发动了第三次十字军东侵，“讨伐”萨拉丁。这次十字军东侵可谓规模空前，阵容豪华，欧洲三大牛人——英国国王“狮心王”理查一世、德意志国王（也是神圣罗马帝国皇帝）“红胡子”腓特烈一世和我们的三角菲利普二世全都亲自披挂上阵，联手率军杀奔“圣城”耶路撒冷。不过这个豪华阵容很快就解散了，德意志国王“红胡子”腓特烈一世半路落水淹死了，菲利普二世和理查一世本来就有矛盾，在合作过程中肯定愉快不了，菲利普二世怎么看这个“狮心王”怎么不顺眼，再说他心里还有自己的小算盘，于是他没等战争结束就装病退出，带领人马同国了。

一回到国内，菲利普二世又开始玩“阴谋诡计”了，他派人去英国找到了“狮心王”理查一世的弟弟约翰，鼓动他趁着他的国王哥哥在外远征的好时机，来一场叛乱，夺取英国王位。约翰是个没什么大本事但又野心勃勃、凶狠无道的混蛋家伙，没人鼓动，他都有所企图，何况再受人挑唆呢。于是乎，1191 年，约翰在英格兰中部发动叛乱。菲利普二世乐坏了，抓紧率领法军抢夺地盘。“狮心王”理查一世听得后院起火的消息，立刻回师。可倒霉的是，理查一世在归途中被奥地利大公利奥波德给逮着囚禁了，直到 1194 年才被放出来。在理查一世倒霉的日子里，菲利普真是兴奋得无法形容，因为自己一统法国的梦想就要实现了！

不过“狮心王”理查一世获释回国后，菲利普就不那么顺畅了。理查一世迅速平定了约翰的叛乱，饶恕了这个给自己制造麻烦的弟弟，又率领英军与趁火打劫的菲利普二世的法军作战，菲利普二世在战场上远非理查一世的对手，法军连遭失利，但菲利普二世再次受到幸运之神的青睐，因为理查一世在一次战斗中中箭身亡了。

“狮心王”理查一世死后，“无地王”约翰即位。这个无能之辈成为英国国王，又让菲利普二世欣喜不已，那个强悍的“狮心王”不好对付，这个白痴的“无地王”可就没那么难缠了。菲利普二世再一次使用他的损招——挑拨约翰的侄子亚瑟

第三次十字军东征中，菲利普二世征服东地中海沿海的阿卡。

与约翰对抗，又于1202年宣布剥夺约翰在法国的领地，并率领法军攻占诺曼底，夺取曼恩，拿下安茹，席卷普瓦都，大片大片的领土落入菲利普二世之手。这一回，约翰的“无地王”的绰号可真是显示出了它的经典和形象了！

虽然约翰无能，但也不是那么好欺负的，好歹也是堂堂的英格兰国王。为了对付菲利普二世，约翰联合起佛兰德尔伯国（也在法国境内）的佛兰德尔伯爵和神圣罗马帝国的皇帝奥托四世组成了反法王的同盟大军，于1214年在法国西部登陆，他们要群殴菲利普二世。就这样，一场决定菲利普二世命运、更是决定法兰西命运的大战爆发了。菲利普二世迎来了他一生中最大的挑战！1214年7月27日，菲利普二世率领精锐勇悍的法国骑士、重骑兵和步兵在法国的布汶与神圣罗马帝国皇帝奥托四世率领的强大联军展开决战。这是两支13世纪初最大规模的军队。

布汶战役以法军的大胜而结束，联军几乎所有的重要贵族都被法军俘虏，奥托的皇帝战车也被摧毁（战车碎片被菲利普二世带回了巴黎）。菲利普二世借此迈向他人生的辉煌巅峰，获得了“奥古斯都”（神圣、至尊、伟大）的称号，法国的领地也扩大了三倍。从此，再也没有任何强势力量能威胁菲利普二世在法国的统治了。

菲利普二世凭借自己非凡的才智一连对付三个英国国王（亨利二世、“狮心王”理查一世、“无地王”约翰），又打败了英国、神圣罗马帝国和佛兰德尔的联军，极大地加强了法国的王权，自己也成为当时欧洲最富有和最强大的国王。他在

位期间是法国王权加强的重要时期，奠定了法国统一的基础和法兰西王国长久的绝对君主制，并间接地影响了英国和德国的历史。

完美怪物——圣路易

他被奉为中世纪法国乃至全欧洲君主中的楷模，绰号“完美怪物”。在中世纪的欧洲，要成为一个模范君主至少应具备以下条件：虔诚的基督教信仰，参加十字军东征，执法公正等，而他具备了以上的全部。尽管他没有给法国带来什么革命性的变化，但他有效的统治，给法国带来了一个稳定繁荣的时期，加强了法国王室的权威和地位，为法国王室在半个多世纪后的英法百年战争的沉重打击中仍屹立不倒，并进而形成法国民族国家打下了一定的基础。

路易九世肖像

他就是卡佩王朝的第九任王，完美怪物——圣路易。

在路易九世的祖父菲利普二世等前辈的努力下，当时的法国王室已经结束了困守“法兰西岛”的尴尬处境，虽然还没有在整个法兰西建立起中央集权，但已经是名副其实的最有实力的人。他的父亲、骁勇善战的路易八世没有为卡佩王朝增加多少产业，年纪轻轻就到上帝那里报告去了，留下了 12 岁的路易九世及其母布朗歇这对孤儿寡母。路易九世在位的前 10 年由太后布朗歇摄政。在路易九世的早期教

育中，布朗歇发挥了巨大的作用。在母亲的引导下，从小基督教精神已经成为他思维的有机组成部分。他后来的行为充分显示了这一点，他每天做两次弥撒，就寝前念50遍《圣母经》，午夜起身参加神甫在教堂举行的晨祷。他毫不吝惜地捐钱给修会，并成为圣芳济修会的一员。有时，他甚至还效法耶稣给门徒洗脚的做法，亲自给济贫院的盲人洗脚。但他的虔诚也给法兰西带来过损害，他严禁异教的流传，设立火刑场和异端裁判所，对待犹太人尤其苛刻，烧毁他们的经书，强迫他们带犹太人的标志等。

远征埃及的路易九世

他的虔诚也表现在他对十字军东征的狂热上。他领导了第7次和第8次十字军东征，以十字军东征史的精彩完结篇载入史册。前一次从1248年延续到1250年，年轻气盛的路易以倾国之力出击，据说有14万大军，1800多军舰，目标是萨拉丁后人统治下的埃及。但在占领了达米埃塔港之后，大军就遇上瘟疫袭击而元气大伤。十字军进攻开罗途中，前来迎战的埃及苏丹萨利赫突然在军中病死，形势似乎大好，但由奴隶组成的埃及近卫军在萨利赫的爱妾珍珠小枝率领下仍然打败了疲惫的十字军，御弟阿图瓦伯爵捐躯，圣路易本人也“光荣”地沦为阶下囚，交纳了80万金币的罚金后才获释。此战对埃及的历史影响更大，阿尤布王朝因此覆没，开始了“奴隶王朝”的统治。

后一次从1269年—1270年，老夫聊发少年狂的圣路易不顾国内大多数贵族的反对，带领6000骑士和3万步兵进攻突尼斯。开始时势如破竹，但瘟疫总爱跟他作对，这一次，他病死于诡异多变的北非沙漠中。按今天的观点，他的东征是失败

的，但按那个时代欧洲的骑士精神，无论被俘还是死于征途都是一种很大的荣誉，正因为如此，在他病死 27 年后，他被罗马教廷追认为圣徒，赢得了“圣路易”的尊号。

路易九世接济穷人

路易九世的马上战绩还不止于此，早在少年时代，就曾御驾亲征击败过英王亨利三世精心策划的入侵。并同亨利三世签订《巴黎条约》，互相交换领地，而亨利三世则作为封臣对路易九世行臣服礼。后来又同西班牙的阿拉贡国王海梅一世签订《科尔贝条约》，基本上奠定了两国以比利牛斯山为界的格局。总的来说，路易九世在欧洲基督教国家中实行睦邻政策，不主动挑起战争，以公正和宽大为原则处理彼此的争端，这使他的时代成为中世纪西欧地区少有的橄榄枝飘舞的时代，这也是他获得很高声誉的原因之一。

圣路易还不愧是世界史上少见的亲民国王，他每次做完弥撒之后，会坐在樊尚森林中接受任何国民的申诉，并亲自审理案件。如上所述，他会亲自给穷人洗脚。他自己掏钱或利用公款建立医院、救济院、招待所、盲人院及赎身妓女的住所，每次视察时，总要供给 120 个穷人的饭，其中 3 人可以和他一同进餐。他还服侍过麻风病人吃饭。

他还扶持文学、艺术，对巴黎大学的发展起积极作用，在他的时代，外国留学生云集巴黎。巴黎出现的大量哥特式建筑是他的时代繁荣的见证。

“全世界的臭水沟”——阿维尼翁之囚

1294年，专横顽固的教权至上论者，卜尼法斯八世任罗马教皇（这个人在未来的《神曲》中成了一个罪恶的典型）。这时候，具有强大王权的统一民族国家正在欧洲普遍兴起。特别是在法国，菲利普四世仗着武力兼并了许多伯爵的领地，一心要把整个法兰西置于他的权力之下。然而，罗马教皇严密控制着法国天主教徒，神职人员还有很多特权，这就严重地阻碍着菲利普四世实现自己的目标。菲利普四世，一个野心勃勃、不讲道德的国王，和卜尼法斯八世，一个心胸狭窄、视财如命的教皇，即将为我们呈现出一段精彩的表演。

首先发难的是菲利普四世，为了支付同英国的战争费用，法引政府想尽各种方法增加财政收入：征收城市税；让封建主出钱赋免军役；减少货币的含金量，铸造伪币（这招狠）；向圣殿骑士团借债。但这些措施仍不能满足国家的财政需要，于是菲利普四世便提出要向法国教士征收教会财产税。在此之前，所有基督教会的财产和个人都已经免于世俗纳税。而菲利普四世在这个时候提出这个问题跟当时时代发展还有着很大的关系。当时封建主义的统治形式正在发生着改变，从原来建立于农业上旧的封建经济正在让位给建立在工商业上的新经济；菲利普四世紧跟时代步伐，及时地发现了市场的变化，并迅速填补了税收空白。他所征收的基督教会财产

阿维尼翁修道院（又称“教皇宫”）

税实际上正是由工商业发展而产生的新财产税，而这也只是他新财产税收总政策的

一部分。当时在位的罗马教皇卜尼法斯八世是一个教权至上论者，作为对国王的回应他马上发布《教俗敕谕》：任何基督教徒不得支付或者接受任何形式上的税收，否则一律开除教籍。但是在训谕中没有提到任何国王的名字。这正是教皇狡猾的地方，他既没有与法国国王撕破脸皮，又想要把整件事从开始就扼杀在基督教的世界里。菲利普四世马上颁布了禁止法国金银钱币输出的诏令。这就断了教皇在法国的一切经济来源。这招釜底抽薪彻底断了教皇的财路。没有办法，在允许法国国王向基督徒收税之前，卜尼法斯八世宣布 1300 年为大赦之年，对所有在这一年到罗马朝圣的人都给予赦免。这下可好，当年所有干过坏事的人都挤到罗马去了，让教会赚了个盆满钵满。第一回合结束：打平。

第二个回合卜尼法斯八世主动出击。他先派出了巴米叶地区的大主教去试探了一下敌人的火力。这位大哥显然没有读懂剧本，在菲利普四世面前指手画脚，耀武扬威。在短暂的观察确认敌人没有后续的攻击后，菲利普四世决定解决眼下这个小丑，并给予敌人有力的反击。他将在世俗法庭上审判这位大主教。卜尼法斯八世几乎不能相信菲利普四世的大胆——要在世俗法庭上审判一位神职人员，也决不能容忍菲利普四世对自己以及整个基督教会的蔑视。为了宣泄自己心中的愤怒，他连发三剑：指责菲利普四世在教会问题上犯有严重罪行（彻底把他踢出基督教会），声明大主教只能接受罗马教廷审判（维护教会尊严），宣布取消所有以前财政上的让步（为了自己的钱途）。菲利普四世的回应可谓是让人一目了然，放了一把大火把教皇的“同谕”给烧了。在庄严神圣的巴黎圣母院，菲利普四世召开了法国历史上第一次由神职人员、贵族和平民民组成的三级会议，巧妙地利用小贵族和市民的反教会情绪，压制教士服从国王。早在社会尚未确立秩序的年代，人们依赖教会出面来维持秩序，管理世俗事务，所以教会获得物质利益也是理所应当的；但是随着社会的发展，教会还一直对世俗事务进行干预，就开始引起人们的反感。老百姓们抱怨：基督教世界的最高牧羊人应该去带领基督的羊群，而不是去剪羊毛。在三个等级写给国王的信中明确写道：国王只服从上帝，教皇不得干涉法国的内政。面对王权的严重威胁，卜尼法斯八世选择了孤注一掷，颁布了一道“圣一至圣”教谕——

这是封建时代天主教会的杀手锏——宣称人欲得救，必须服从罗马教皇，并开除了菲利普四世的教籍。菲利普四世针锋相对，列举了卜尼法斯八世的 29 条罪状，决定以国王的名义在法国审判教皇，并派军队赴罗马传讯教皇。1303 年 9 月的一天，卜尼法斯八世正在阿南尼宫召集枢机主教秘密会议，策划对菲利普四世的惩罚。忽然，法军闯进宫来，声称禀法王的旨意，令教皇到法国受审。卜尼法斯八世口头上和腓力四世打得不可开交，但是当敌人的士兵出现在他面前的时候，他却表现得那么脆弱，因为他知道，这次主不一定会来救他了。在被戏耍侮辱了 3 天之后，脸色焦黄的教皇被放出来了。对于重新获得了自由的教皇来说，他的人生也即将走向终点。在精神和肉体上被摧残以后的失败，使他彻底丧失了活着的意义。更重要的是，他的对手不希望手上沾满他的鲜血，而是需要他一个人悄悄地离开。在同教皇的权力斗争中，最终菲利普四世取得了一场完胜。

“美男子”法王菲利普四世

1305 年，菲利普四世找到了他政治上的奴仆——波尔多大主教贝尔特朗·特哥，这位未来的教皇会答应一切菲利普四世提出或者将来会提出的所有要求，包括取缔圣殿骑士团之举。1309 年，教廷由罗马梵蒂冈迁到了法国境内的阿维尼翁城。从此，罗马教廷凌驾于世俗君王之上的时代一去不复返了。历史学家把在阿维尼翁这段尴尬日子中的教廷，戏称为“阿维尼翁之囚”。

值得一提的是，阿维尼翁教皇大都贪婪无度，道德败坏，使这一时期成为教皇

史上最黑暗的时期，因而阿维尼翁教廷被人文主义者佩特拉克斥之为“全世界的臭水沟”。

百年战争

自11世纪“诺曼征服”以后，英国通过联姻和继承关系，占有了大量的法国领地，这在同样梦想称霸欧洲的法国看来，简直就是耻辱，所以法国一直寻求机会收复这些领地。14世纪初，英法的矛盾越来越尖锐，已经到了不用武力便无法解决的地步。

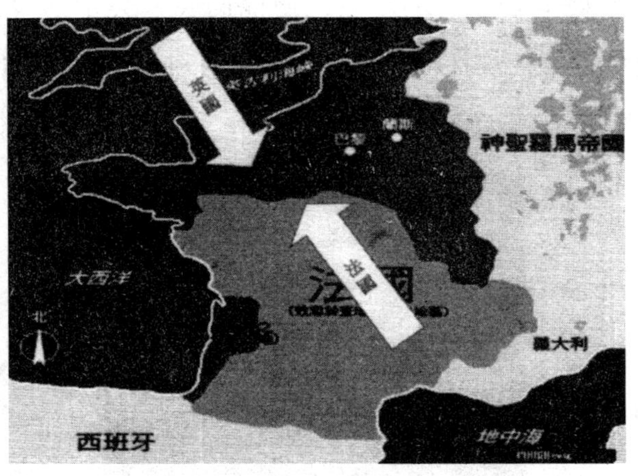

百年战争期间英法之间的战争形势

1328年，法王查理四世去世，他没有男嗣，法国贵族会议便推举他的侄子菲利普为王，称菲利普六世。一心想控制法国的英王爱德华三世凭借自己是法王菲利普四世的外孙，向法国发难，声称自己才是法国王位的合法继承人。菲利普六世对爱德华三世的嚣张气焰十分气愤，暗下决心寻机报复。1337年，经过一番准备的菲利普六世宣布收回英属领地基恩，英国自然无法接受。同年10月，爱德华三世不顾法国的反对，自称身兼法王，并率部队进攻法国。于是，法国王位继承争端终于演变为一场旷日持久的战争。

战争初期，气势汹汹的法兰西骑士们吃尽了英格兰长弓手的苦头。1346年，英军和法军在阿布维尔以北的克雷西村展开了决定胜负的厮杀。这场战役，英军的弓

克雷西战役中英法两军交战的情景

箭再次让法国人吃够了苦头。这场大厮杀一直持续到夜色降临，最后，菲利普六世在60名骑士的保护下仓皇撤离。

正当爱德华三世踌躇满志地准备对法国发动更大规模的进攻时，一场突如其来的瘟疫打乱了他的如意算盘。攻占加莱城时，不少英军染上了黑死病病毒。黑死病不但导致英军大量死亡，而且导致英国的人口锐减，由黑死病流行前的400多万人降到疾病过后的250万人左右。更可怕的是，黑死病给英国人带来了心理上的极大恐惧，人们惶惶不可终日。在短短一年之内，英国著名的坎特伯雷大主教职位竟然因为黑死病而三次易主，最短者任职仅仅6天。由于各地教堂的主教频繁死亡，英国人看重的感恩仪式也被迫停止。后来，随着瘟疫的肆虐，甚至出现一件首饰换了几个工匠最后还是半成品的情况；有的案件尚未开审，原告和被告都双双死去；新婚夫妇蜜月没度完就含泪永别。英国陷入空前的恐慌中。在这种情况下，爱德华三世再也无力顾及同法国的争斗，只好于1360年同法国签订《布勒丁尼和约》，宣布放弃对法国王位的要求。

1364年，法国查理五世上台。他重整旗鼓，趁着英国黑死病大流行的机会，开始逐步收复法国的大片失地，到70年代末，法军已逐步迫使英军退到沿海狭窄的一隅。整个战争的态势发生了有利于法国的变化。然而，就在查理五世打算一鼓作气收复全部失地时，却突然离开了人世。1380年继承王位的查理六世是个精神病人，无力治理国家，更不用说领兵打仗。这给了英国人很好的喘息机会，但此时的

英国仍陷入瘟疫之中，无力反扑，战争进入僵持状态。由于瘟疫一时难以控制，英国被迫与法国在1396年签订了20年停战协定，放弃了一些既得的利益。

英军在战场上连遭败绩，使英国国内人心思变。1399年，兰开斯特公爵亨利乘机夺取了王位，建立了兰开斯特王朝，称亨利四世。1413年，亨利四世的儿子亨利五世上台。

上台不久，亨利五世就重新点燃了百年战争的烽火。1415年10月的阿让库尔一战使亨利五世名噪一时。1417年8月，亨利五世再次带兵进攻法国，在诺曼底登陆后迅速扩大战果，并于1419年攻陷法国的鲁昂，打开了整个法国的门户。法国已经到了生死存亡的关键时刻。可就在这时，法国国内两大封建主集团奥尔良派和勃艮第派却出现了严重的内讧。在勃艮第派的援助下，英军很快就占领了法国的北部地区。眼看大势已去，法国被迫与英国签订了《特鲁瓦和约》，宣布法国沦为英法联合王国的一部分，亨利五世担任法国摄政王。但好景不长，就在查理六世去世前两个月，亨利五世却先在战场上染病去世。年仅9个月大的亨利六世继承王位。

法国原王储查理乘机在南部封建主的支持下自立为王，称查理七世。争夺王位的战火再度燃起。挟亨利五世的余威，英军很快又取得了优势。此时，一个拯救法国的英雄出现了，她就是被法国人民千古传颂的奥尔良姑娘——圣女贞德。贞德的武器只有一把剑和一面旗帜。但在战斗中，她总是高举旗帜，冲在队伍的最前面。

阿尔库金战役中的法军骑士们

最终，经过无数次战斗，在贞德和她的部队的支援下，被英军围困长达209天的奥尔良解围了。捷报传开，整个法国一片欢腾。奥尔良战役的胜利，彻底扭转了法国在整个战争中的危难局面，战争从此开始朝着有利于法国的方向发展。但是贞德却遭到了法国贵族的背叛，并于 1431 年 5 月在卢昂城下被活活烧死，当时她还不满 20 岁。贞德之死激起了法国人民极大义愤和高度爱国热情。1436 年法军攻取巴黎，1441 年收复香槟，1450 年夺回曼恩和诺曼底，1453 年又收复基恩。1453 年 10 月 19 日，英军在波尔多投降，战争至此结束。

为了争夺王位和土地，英国和法国的统治者发起的这场长达 116 年的战争不但极大地影响了欧洲的政治格局，而且给两国人民带来了深重的灾难。西方一位历史学家一针见血地指出："百年战争，就是一场百年的屠杀游戏。战争持续了一百年，哭声也持续了一百年。"由于战争始终是在法国境内进行的，法国人民首当其冲饱受战争之苦。许多法国城市在英军的粗暴蹂躏下，呈现满目疮痍的破败景象。首都巴黎更是到处都是无人居住的空房，有的甚至成了野狼的巢穴。英国尽管远离战场，但当艰难地趟出百年大战的邪恶泥潭时，英国人痛苦地发现他们在付出巨大的人力和物力代价之后，不但一无所获，还把家底也输光了。这迫使英国放弃谋求大陆霸权的企图，而把全部精力向自己岛屿周围的海洋发展，走上了海洋扩张的道路。

黑死病的侵袭

欧洲人文主义的先驱薄伽丘写成的《十日谈》的引言里曾谈到了意大利佛罗伦萨一场严重的疫情。他描写了病人怎样突然跌倒在大街上死去，或者冷冷清清的在自己的家中咽气，直到死者的尸体发出了腐烂的臭味，邻居们才知道隔壁发生的事情。旅行者们见到的是荒芜的田园无人耕耘，洞开的酒窖无人问津，无主的奶牛在大街上闲逛，当地的居民却无影无踪。

这场灾难在当时称作黑死病，实际上是鼠疫。黑死病最初于 1338 年中亚一个小城中出现，1340 年左右向南传到印度，随后向西沿古代商道传到俄罗斯东部。从

黑死病纪念柱

1340 年—1345 年，俄罗斯大草原被死亡的阴影笼罩着。1345 年冬，鞑靼人在进攻热那亚领地法卡，攻城不下之际，恼羞成怒的鞑靼人竟将黑死病患者的尸体抛入城中，结果城中瘟疫流行，大多数法卡居民死亡了，只有极少数逃到了地中海地区，然而伴随他们逃难之旅的却是可怕的疫病。

1347 年，黑死病肆虐的铁蹄最先踏过康坦丁斯堡——拜占庭最大的贸易城市。到 1348 年，西班牙、希腊、意大利、法国、叙利亚、埃及和巴勒斯坦都爆发了黑死病。1352 年，黑死病袭击了莫斯科，连莫斯科大公和东正教的教主都相继死去。黑死病的魔爪伸向了各个社会阶层，没有人能逃避死亡的现实。没过多久，这种残酷的现象在欧洲已经比比皆是，法国的马赛有 56000 人死于鼠疫的传染；在佩皮尼昂，全城仅有的 8 名医生只有一位从鼠疫的魔掌中幸存下来；阿维尼翁的情况更糟，城中有 7000 所住宅被疫病弄得人死屋空；巴黎的一座教堂在 9 个月中办理的 419 份遗嘱，比鼠疫爆发之前增加了 40 倍；在比利时，主教大人成了鼠疫的第一个受害者。从此以后，送葬的钟声就不停地为新的死者哀鸣。甚至历史上著名的英法百年战争也曾由于爆发了鼠疫被迫暂时停顿下来。1348 年底，鼠疫传播到了德国和奥地利腹地，瘟神走到哪里，哪里就有成千上万的人被鼠疫吞噬。维也纳也曾经在一天当中死亡 960 人，德国的神职人员当中也有三分之一被鼠疫夺去了生命，许多教堂和修道院因此无法维持。

描写黑死病在欧洲传播的画作

除了欧洲大陆，鼠疫还通过搭乘帆船的老鼠身上的跳蚤跨过英吉利海峡，蔓延到英国全境，直至最小的村落。农村劳力大量减少，有的庄园里的佃农甚至全部死光。生活在英国中世纪的城镇里人们，居住密度高，城内垃圾成堆，污水横流，更糟糕的是，他们对传染性疾病几乎一无所知。当时人们对死者尸体的处理方式也很简单，处理尸体的工人们自身没有任何防护，这帮助了疾病的蔓延。为了逃避死亡，人们尝试了各种方法，他们祈求上帝、吃精细的肉食、饮用好酒……医生们企图治愈或者缓和这种令人恐惧的症状，他们用尽各种药物，也尝试各种治疗手段，从通便剂、催吐剂、放血疗法、烟熏房间、烧灼淋巴肿块或者把干蛤蟆放在上面，甚至用尿洗澡，但是死亡还是不断降临到人间。一些深受宗教束缚的人们以为是人类的堕落引来的神明的惩罚，他们穿过欧洲的大小城镇游行，用镶有铁尖的鞭子彼此鞭打，口里还哼唱着："我最有罪"。而在德国的梅因兹，有1．2万犹太人被当作瘟疫的传播者活活烧死，斯特拉堡则有1．6万犹太人被杀。只有少数头脑清醒的人意识到可能是动物传播疾病，于是他们把仇恨的目光集中到猫狗等家畜身上，他们杀死所有的家畜，大街上满是猫狗腐败的死尸，腐臭的气味让人窒息，不时有一只慌乱的家猫从死尸上跳过，身后一群用布裹着口鼻的人正提着木棍穷追不舍。没有人会怜悯这些弱小的生灵，因为它们被当作瘟疫的传播者。

然而，慌乱之中的人们也并非一无所获，人们发现隔离能够有效阻挡瘟疫的蔓

延，此外，他们还懂得了消毒的作用。等到300年后黑死病再次在英国爆发时，隔离手段已经发展到相当完善的地步了，这些方法有效地遏制了疾病的传播。

黑死病彻底改变了整个欧洲乃至世界的历史。它毫无偏倚地把死亡带到每个人面前，全家死光的贵族留下了大量的荒芜土地，由于没有劳动力，薪水不得不提高，农民有了收入来买下闲置的土地，结果他们中有很多人成了拥有土地的新贵族，农奴阶层由此瓦解；人们由于黑死病的侵袭懂得了许多卫生习惯，这样，欧洲的下水排污系统才得到了彻底的改善。直到今天，人们还在为英国伦敦那宽敞有如隧道的下水管感叹；除此以外，火葬开始成为最重要的丧葬方式；原本位于房间中央的壁炉被移到了墙边；建筑开始采用灰泥或者石头来代替木版，房间也变得更加坚固。

黑死病彻底动摇了宗教桎梏，人文主义的思想开始复苏，文艺复兴的萌芽开始孕育。艺术家的作品中不再是宗教形象一统天下，悲观和抑郁的情绪，赎罪和死亡的主题成为这个时期的重要题材，以致后来才发展出哥特式的风格。

更重要的是，由于黑死病肆虐，大学宣布停课，政府不准人们离家远行。正是这个时期，才使一位名叫伊萨克·牛顿的年轻人在此期间由无穷等比级数的解法创立出一门很重要的数学学科——微积分。

胜利者查理七世

百年战争期间，有这样的一个王太子，他早年即被指定为王位继承人，却被英王蛮横地剥夺了王位继承权；他被贞德辅上了位，后来却又出卖了这个法兰西的民族英雄。因此，他背上了千古骂名。但正是他，一个亡国的太子，最终打败了侵略者；正是他，一个外柔内刚的骗子，最终把三方势力玩得团团转；也正是他，一个卑鄙的出卖者，最终基本完成了法国的统一大业。

查理七世出生于国家危难之际，山河破碎之中。当1337年英法两国统治者为王位继承顺序的纠纷而爆发战争的时候，谁也不会想到，这会成为世界历史上一场

法王查理七世

罕见的旷日持久的消耗战，并且这场百年战争会在一种令人意想不到的戏剧性转折中走向终点。战争中，法王查理六世饱受一次次精神病发作的困扰，又不得不一次次地看着英国雇佣兵和勃艮第"贤明者"菲利普的联军在法国的土地上肆虐，最终不得不于1420年同英王亨利五世签订屈辱的《特鲁瓦条约》。按照和约条款规定，法国沦为英法联合王国的一部分。英王亨利五世宣布自己为法国摄政王，并有权在法王查理六世死后继承法国王位。受《特鲁瓦条约》打击最大的正是查理七世。他作为查理六世的儿子，早在1417年已被册封为王储，《特鲁瓦条约》等于剥夺了他的继承权。1418年，巴黎被英国人占领，他从此离开了被簇拥着成长的温柔乡，像柳絮般在全国各地飘荡，走上了颠沛流离的流亡道路。

当时，法国封建贵族争权夺利中形成了两大派系，以勃艮第派和阿曼亚克派最为强大，勃艮第派以勃艮第公爵为首，勾结英国人与王室对抗，阿曼亚克派以奥尔良公爵为首，站在国王一方，但也利用国王来排斥异己。查理七世离开巴黎之后，逃到南方的布尔日，得到阿曼亚克派的拥戴，自立为摄政王，组织了流亡政府，并宣布不承认"特鲁瓦条约"。在此期间，查理七世企图同勃艮第派和谈，但被阿曼亚克派阻挠，当着他的面杀死了前来和谈的使者。受制于人的查理只好忍气吞声，但后来他逐渐摆脱了阿曼亚克派，走上了同勃艮第派和好的道路，这成为他成功的

一大关键。

1422 年。查理六世死，查理七世即位，与此同时，英国人也拥立了亨利六世作为法国国王。法兰西的土地上出现了双王并立的局面，双方大致以卢瓦尔河为分界线。缺金少银的查理七世被迫以土地为抵押向商人借贷，以筹集军费，但战局仍然不利。1424 年法国在韦尔纳伊战败，1428 年英军又围攻奥尔良。就在心灰意冷的查理七世准备退隐之时，大救星出现了。一个洛林地区的农家女据说从 13 岁起不断听到一个神秘的声音在呼唤她去拯救法国，她就是圣女贞德。贞德三次求见王太子，陈述她的救国大计。终于，1429 年 4 月，查理七世接见了贞德，给了她一支军队，并授予贞德以“战争总指挥”的头衔。这个神奇少女不负众望，解了奥尔良之围，又收复了法国国王的加冕地兰斯。同年 7 月，查理七世实现了在兰斯加冕为王的梦想，整个法兰西的热情都被调动起来了，英法百年战争剩下的内容就是法国在节节胜利中收复国土。

贞德扭转整个战局之后，还想趁势收复巴黎，但她落入叛徒之手，被出卖给了英国人，最后被壮烈地烧死在火刑柱上，在这过程中，查理七世不知何故一直坐视不救，这也是查理七世唯一备受后人指摘的地方。之后查理七世乘胜追击，节节推进，直至 1453 年卡斯蒂荣一战打败英军，收回了除加莱之外英国在大陆上的全部领地，结束了英法百年战争。

在战争胜利的凯歌声中，查理七世于 1425—1439 年逐步取得了征税的永久权力，财政开始独立。1438 年颁布“布尔日国是诏书”限制教皇在法国的权力。1439 年颁布奥尔良法令，建立有骑兵和步兵的常备军，并由国王本人亲自统帅。1440 年平息了大贵族的叛乱。至此，法国各地的封建领主被扫除大半，王室的威望和地位达到空前的高度，中央集权基本确立，法兰西民族意识逐渐觉醒，法国进入了一个稳定发展的新阶段。尽管查理七世的光芒被圣女贞德所掩盖，但仍改变不了他作为战争胜利的最高指挥者和最大受益者，以一个“忠于职守的胜利者”的身份被载入史册。

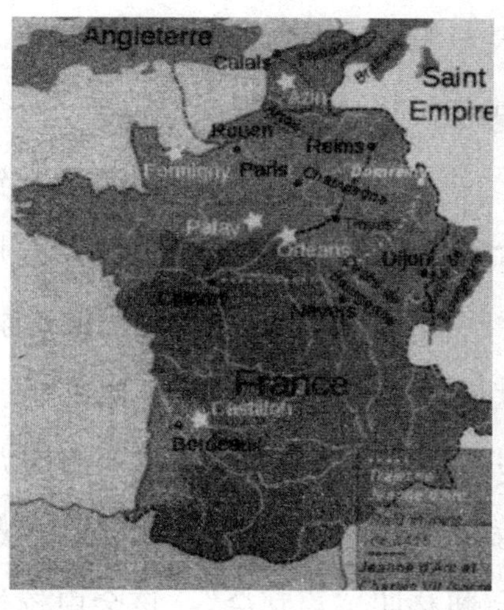

查理七世在百年战争后期所收复的法国失地

索邦神学院——法国公立大学第一品牌

美丽的巴黎有世界花都的美誉，它那形形色色的建筑和雕塑，具有王者风范的大街和各具风韵的小巷无不令世人陶醉和向往。但对于年轻的学者们来说，巴黎最有魅力的地方莫过于高等学府林立的拉丁区了。拉丁区又叫大学区，是法国大学生活的中心，这一地位源于 13 世纪，也就是神学家贝尔·德·索邦创立神学院——后来发展成索邦大学的时代。

法国巴黎索邦大学

那时，索邦是一个教堂的管理神甫兼国王圣·路易的听告解者。他在圣·热内维埃芙山的山坡上创立了一所神学院，目的是给贫穷的学生们提供学习神学的机

会。那时的他并不富有，甚至没有能力为学生们提供住宿。在一些分散的、条件简陋的教室里，他免费为学生们传授神学知识。1250年，十字军东征期间，王后布朗施·德·卡斯蒂娜决定把罗贝尔·德·索邦从一些好心的资助者那里获得的零零落落的几处校舍集中起来。她把原属于一个叫让·德·奥尔良的一幢房子和一些石砌的马厩赠送给神学院作为学生们的住所，这些房舍位于泰尔姆宫前的库普·格尔路，这条路后来被改称索邦路，也就是今天闻名遐迩的维克托·库赞路。直到1253年，这所神学院才被认可并在1259年得到了教皇亚历山大四世的赞许。1271年开始，索邦又在学院相继增设了对哲学、纯文学和良心问题的研究专业。

索邦神学院那时的领导机构叫“索邦会”，该会由校长作为最高领导者，包括多位负责教务、财政、治安等事务的圣师和隐修院院长。学校的业士、学士和博士学位是在极其严格的考试之后颁发的。为了通过最后的论文，经过了10年艰苦学习的学生们还要在一个严格的评审委员会面前不吃不喝通过12个小时的答辩。

索邦大学一景

从创建之初就备受尊敬的索邦神学院在那个政教合一的年代里享有种种特权：这种种的特权使它几乎成为一个独立于国家之外的小王国，敢与国王、议会、巴黎市长和教会平起平坐。索邦神学院凭借自己的威望被夏尔五世封为“三王的长女”，并常常被当作各种势力的裁判者，在国家的政治生活中扮演着极为重要的角色。13世纪下半叶起，它在菲力普·勒贝尔与博尼法斯八世的冲突之中支持前者，帮助法国人克莱芒五世登上了罗马教廷的宝座并把教廷从罗马搬到了法国的阿维尼翁。仅此一例我们就可以对神学院的势力略见一斑了。

但是，从查理六世统治的后期开始，索邦神学院开始失去它往日的地位，它的许多特权被取消。一气之下，它投靠了英国人并宣誓效忠贝德福德公爵。在审判圣女贞德的过程中以及对她处以极刑的当天，年轻的英国国王亨利四世曾多次征求它的意见。焚尸的柴堆刚刚熄灭，它就在圣·马丁·德·尚附近通过大赦令的仪式队伍庆祝异端分子被处死。

后来，查理七世打败了英国人，并采取了疏远神学院的态度，他请议会来对他与神学之间的争执做出裁决，还制定了新的规章条例，要求索邦大学对课程设置进行改革，并打破了索邦神学院在招生和学位授予方面的垄断权。被激起好胜心的索邦神学院开始严格其教学制度，减少假日，还取消了著名的“疯人王节”。另外，在1469年，索邦的修道院院长让·安兰，在索邦神学院创立了法国第一家印刷厂。

从弗朗索瓦一世起，索邦神学院尽管还保留着几项特权，但已经不再是一个政治机构，它的作用仅限于教学活动，之后甚至沦落到要为自己的生存而奋斗。后来，神学院站在勃艮第派一边反对卡佩王朝，继而又在百年战争中站到英国人一边，并在宗教战争中，先后扮演了神圣联盟成员和教皇绝对权力主义者的角色。最终，神学院站错了队，亨利四世获得了胜利。他立即镇压反对势力，并取消了神学院享有的所有特权：司法的不可侵犯性、教育专利等，还在法国重建了耶稣会。有史以来第一次，几百年古老的习惯被改变了：受人尊敬的索邦会被1614年的三级会议拒绝于门外。

直到后来红衣主教黎塞留上任之后，为了肯定知识的力量和宗教的光辉，重新肯定了索邦神学院的重要性，并投巨资为神学院进行改扩建工程之后，神学院才逐步复苏，重新崛起，在荣光的交织中一路走到今天。

巴黎圣母院——哥特式建筑的杰作

如果说巴黎是一座耀眼的王冠，那么巴黎圣母院便是这座王冠上最耀眼的一颗珍珠，而维克多·雨果的《巴黎圣母院》则更是让它扬名世界。好多人来到这里，

不仅仅是为了一览这座法国最著名的哥特式教堂的无穷魅力，更是为了探寻雨果书中那埃斯梅拉达与卡西姆多之间缠绵悱恻的爱情纠葛。

巴黎圣母院的西立面

巴黎圣母院的法文名字叫作“Notre Dame deParis”。作为巴黎现存的最古老的法国建筑之一，它从1163年起便开始建造，历经180多年才建成，其后两百多年仍旧不断扩建，可以说是法国建筑史上建造时间最长的建筑之一了。圣母院地处巴黎市中心位置，城市的发展均围绕着圣母院所处的西岱岛，并以此为焦点向外做同心圆式的延展，加上圣母院融合了古典及现代的巴黎建筑特色，更渐渐成为法国的宗教、艺术以及旅游中心。于是，法国人便把圣母院的入口设为原点，然后将法国其他城市的坐标以此算起。所以，站在巴黎圣母院的入口，便仿佛站在了法国的中心，可见巴黎圣母院在法国人的心中那崇高的地位。

圣母院是哥特式建筑的典型，外形庄严恢宏，雕刻细致，结构对称而秀丽，无论远眺或是近观，都非常秀美精致。圣母院的主立面有三座并排的尖拱门。哥特式的尖拱很经典，巨大的门已经占据着整层建筑的阔度，环绕门的四周还有很多精美的石像。尖拱是从外到里多层套环的，门圈越往里越小，一层接着一层，而且每层都布满身形瘦长的石像，使得建筑仿佛更加接近天国，营造出一种崇高的感觉。大门上的雕刻精致无比，皆以圣经为题，左门刻着的是圣母玛利亚的事迹，右门是圣母之母——圣安娜的故事，中间则描述着最后的审判。

圣母院内部则极为朴素，严谨肃穆，几乎没有什么装饰。进入教堂的内部，无数的垂直线条引人仰望，数十米高的拱顶在幽暗的光线下隐隐约约，闪闪烁烁，加上宗教的遐想，似乎上面就是天堂。于是，教堂就成“与上帝对话”的地方。它是欧洲建筑史上一个划时代的标志。

主殿翼部的两端都有玫瑰花状的大圆窗，上面满是13世纪时制作的富丽堂皇的彩绘玻璃书。北边那根圆柱上是著名的“巴黎圣母”像。这尊像造于14世纪，先是安放在圣埃娘礼拜堂，后来才被搬到这里。而南侧的玫瑰花形圆窗则刻画了耶稣基督在童贞女的簇拥下行祝福礼的情形。其色彩之绚烂、玻璃镶嵌之细密，给人一种似乎一颗灿烂星星在闪烁的印象，它把五彩斑斓的光线射向室内的每一个角落。

暮色中的巴黎圣母院

圣母院内右侧安放着一排排烛台，数十枝白烛的交相辉映使院内洋溢着柔和的气氛。大厅可容纳9000人，其中1500人座席前设有讲台，讲台后面置放有三座雕像。左、右雕像是国王路易十三及路易十四，两人目光齐望向中央圣母哀子像，耶稣则横卧于圣母膝上，圣母神情十分哀伤。院内摆置很多的壁画、雕塑、圣像，因此前来观览的游客络绎不绝。厅内的大管风琴也很有名，共有6000根音管，音色浑厚响亮，特别适合奏圣歌和悲壮的乐曲。

要享受独自一人片刻的宁静，不妨去圣母院的第三层楼，也就是最顶层——雨果笔下的钟楼。教堂正厅顶部的南钟楼有一口重达13吨的大钟，敲击时钟声洪亮，全城可闻，据说在铸造这座钟的材料中加入的金银均来自巴黎虔诚的女信徒的奉

献。北侧钟楼则有一个387级的阶梯。从钟楼可以俯瞰巴黎如诗如画般的美景，一览欧洲古典及现代各种风格的建筑物，欣赏塞纳河上旖旎的风光。

圣母院后面是一处称为“约翰二十三世广场”的小花园。与圣母院数步之遥，但少了游人喧哗，多了绿荫的清幽和日常的闲适。花园正中一眼人工喷泉流水潺潺，孩子在树下荡秋千，老人在长椅上读报，小狗在草地上撒欢儿。

参观巴黎圣母院的最佳时间是在夏目的傍晚。巴黎的夏天总是绿意盎然，夜短昼长。晚上九十点钟，夕阳西下，清风徐徐，圣母院广场前的女郎们裙裾摇曳，姿怡婀娜。落日余晖之中，一尊尊雕塑、一段段纹饰闪现出金丝绒般的光泽。

勃艮第的兴起

在中世纪，勃艮第地区曾建立起许多王国。

534年，法兰克人征服了勃艮第人控制的领地。到843年《凡尔登条约》签订之时，加洛林王朝已经将勃艮第地区划分成许多部分。

其中，西北部较大的一部分，即现在的勃艮第地区，被划分给罗退尔一世建立的西法兰克王国。罗退尔一世的“中部王国”从北海海滨一直延伸到意大利。

855年，罗退尔死后，他的儿子们重新划分了这个王国。路易一世获得了意大利部分领土，罗退尔二世取得了洛林地区，而查理则接受了勃艮第和普罗旺斯地区。863年，查理死后无嗣，他的兄弟们又进一步划分了查理的领土。

869年，罗退尔二世去世，由于没有继承人，他统治的洛林地区就转到了其叔父“秃头”查理和日耳曼的路易手中。但是，在经过长时间的争论后，洛林地区最后被并入神圣罗马帝国的版图。875年，路易二世崩逝。

在下勃艮第，路易二世的女婿——博索伯爵在879年成功地登上国王宝座。而在上勃艮第，鲁道夫一世在888年被加冕为国王。在意大利，威尔夫家族博得了萨克森人的拥护，并最终在933年吞并了下勃艮第。1016年，鲁道夫三世同德意志国王亨利二世达成共识，不久，在鲁道夫驾崩之后，勃艮第便被统一到神圣罗马帝国

加洛林的圣托菲姆教堂，坐落于中世纪勃艮第王国的首都亚尔城。

统治之下。

勃艮第公爵领地本身是从9世纪开始由勃艮第地区的西法兰克部分逐渐发展而来的。1364年，此地转到了“勇敢者”腓力浦和瓦卢瓦家族手中。通过联姻，腓力浦取得了法兰德斯、不拉邦特以及根特和布鲁日地区，为他的王朝奠定了具有深远意义的权力基础。

“勇敢者”腓力浦同法兰德斯的女继承人玛格丽特女伯爵的婚礼，1369年的书籍插图。

勃艮第公国的黄金时代和自治的终结

“大胆者”查理试图扩大勃艮第的领地范围，推进国家统一进程，以对抗法国和神圣罗马帝国。查理死后，其王国也迅速地瓦解。

“无畏者”约翰王像其父亲“勇敢者”腓力浦一样，不断干涉法国查理六世的监国摄政。他不仅在 1407 年派人谋杀竞争对手奥尔良的路易，还在百年战争中同英国国王亨利五世结成联盟，共同对抗路易的继承者。

奥尔良的路易为勃艮第的约翰所谋杀，15 世纪的书籍插图。

1419 年，约翰被法国王位继承人（也就是后来的查理七世）的支持者谋杀。约翰的儿子“好人”腓力浦继续同英国王室保持联盟关系，并将圣女贞德移交给英国军队。但在 1435 年，腓力浦迫使查理做出妥协并签订《阿拉斯和约》，从此摆脱了同法国王室的附庸关系。

腓力浦还进一步获得了尼德兰的许多领地，逐渐统治了伸展在德意志和法国之间的大片领土。1464 年，腓力浦召开了由他统治之下的庄园代表参加的第一次国民会议。尽管许多地区依然强调独立，但国家的统一进程仍得到了一定的发展。

“大胆者”查理在1467年继任其父“勇敢者”腓力浦王位之后，力图建立一个独立于法国和神圣罗马帝国之外的统一王国。为此他费尽心思，最终获得了处于他领有的尼德兰领地和勃艮第其他领地之间的广大领土，但也因此树立了许多敌人。通过占领原本属于神圣罗马帝国所有的洛林地区，他还进一步挑起了法王路易七世同哈布斯堡家族的冲突。

勃艮第公爵出席的国民会议，约18世纪的铜版雕刻。

查理还对阿尔萨斯的自由城市施加压力，促使这些城市纷纷向瑞士公国寻求支持。1476年，查理的军队同瑞士与洛林的联合军队在格朗松和莫腊地区展开斗争，结果查理指挥的军队在战斗中遭受到了毁灭性打击。1477年，作为勃艮第最后一位公爵，“大胆者”查理在南希战争中兵败身亡。

查理把唯一的女儿玛丽嫁给了哈布斯堡家族的奥地利大公，即此后继任为神圣罗马帝国皇帝的马克西米利安。1482年玛丽去世，她的丈夫与法国国王路易十一进行斗争，最后保住了勃艮第的大部分领地。

四、中世纪的英格兰、爱尔兰和苏格兰

约公元 450—1603 年

英格兰的历史可以追溯到 5 世纪时盎格鲁—撒克逊人的到来。约 9 世纪时，维京人的侵扰对很多国家来说都是一个大问题。英格兰在经历了丹麦人的一段统治时期之后，又于 1066 年被诺曼人征服。而爱尔兰和苏格兰则在英格兰扩张主义的威逼下不得不俯首称臣。

不列颠早期的文明

最新科学研究表明，不列颠在很久以前是欧洲大陆的一部分。后来由于海水的冲刷而被分开成为一个独立的岛。英国最早的人类化石出现于 25 万年前，公元前 5000 年，第四纪冰期结束，海平面上升，不列颠成为岛屿。

对于英国来说，它的历史开端并不像后来那样体面风光。人们所知的英国最早居民是古代伊比利亚人。约公元前 2000 年，从现在的荷兰和莱茵兰地区迁移来了宽口陶器人。

简单地说，我们可以把凯尔特人，也被称为不列颠人，当作大不列颠的土著人民。据说凯尔特人来自欧洲东部和中部，也就是现在法国、比利时和德国南部的地方。在大约 2000 年前，凯尔特人仍然处于原始社会中。他们大约在公元前 700 年进入大不列颠岛，那时的岛上到处都是森林和沼泽湿地，他们没有书面语言，只能通过发出声音来交流。

但是，即使凯尔特人还处于原始生活的状态，他们也已经有了自己的文明，其中最耀眼的标志就是位于今天英格兰威尔特郡的史前巨石阵了。这沿存至今的巨石阵由远古不列颠人建造，但建造原因历史学家至今仍未查明。凯尔特人是老练的猎手及农人，为了农作物的种植，他们排干大部分沼泽地的水，他们还建造木屋并用柳条编织衣服。

还有资料表明，这个岛上的早期居民是被恺撒称之为"蛮族"的布立吞人，不列颠（Britain）一词就起源于此，而英格兰（England）这个与现代不列颠民族联系较深的名词则要到公元6世纪后才逐渐出现。

不列颠远处欧洲一隅，与欧洲大陆隔海相望，文明程度远比欧洲大陆低。当时欧洲大陆的人隔着海峡隐隐约约看见不列颠岛岸边的灰白色的白垩质山崖，就将那里称为阿尔比恩，即拉丁文"白色"的意思，这是有记载的英国最古老的名称。

当时的罗马帝国正处在恺撒大帝的统治之下，恺撒出身于贵族世家，公元前78年开始政治活动，起初被选为军事护民官，后历任支官、市政官、大法官、罗马远征西班牙行省总督等职。恺撒为了竞选执政官成功，需要庞培和克拉苏这两位在当时最有影响的人的支持，于是，他决定与庞培和克拉苏建立友好关系。公元前60年，庞培、克拉苏、恺撒这三位有着巨大影响的政治家达成了相互支持的秘密协议，历史上称之为"前三头同盟"。为了巩固这一同盟，恺撒把他年仅14岁已经和别人订婚的女儿嫁给了年近50岁的庞培。在庞培和克拉苏的一致支持下，恺撒于公元前59年当选为执政官。恺撒经过一系列的政治活动，获得了广大平民和骑士阶层的支持，成为与庞培、克拉苏齐名的强有力的人物。

公元前58年，恺撒出任高卢总督。他统率大军，经过3年的征战，到公元前56年底，基本上并吞了整个高卢。但是此后不久，高卢接连发生反罗马人的起义，恺撒在镇压反抗力量的同时，发现在所有的高卢战争期间，都有从不列颠来的、罗马军队敌人的支援者。恺撒认为，在使野蛮人归顺于罗马文明的伟大事业中，征服

不列颠是必不可少的组成部分。

公元前55年8月的一个深夜，恺撒率领一万名装备优良的罗马士兵，分乘80艘船只渡过英吉利海峡，开始了第一次远征不列颠的战役。组织严密的罗马军团在登陆时遭到了当地“蛮族”布立吞人的顽强抵抗，但是一旦站稳脚跟，能征善战的罗马军团很快就将布立吞人的抵抗军队击溃。这些“蛮族”先是求和，然后又趁罗马的支援舰队被海风吹走之机向罗马军队发起偷袭。在恺撒眼中，这些野蛮人远远称不上英勇善战。“敌人在战斗中被击溃，逃了一阵之后，很快就安定下来，立刻遣使者来向恺撒求和，答应交出人质，并执行他所命令的一切事情”。

恺撒在《高卢战记》中对不列颠的土著居民有这样的描述：“所有不列颠人都用菘兰染身，使人看来带有天蓝颜色，因此在战斗中显得更为可怖。他们还蓄着长发，全身除了头部和上唇之外，全身都剃光。妻子们是由每一群10个或12个男人共有的，特别是在兄弟们之间和父子们之间共有最为普通，如果这些妻子们中间有孩子出生，则被认为是当她在处女时第一个接近她的人的孩子。”

第二年，恺撒率领一支由800艘船只组成的庞大舰队，再次入侵不列颠。

恺撒在书中写道：“所有舰只都在正午时到达不列颠，但敌人却一个都不见。”恺撒后来才从俘虏口中得悉，“虽然敌人在那边集中了大批军队，但看到我军来了这么多舰只——连去年原有的，以及私人为了自己方便而造的在内，总数在800只以上——吓得撤离海岸，躲到较高的地方去了。”

当恺撒率领大军冲锋陷阵时，大海又一次成了他的敌人，一阵突如其来的风暴毁坏了大量船只，恺撒只得停止进攻，回过头去修船。随后，恺撒一举占领了不列颠，在迫使布立吞人称臣纳贡之后凯旋。布立吞人的表现是如此令人失望，实在无法和他们的后代——二战时挫败了希特勒海狮计划的英国人相比。

不过，对英国人来说，这段历史虽败犹荣，他们的祖先第一次与岛外的文明世界接触，就抵抗了当时世界上最强大的罗马军团的进攻。十几个世纪后，莎士比亚写下了这样的文字来纪念这昔日的光荣和骄傲：

曾经两次被我们击退，

逐出海岸之外。

他的舰船——可怜的、无用的泡沫，

在我们波涛汹涌的海面上，

就像随波浮沉的蛋壳一般……

事后，罗马帝国并没有像统治高卢一样统治不列颠，这些岛民们最终保持了自己的独立。从那以后，罗马军队再没有踏上不列颠的土地，这样的好日子过了将近100年。

罗马帝国的统治

公元43年，刚刚登基的罗马皇帝克劳狄希望通过军事胜利提高自己在罗马军中的威望，同时，莱茵军团势力膨胀，又造成对其帝位的威胁，他下定决心，要一举征服不列颠。从公元前54年恺撒率军撤离不列颠岛时起，帝国的铁骑没有踏上不列颠的土地已经快一个世纪了，而且，帝国也有很多年没有让他的军人去开疆拓土、建功立业了，帝国的皇帝和军队太需要一个地方来宣泄他们已经憋了很久的征服欲望了。

在他眼里，伟大的恺撒的荣光将指引着罗马军团从一个胜利走向另一个胜利。公元43年，罗马大将普劳提乌斯率领4万大军，开始了征服不列颠的行程。

罗马大军登陆后稍事休整后，就立即向不列颠内陆进发，但是进展得并不顺利，不列颠人打得非常英勇，入侵的罗马军团遭到了很大的伤亡。在占领不列颠重要城市科尔切斯特之后，罗马人不得不暂时停止了军事行动，等待增援部队的到来。克劳狄在得知普劳提乌斯占领科尔切斯特的消息后，立即宣布科尔切斯特是罗马新的省份的首府，并且在罗马举行了盛大的欢庆活动。在支援军队到达后，罗马人最终征服了不列颠。但是，随之而来的是不列颠人长达十几年的反抗，以爱西尼人（古代英格兰东部凯尔特人的一个部落）的反抗为最，而他们原来是入侵者最为顺从的部落。

爱西尼人的国王死后，罗马官员占有了爱西尼人的全部土地和商品，他们残酷地压榨爱西尼人，侮辱他们尊贵的国王的未亡人。这次叛乱以国王的遗孀波迪卡王后为统帅，强烈的复仇心理使得女王的军队变得野蛮残酷，他们以将侵略者杀光为快事。

这些野蛮人烧毁了切斯特，然后又攻下了伦敦。他们杀死了城里的所有居民，并且一把火将伦敦城烧得片瓦不留，熊熊大火映红了反叛者们被复仇的快意扭曲了的脸庞。根据古罗马历史学家塔西佗的记载，这次屠城使7万罗马人和罗马化的居民死于非命。

这次屠城很可能是这个岛的历史上最血腥、最残酷的一页，然而这是可以理解的，侵略者必须为他们的侵略付出血的代价。后世的英国人也赞同女王的做法，他们认为反抗侵略者和惩罚本民族的投敌者，是正义之举。罗马人一反应过来，立马集结军队实行残酷的镇压。

当爱西尼人的统帅波迪卡王后率领军队还在围攻维鲁拉米翁的时候，罗马统帅苏埃托尼乌斯已经集结了一万人的军队严阵以待，由于后续部队还未到来，此时的实力众寡悬殊。

苏埃托尼乌斯小心选择作战地点，他选择了一条狭窄的峡谷，背后森林环绕，而前方则是广阔的平原。峡谷这样的地势保护着罗马军队的两翼，森林则阻止了对罗马军队后方的袭击。狭窄的正面削弱了人数优势，广阔的平原使得任何伏兵成为不可能。这位指挥官把军团以密集队形放在正面，持轻武器的辅助部队置于后方，而骑兵则布置在两翼。

战前，波迪卡王后对她的部下发表演说鼓舞士气：“罗马的傲慢带给我们的只有危险。他们亵渎神圣，夺去少女宝贵的童贞。不是赢得这场战役，就是灭亡，这就是我，一个女人将要做的”

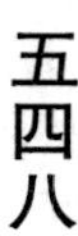

波迪卡率军平行推进向军团发动进攻，在罗马军面前狭小的开阔地上遭到了第一轮猛烈的打击。在距阵前30米处，波迪卡起义军的步伐为“皮鲁姆”重投枪的齐射而停滞下来。这种标枪撞上物体后便会弯曲，使得它无法再被扔回来，敌人的盾上插上了这样沉重的东西，就会使盾无法使用，士兵不得不在没有盾的保护下战斗，接着重投枪的第二轮齐射接踵而至，这样的战术打乱了不列颠人的阵脚。

当不列颠人阵脚大乱时，苏埃托尼乌斯下令全军以罗马标准楔形阵全线出击。楔形阵的箭头深深地插入了起义军中，凭借着严格的训练，良好的盔甲和武器，他们很快在局部取得决定性优势，而骑兵的加入更是扩大了优势。当失去优势后，这群不列颠人试图撤退，然而他们的退路为结成环形的马车所阻断，很快这段路便沦为人间地狱。当罗马步兵前进时，骑兵从两翼参与了对不列颠人的屠杀。罗马人屠戮的不仅是战士，还有女人、小孩，甚至还有驮兽。这次战役伤亡的罗马人仅 400 人，而死于此役的不列颠人达 8 万之多，波迪卡女王也在此战后饮鸩自尽。

哈德良长城遗址

罗马帝国在不列颠的统治巩固之后，哈德良皇帝下令修筑了著名的哈德良长城，以应对越来越猖獗的苏格兰人的进攻。以后罗马军队再未涉足过防线以北的土地，直至帝国军队在几百年后完全撤出不列颠。在这 300 年期间，这块蛮荒之地先后受到罗马文明的沐浴和基督教文明的洗礼，罗马帝国来去匆匆，但是以后的历史证明，基督教对这个岛国的文明和历史发展的影响是巨大而深远的。

罗马统治下的不列颠和欧洲大陆上帝国的其他地区有着频繁的贸易往来，葡萄酒、橄榄油、陶器以及家具成为进口货物的大宗，而不列颠的铅、锡、铁、小麦和羊毛则通行整个大陆，但这种贸易随着罗马帝国末期的经济衰退以及罗马军团于公元 5 世纪初撤离不列颠而没落。

七国时代

罗马帝国的光辉终于伴随着夕阳落下了帷幕，这个曾经强大的帝国再也没有能力征服不列颠的领地了，等到罗马帝国退出不列颠以后，日耳曼人中最落后、最原始的部落开始入侵这个小岛，其中，以盎格鲁人和萨克逊人为最。这场入侵长达一个半世纪，直到公元6世纪，今天的英格兰民族才逐渐出现在这片土地上，这也是“英格兰”这个名词的由来（“英格兰”一词的含义是“盎格鲁人的土地”）。

盎格鲁-萨克逊人入侵不列颠的历史，前后至少持续了150年。他们最初作为海盗，然后是雇佣兵，最后是拓殖者相继进入不列颠的。“七国时代”从5世纪初开始，罗马帝国在不列颠岛的统治已经日渐虚弱，西日耳曼部落的盎格鲁人、撒克逊人，以及原来生活在日德兰半岛的朱特人（也译为裘特人）纷纷涌入不列颠岛。他们在和当地罗马人和凯尔特人的战斗中，从6世纪初起，便形成了7个部落联盟，也称“七国”，分别是麦西亚、西撒克逊（威塞克斯，西塞克斯）、南撒克逊（苏塞克斯）、东撒克逊（伊塞克斯）、东盎格鲁、肯特和诺森伯利亚。

6世纪末，传教士圣奥古斯丁在肯特登陆，随后在坎特伯雷开始了传教，以后坎特伯雷成了英格兰宗教活动的中心。7世纪初，西撒克逊国王埃塞尔伯特逐渐强盛，一度控制了英格兰南部的西撒克逊、南撒克逊和肯特。7世纪中叶，东撒克逊国王雷德瓦尔德在取得了一系列胜利后，在英格兰中部地区建立了霸权，此后雷德瓦尔德帮助一个流亡王子埃德温获得了诺森伯利亚王位，而埃德温通过一系列的胜利，使除了肯特以外的诸王国公认其为王中之王，他所建立的联盟为此后麦西亚和西塞克斯统一英格兰奠定了基础。

诺森伯利亚王国此后领导着各地的撒克逊人同布立吞人作战，最终获得了对布立吞人的胜利，并统一了撒克逊人的基督教信仰世界。此后，诺森伯利亚的霸权开始衰退，盎格鲁撒克逊诸王国为了争夺霸权进行了长期的斗争，从731年到829年的一个世纪时间内，七国之间陷入混战，在混战中，麦西亚脱颖而出，至8世纪中叶，麦西亚控制了亨博河以南的所有地区，麦西亚国王奥法即位后，自称“英格兰国王”，成为英国历史上第一位称英格兰国王的君主，其王国世系就从这位“英格兰国王”奥法开始：

1. 奥法（757—796年），麦西亚国王、东盎格鲁国王、肯特国王、布莱特瓦达。

“布莱特瓦达”是当时七国时代的称号，可以译成“王中之王”，表示是诸盎格鲁撒克逊王国的鳌头，这个称号不能继承，要凭实力去争取。他是被卫士谋杀的前麦西亚国王埃塞尔博德的堂弟。在撒克逊编年史里，说奥法和肯特在776年爆发战争，胜负不明，但一般认为是奥法获得了胜利，因为在785年，奥法获得了肯特的王位。779年，他在牛津打败了西塞克斯，此后他又打败了东盎格鲁，并砍了其国王的头颅。794年，他获得了东盎格鲁王位。奥法还发动了多次对威尔士人的战争，并修建了留存至今的著名的“奥法墙”（英格兰和威尔士之间的东长城）。奥法和欧洲的查理曼大帝是同时代的人，查理曼宫廷的编年史家写道：“他是不列颠的光荣，对付敌人的刀剑”。奥法去世后，麦西亚霸业中落，霸权转到了西塞克斯王国手里，所以此后的世系转入西塞克斯王国世系之中。

2. 埃格伯特（802—839年），西塞克斯国王、麦西亚国王、布莱特瓦达。

埃格伯特的身世不明，撒克逊编年史称其父名字叫埃尔蒙德，但在当时的各国王系中找不到这个人（肯特国王也叫这个名字，但似乎死在埃格伯特出生前）。789年，他一度被奥法以及与他结盟的西塞克斯国王贝奥提克流放到了欧洲大陆的法兰克王国，802年，贝奥提克死后，埃格伯特经过和两位伯爵的战争，夺取了西塞克斯王位。815年，他征服了西威尔士（英格兰西南以埃克塞特为中心的康沃尔地区），并最终将康沃尔并入了西塞克斯。825年，他击败麦西亚国王贝昂沃尔夫，此战之后，伊塞克斯、肯特，以及东盎格鲁均承认其为霸主。829年，埃格伯特征服麦西亚（但麦西亚很快又获独立），并迫使诺森伯利亚承认了其霸权。

3. 埃塞沃尔夫（839—856年），西塞克斯国王、布莱特瓦达。

埃格伯特长子，曾击败丹麦人的入侵。855年他前往罗马朝圣，但回国后被其长子埃塞巴尔德废黜。

4. 埃塞巴尔德（856—860 年），西塞克斯国王、布莱特瓦达。

埃塞沃尔夫长子。

856 年，迫使其父退位，其父去世后，娶了他寡居的继母。

5. 埃塞伯特（860—865 年），西塞克斯国王、布莱特瓦达。

埃塞沃尔夫次子。他在位期间，丹麦人洗劫了肯特和诺森伯利亚。

6. 埃塞雷德一世（865—871 年），西塞克斯国王、布莱特瓦达。

埃塞沃尔夫三子。埃塞雷德一世在位期间无法有效遏制丹麦人的入侵，871 年，在与丹麦人的作战中阵亡。

7. 阿尔弗雷德大帝（871—899 年），西塞克斯国王、布莱特瓦达、英格兰国王。

埃塞沃尔夫四子。871 年，24 岁的阿尔弗雷德继其阵亡的兄长为王，他率众击败了入侵的丹麦人，成了无可争议的全英格兰的国王。

战功卓著的爱德华一世

8. 爱德华一世（899—924 年），英格兰国王。

阿尔弗雷德大帝的长子。爱德华一世是优秀的军事统帅，在和丹麦人的作战中战功赫赫。918 年，在将丹麦人彻底赶跑后，他在麦西亚等地取消了丹麦人的法令，重新恢复了撒克逊法。他的女儿嫁给了西法兰克王国国王查理三世。

9. 埃塞维尔德（924年），英格兰国王。

爱德华一世之子，继位16天后去世。

10. 阿瑟斯坦（925—939年），英格兰国王。

爱德华一世之子，被认为是英格兰第一位正式的全国性国王。在位期间他击败了维京人和苏格兰人。

11. 埃德蒙一世（939—946年），英格兰国王。

爱德华一世之子，阿瑟斯坦同父异母的弟弟。944年，他收复了被爱尔兰的都柏林国王（维京人王国）占据的诺森伯利亚。945年，他和苏格兰国王马尔科姆一世签订和约。946年，他被闯入其聚会的贼杀死。

12. 埃德里德（946—955年），英格兰国王。

爱德华一世之子。在位期间，击退了维金人的入侵。自阿尔弗雷德大帝开始，其子孙连续五位都是尚武的国王，打败了不断入侵的北欧人，使撒克逊人的统治在英格兰全面复兴。

13. 埃德维（955—959年），英格兰国王。

埃德蒙一世长子。他在位期间，麦西亚和诺森伯利亚的领主们拥立埃德维之弟埃德加为国王起来反叛。957年，埃德维在格罗斯特战役中被击败，被迫签订和约，将王国以泰晤士河为界分裂，埃德维占据肯特和西塞克斯，而将北方领土交给了他弟弟。埃德维死后，埃德加重新统一了王国。

14. 埃德加（959—975年），英格兰国王。

埃德蒙一世的幼子，被称为“和平的”埃德加。

15. 爱德华二世（975—978年），英格兰国王。

埃德加之子，也称为“殉教者”。978年，被无神论信徒谋杀。1001年被封为圣徒，称“圣爱德华”。

16. 埃塞雷德二世（978—1013，1014—1016年），英格兰国王。

埃德加之子，也称“无准备者”。

17. 埃德蒙二世（1016年），英格兰国王。

埃塞雷德二世之子，被称为“勇敢的”埃德蒙。1014年起，埃德蒙不顾其父的反对，聚集了一支人马，开始和丹麦人作战，虽然敌我悬殊，但他仍然多次取胜，还解了伦敦之围，于是成了众望所归的人物。埃塞雷德死后，他登上英格兰王位，但数月后，不幸英年早逝。

18. 卡纽特大帝（1016—1035年），丹麦国王、挪威国王、英格兰国王。

被称为卡纽特大帝，丹麦国王斯韦恩之子。1016年被宣布为英格兰国王，他登基后，将丹麦和英格兰的行政机构合并。1017年，他将英格兰诸王国重新分成了四个伯爵国，分别是西塞克斯伯爵国，麦西亚伯爵国，东盎格鲁伯爵国和诺森伯利亚伯爵国。

19. 哈罗德一世（1035—1040年），英格兰国王。

卡纽特大帝的私生子。他的绰号是“兔子的脚”，大概是说他打猎的时候跑得快。卡纽特死后，其合法继承人是他和诺曼底的爱玛所生的儿子哈瑟卡纽特，但哈罗德趁其不在英格兰之机，抢先宣称是英格兰国王。1040年，哈罗德在哈瑟卡纽特准备入侵前去世。

20. 哈瑟卡纽特（1040—1042年），丹麦国王、英格兰国王、卡纽特大帝和诺曼底公主爱玛之子。

哈瑟是个文盲加暴君，他在英格兰横征暴敛激起民众反抗，在王位岌岌可危的情形下，他邀请他同母异父的兄弟、在诺曼底避难的爱德华回国与他共同执政。1042年，哈瑟卡纽特去世，爱德华继位，撒克逊王朝复辟，丹麦世系在英格兰中断。

21. 爱德华三世（1042—1066年），英格兰国王。

埃塞雷德二世与诺曼底公主爱玛之子，被称为“忏悔者”爱德华。1041年回国和哈瑟卡纽特共同执政。哈瑟卡纽特死后，1043年在温切斯特大教堂加冕为英格兰国王。

22. 哈罗德二世（1066年），英格兰国王。

西塞克斯伯爵戈德温之子。爱德华三世去世后，哈罗德声称爱德华临终前将王位传给了他。随后英格兰贤人会议批准哈罗德为英格兰国王，哈罗德的继位，激起了诺曼底公爵威廉的入侵。1066 年 10 月 14 日，在苏塞克斯的黑斯廷斯一役，哈罗德兵败被杀，威廉一路向北杀戮，于该年圣诞节在威斯敏斯特教堂（爱德华三世所建）加冕，撒克逊王朝灭亡。

早期的日耳曼入侵者中，自由民众地位比农奴高，但都依附于国王。随着以后几个世纪的战争和农业耕作，大部分自由民众或是在压力下沦为农奴，或是依附于贵族阶级的领主和乡绅。贵族阶级的领主和乡绅则是特权阶级，他们通过效忠国王，从国王那里获得领地，并对自己拥有的领地行使较大程度的自治权。

盎格鲁-撒克逊诸王国的政府是由部落首领会议演化而成的，国王拥有王国的行政和司法大权，贵族阶级则组成国王的顾问会议，协助国王处理国政。国王将郡作为王国的基本地区行政单位，由伯爵治理，在一些情况下这些伯爵将职位变为世袭，管理着几个郡。郡以下的行政单位为县，郡和县都有各自的法庭，郡法庭由本郡的治安法官掌管，县法庭由县长掌管。

在盎格鲁-撒克逊时代，农业是第一产业，但入侵的丹麦人却是活跃的商人，在 9 世纪时，城镇的重要性开始增加。盎格鲁-撒克逊人在爱尔兰和罗马派来的传教士的影响下，开始了基督教化的过程。但爱尔兰宗教仪式和大陆宗教仪式上的差别几乎导致不列颠基督教会的分裂，这一巨大的分歧在 663 年（一说 664 年）的惠特比宗教会议上终于获得了解决。与此同时，修道院成为盎格鲁—撒克逊时期的文化中心，那里以精美的手抄本而闻名，除此之外，教会学者如比德、阿尔琴以及阿尔弗雷德大帝也为保存和发展知识而尽心尽力。

诺曼征服

撒克逊王朝灭亡后，1066 年圣诞节，征服者威廉在伦敦威斯敏斯特教堂加冕称王，于是，那个被蔑称为“私生子威廉”的诺曼底大公成了英国国王威廉一世，后人称他为“征服者威廉”。

其实他一生只做了一件大事，这件事后来被称为“诺曼征服”，他的动机也许只是来源于自己的野心，但却对英国，乃至世界的历史进程产生了重要影响。

征服者威廉为人严厉、残忍，而且精力旺盛，有两个因素对威廉的性格及他对历史的影响起了不容忽视的作用。其一是他的私生子身份。他是他的父亲，绰号为“魔鬼”的罗伯特和被他拐来的农家姑娘阿莱特生下的儿子，但却是唯一的儿子。罗伯特费劲说服了诺曼底贵族，才确立了威廉的继承权。1035 年，8 岁的威廉继位，他的私生子身份使他经历了比其他人更多的嘲讽、歧视和挑战，他的三个监护人和老师先后被人杀害，这就铸就了日后威廉冷酷、多疑的性格。

由征服者威廉建的林肯城堡

在几个世纪后，美国独立战争时期著名的思想家托马斯·潘恩还在用讽刺挖苦的语气评价这位“征服者威廉”，他说：“一个法国的野杂种带了一队武装的土匪登陆，违背当地人民的意志而自立为英格兰国王，我们可以毫不客气地说这个人的出身是卑贱不堪的。”

在潘恩的观念中，威廉一世只不过是某一伙不逞之徒中的作恶多端的魁首罢了，他那残忍的行径或出名的阴险手段为他赢得了盗匪头领的称呼：由于势力的增加和掠夺范围的扩大，他吓倒了手无寸铁的善良人民，逼得他们时常贡献财物来换取他们的安全。

威廉公爵向东征服了德文、坎特伯雷，沿泰晤士河南岸向西挺进，火烧了南沃

克，穿过了汉普顿。然后渡过泰晤士河，包括伦敦西北各地，使伦敦完全处于孤立无援的境地。接着，他于 1066 年圣诞节在威斯敏斯特加冕为威廉一世。据说就在威廉加冕之际，欢呼声使教堂外的诺曼底侍卫误以为发生了骚乱，他们在惊慌之中放火烧了周围的民房。于是威廉的加冕就在一片混乱中进行，威廉本人则在惊恐之中当上了国王。

威廉一世的一生大多数时间都是在恐慌中度过的，因为他手下效忠他的征服者相对于本地人来说实在是太少了，而从第二年起，反诺曼人的起义连年不断，战火几乎烧遍了英格兰全境。威廉亲自率领大军前往反抗最激烈的北方镇压叛乱，军队所到之处村庄被烧毁，人民被屠杀殆尽，以至于十几年之后这里仍然无人居住。

经过三年的东征西讨，到 1070 年，威廉终于镇压了所有的反叛者，结束了对英国的军事征服。但是征服者与当地土著的对立状态仍然存在，威廉下令没收了英格兰贵族的土地和财产，使他们丧失了反抗新统治者的能力。

为了巩固自己的统治，威廉逐步任用跟随他渡海而来的诺曼贵族。他将欧洲大陆的封建制引入英格兰，威廉宣称：国王是一切土地唯一和最终的所有者。并且把这种名义上的占有变成了事实上的占有，他把全国森林和可耕地的六分之一留给自己，其余的则分给教会和自己的手下。从威廉一世手中直接获得土地的直属封臣有 1400 人，这些人又将土地分封下去，这些不同等级的封臣，后人将他们统称为贵族。

英格兰人是不会屈服的，天性的逆反心理深深扎根在骨子里，这种无名的恐惧让威廉一世常常夜不能寐，苦思多日，他终于想出一个富有创意的巩固王权的新方法。

英格兰南部小镇索尔兹伯里是一座历史悠久的古城，因神秘的史前遗迹巨石阵坐落在这里而闻名全世界。面对着这些重达数十吨的巨大石块，直到今天我们都无法确切地知道它们的建造者是谁，更无法知道它们的建造方法和用途，这些未解之谜给这座巨石阵加上了无限的神秘光环和魅力。

几百年后，我们只记得这些神秘古老的巨石阵，却忘记了在这个小镇上发生的

史前巨石阵

一幕影响历史的正剧。1086 年 8 月 1 日，征服者威廉把英格兰所有封建主召集到这个小镇上，当然，他们到这里来并不是来参观神秘的巨石阵的，因为这时巨石阵还没有被发现。威廉在这里举行了一个宣誓效忠大会，强迫所有的与会贵族直接向他行臣服礼宣誓效忠。

我们可以想象一下，当那些封臣脱帽下跪，把双手放在威廉合拢的手掌中宣誓效忠时，心里会怎样活动。不过有一点是可以肯定的，那就是他们心里一定非常不舒服，因为从这一刻起，他们除了要向自己的领主效忠尽义务外，还要向国王效忠，尽附庸的义务。根据欧洲大陆封建制的传统，附庸只需要对直接赐予他土地的领主效忠，而对领主的领主则不需要效忠，用一句话讲就是："我的附庸的附庸不是我的附庸"，从而为王权旁落、诸侯割据制造了肥沃的土壤。

威廉的这一举动将欧洲大陆的传统改为"我的附庸的附庸还是我的附庸"，颇有些制度创新的味道。威廉此举虽是出于加强王权的自私目的，但这也是英格兰的客观形势使然，诺曼征服者与被征服者之间的矛盾很深，人数上处于绝对劣势，只有团结一致，依靠强大的王权来保障征服者的既得利益。这样，王权得到了加强，英格兰所有的封建主都成了威廉一世的附庸。

国王将土地分封给贵族，作为对国王的回报，贵族们必须向国王宣誓效忠，并根据自己领地的大小，向国王缴纳税金，提供骑士及其装备。威廉一世借此建立了一支象征国家权利的 5000 多人的骑士军队。英格兰的贵族阶层和贵族制度也从此形成了。

国王和贵族之间的从属关系，从一开始就带有双向契约的性质。这是一种基于权利义务关系之上的契约关系，正如12世纪末一篇法学论文的总结：“主公与臣属之间应该有一种相互的忠诚义务，除敬重之外，封臣对主公应尽的臣服并不比主公对封臣所持的领主权更多”。

虽然没有成文的法律，但是天长日久，国王和贵族之间的契约关系就变成了约定俗成。按照契约的规定，双方各自履行义务、享受自己的权利，这逐渐成为英国社会普遍认同的一种规则。这种契约关系虽然是人格化的和不平等的，但是它所包含的契约精神却是后来的《自由大宪章》、议会政治和习惯法体系产生的基础。

1089年9月9日，鲁昂大教堂的丧钟敲响了，钟声回荡在王国的上空，征服者威廉结束了他东征西讨的一生。威廉一世去世以前所受到的致命伤对他而言就是一种侮辱，在他带领着军队和法军交锋的时候，重创他的并不是敌人的战斧或利剑，而是他自己的马鞍——他的战马受到战火的惊吓突然前蹄腾空，高高立起，马鞍的前桥扎进了他的身体。史料并没有详细记载威廉一世究竟哪里受了伤，我们只能凭空想象了。家臣们把重伤的威廉一世抬到了圣热尔修道院，几天以后他就在那里闭上了眼睛。

这位生前使无数人感到恐惧的大人物恐怕没有想到，他刚刚咽气，他的手下，一伙肮脏龌龊的盗尸犯就迫不及待地剥去了他的衣服，还将停放他遗体的厅堂洗劫一空。在威廉运到墓地即将入土为安时，有一个人突然声称这块地皮是他的，并在众人面前要求主持公道。在付出了60个先令后，威廉的遗体才得以入土下葬。不过自威廉身故以后，再也没有外来的侵略者能够踏上英格兰。

失地王约翰

威廉一世虽然去世了，但是他留给他后代的遗产是相当庞大的。面对着这个横跨英吉利海峡的盎格鲁—诺曼底二元王国，怎样管理好它就成了一个难题。在欧洲

大陆，威廉的子孙不得不以附庸的身份和他们的领主——法国国王及其他封建主艰难地打着交道。因为，他们在法国的领地并不是个小数目，论身份仅仅是个贵族，这就注定了英格兰要经常出兵，到海峡对面的那个大陆上去打仗，这笔军费也就理所当然地要由英格兰全体贵族和臣民承担了。

此时英格兰的贵族们大多是诺曼贵族，由于涉及自身的利益，他们很愿意承担这笔赋税和军费。但当一个热爱战争的草包国王上台后，他们的态度发生了转变。

这个草包国王就是 1199 年登上王位的、被后世称为“失地王”的约翰。我们从这位君主身上找不到任何美德和优点。在他的兄长理查德一世还在位时，他就趁国王参加十字军东征之机多次兴风作浪，发动叛乱以谋求王位。终于，约翰交上了好运，1199 年他的兄长在与法国人的交战中死去了，野心勃勃又愚蠢无能的约翰最终如愿以偿地登上了王位。

可惜，好运不是一直陪伴着他，1202 年，法王腓力二世以领主的身份宣布没收约翰在欧洲大陆的全部领地，约翰一怒之下挑起了战争。在米拉堡，约翰与受法王支持的他兄长理查德一世的外甥亚瑟交战，战斗中约翰打败并俘虏了亚瑟和 200 多名贵族，不过由于约翰不可思议的愚蠢，这次胜利没有带给他任何政治上和军事上的好处。他残酷地对待他的前王位竞争者亚瑟，在一次醉酒后失去理智的愤怒中，约翰杀死了亚瑟，并将亚瑟抛尸野外。他还残酷地虐待被俘的贵族，致使其中的 21 人被饿死。

约翰的行径只能用四个字来形容——匪夷所思，这一连串匪夷所思的举动激起了大陆贵族们的强烈义愤，他们与法王腓力二世同仇敌忾，将约翰赶回了英格兰。约翰几乎失去了在欧洲大陆上的所有领地，于是，“失地王”这个称号就出现了。这位“失地王”不仅丢掉了自己的土地，还把火引到英国贵族的身上，连带着许多英国贵族也倒了血霉，一块失去了大面积的土地。

这样一来，约翰在大陆就无从立足了，只能偏安英格兰一隅。具有讽刺意义的是，这样反而使他成了一位真正意义上的英国国王。因为前面历届的国王都在欧洲拥有大面积的领土，他们大多数的时间是在欧洲大陆上度过的，有的甚至一辈子都没有在英格兰待过。以前的英格兰只不过是王国的一个行省，现在“失地王”约翰失去了除英格兰以外所有的土地，只能把英格兰当作东山再起的唯一赌本。

从此约翰开始积极扩军备战，为了筹集战争的资本，他把贵族的领地财产据为己有，还任意增加税收，完全不顾现存的封建关系的规范。据记载，约翰将兵役免除税提高了16倍，同时把贵族们对封号和领地的继承税提高了100倍，动产税增加了一倍。他发明了商税，所有进出口货物按价值的1/15收税。

接下来，约翰做出了一项前无古人的举动，把黑手伸向了教会，他打破了国王与贵族之间那条不成文的规则，仅1209—1211年的三年间，国王就从教会掠夺了2. 8万英镑。与此同时，牛、羊、小麦的价格都成倍上涨。这是英格兰历史上有记录的第一次通货膨胀，整个英格兰民怨沸腾。

此后发生的事件，让贵族们更加忍无可忍，1214年1月，约翰进攻法国，但此时他手下的骑兵早已对他丧失了信心，士气低落，军队厌战。1214年7月27日，约翰在布韦恩战役中吃了败仗，他收复失地的希望彻底成了泡影。

这样一来，贵族们的忍耐终于达到了极限，1215年1月6日，在伦敦召开的一次会议上，贵族们要求约翰恢复“古则有之的自由”，遭到了约翰的断然拒绝。但是这一次贵族们不再退让，他们开始拒绝向国王行效忠礼，带着愤怒和失望回到自己的领地，决心用武力捍卫自己的权利。

国王和贵族们之间的关系是非常微妙的，期间的冲突也不在少数，在英国早期的历史上，国王经常会破坏双方约定的权利和义务，扩张自己的利益边界，当权利被侵犯到了不可容忍和无法调和的地步时，贵族和王权之间的战争便会成为双方重新恢复平衡的唯一办法。而像这样的国王与贵族之间的战争在英国历史上并不是唯一的一次，不过，由于它导致了《自由大宪章》的诞生，因而才具有了特殊的历史意义。

1215年初春，在坎特伯雷大主教兰顿的领导下，贵族武装起来讨伐国王。理由是：国王没有履行自己保护臣民利益的义务，却要求得到比契约规定的更多的权利。事态迅速发展，贵族们的行动获得了社会各阶层的支持。国王只好雇用外国雇佣军来守卫王宫，这使反叛者的队伍由大贵族迅速扩大到中小贵族、教士和城镇居民。

反叛者的队伍一路势如破竹，失去民心的约翰根本没有时间和力量组织有效的抵御，几个月后，反叛者的武装兵临伦敦城下，他们的队伍迅速地逼近国王的驻地温莎城堡。到了最关键的交锋时刻，躲在城堡里的约翰发现自己身边竟然只剩下了7个骑士，众叛亲离的约翰彻底失望了，终于提出了休战的要求。

“成王败寇”，这是中国人自古以来根深蒂固的观念，既然造反，那么按照逻辑上就一定要杀掉国王，建立新王朝。从力量对比上来看，贵族武装完全有能力把国王打败，然而，他们却没有赶尽杀绝，用自己的方式熄灭了战火，这种方式叫作契约。

反叛者们做出这种选择的原因很简单，反叛者们起事的目的在于捍卫自己的权利，他们反对国王但并不反对王室。废黜无能的国王很简单，但是他们却难以找到一个合适的王室继承人。反叛者们很快想出了一个解决方案，那就是制定一个纲领性文件，迫使国王在上面签字画押，来捍卫自己的权利。

1215年6月15日，在泰晤士河畔贵族武装和国王驻地中间的兰尼米德草地，约翰和贵族代表开始了历史性的谈判。4天之后，历史性的结果出现了：作为对国王权力的约束，双方共同签署了一部文件。尽管约翰对这份文件充满了仇恨和无奈，但是在大军压境、万般无奈的情况下，他极不情愿地和25名男爵以执行人的身份在这份文件上签了字。

这部文件就是《自由大宪章》，它本身并无新意，只不过是把从威廉一世开始的200多年里国王和贵族约定俗成的契约关系，第一次转化为明确的法律文字。但是，《自由大宪章》的出现却使英国人自“索尔兹伯里盟誓”以来的契约精神得到强化，它为以后的英国人提供了一种用和平谈判和相互妥协的方式解决政治问题的大智慧。《自由大宪章》虽然只有63款，但却奠定了英国宪政制度的最重要基石，并成为对君主权力进行限制的永久见证，这恐怕是制定大宪章的男爵们所始料未及的。

《自由大宪章》明确规定，国王在未征得贵族同意的情况下不得随意地收取贡赋；不经过同等人的合法裁决和法律的审判，国王不得逮捕和囚禁任何人；不得剥夺他们的财产，不得宣布他们不受法律保护，也不得将他们随意处死。同时还规定，如果国王违背他的诺言，贵族们有权拿起武器来反对国王的统治，在这种情况下，全体英国人都应站在反对暴政者一方。

《自由大宪章》中所蕴含的观念和原则是如此超前，作家柏杨曾感叹道，当明王朝发明了诏狱和廷杖时，英国却早在明王朝建立 100 多年前就颁布了《自由大宪章》来保障人权。

没有国民的自由，就没有国家的自由，处于不自由的状态，国家和人民都不可能有什么发展，也不会有好的命运和前途。中华帝国和日不落帝国的差距在这个时候就已经悄悄拉开了，随着时间的流逝，这种差距越来越大，直到两个帝国迎头相撞。

《自由大宪章》中最为精髓的两条原则是，以法律的形式肯定了对臣民财产及人身安全的保障权，以及臣民与君主的契约关系中臣民对君主的反抗权。这两条原则对后来英国社会的发展产生了极大的影响：保障个人财产，激发个人成为社会发展的动力；人民拥有反抗权，这使革命具有合法性，并最终改变了不合理的制度。

更为重要的是，《自由大宪章》不仅仅是一个契约，它本身就是合法维权行动的标志。《自由大宪章》的签署确立了这样的一个原则：英国国王的权利并非是至高无上的，他只能在法律的限制之下行使权力，即王在法下，国王的权力不能超越法律。

《自由大宪章》签署的年代是 13 世纪初，当时的欧洲很多地方还都处于城邦状态，君主政体刚刚开始在一些国家形成。然而，英国人却在此时早早就有了一部《自由大宪章》来限制君主的权力，这为日后英国的崛起奠定了极为重要的基础。

自由大宪章

“失地王”约翰在贵族的压力之下，被迫签署了一个被称为《自由大宪章》的人权文件。这个文件是一个划时代的人权宣言：它在人类历史上首次确立了人权的基本原则，提出了保护个人尊严、反对国王滥权的基本精神；它要求恢复人的权利，并制定出一部宪法来保证这些权利。英国大宪章所强调的人权中，不仅包括人的消极权利，而且还包括了人的积极权利，对后世有深远的影响。

《自由大宪章》

诺曼底公爵威廉在征服英国后，为了收买人心，争取英国教会、贵族和各阶层人民的支持，于1066年签署了给予臣民一定权利的“王冠宪章”。征服者威廉在“王冠宪章”中宣布，保证要“用正义统治人民、把国王的一切供给人民”，他还保证要制定正义的法律，并且保卫它；他特别强调，将禁止各种掠夺、暴力和不公正的审判。

这时发生了影响世界历史发展的十字军东征运动。1099年，十字军领导人从穆斯林手中夺取耶路撒冷后，组织了耶路撒冷市政委员会，起草了《耶路撒冷审判书》。这份重要文件规定了在耶路撒冷，各国国王都要服从耶路撒冷市政委员会的决议。许多英国贵族参加了十字军东征，参与组织了耶路撒冷市政委员会。当这些贵族返回英国后，他们就把限制国王权力的这种精神带回了英国。此后在英国贵族反对王权的斗争中，就有了一个法律依据。这样，十字军东征在世界人权史上也占有重要的地位。

在英国贵族的斗争下，1100年，国王亨利一世被迫颁布了一个宪章，史称

"亨利宪章"。这个宪章保证教会的自由，保证贵族的继承权。其中最为重要的内容是，亨利一世表示限制他在控制贵族家庭妇女婚姻问题上的权力。

《自由大宪章》的主要内容是要求给予贵族权利，限制王权；其目的是保卫贵族利益，结束约翰滥用权力的局面。《自由大宪章》虽然是为了保卫贵族的利益，但是大宪章的内容既包括了人民应该享有的消极权利，也包括了人民应该享有的积极权利。

在消极权利上，《自由大宪章》着重限制王权，要求给予教会、贵族和骑士各种权利，特别是给予他们政治权利。由于英国是一个基督教国家，政教矛盾特别尖锐，因此《自由大宪章》首先争取教会的自由权利。《自由大宪章》明确宣布了政教分离的原则，第63条规定："我们的意志是坚定地使英国教会拥有自由的权利。"这一规定是一个划时代的宣言，它改变了英国的政治。在此之前政教纷争：教会试图控制国政，而国王则要管辖教会，这种斗争使英国政局极其混乱。《自由大宪章》订立后，教会的地位不再受国王的干预，这对于削弱王权是有积极作用的。

《自由大宪章》规定了地方政府享有自由权，第13条规定，伦敦应"享有旧有之自由与自由习惯，其他城市、州、乡镇和港口也应有自由。"

《自由大宪章》的突出之点是要求司法自由，第34条规定："自由人享有司法权。"第40条和第45条又进一步宣布："我们不会把权利和正义出卖给任何人"，强调自由人"享有同等审判权"，要求"公平听证"，成立独立和无偏见的法庭。

《自由大宪章》要求人身自由，第39条规定，非经法庭的审判和法律定罪，国王不得逮捕、关押和剥夺任何自由人；不能宣布自由人不受法律保护，也不能用任何方式迫害自由人。《自由大宪章》在要求倾听人民的呼声时，谈到了代议制政府问题，第12条规定，非经"大会议"同意，禁止国王向人民强加税收。

《自由大宪章》在强调人民的消极权利时，用了大量的篇幅来论述人民的积极权利。例如，要求国王不能侵犯贵族和骑士的封建利益，第16条规定："国王不能强迫占有骑士采邑或其他自由保存地之人服额外之役。"第15条规定，禁止额外征税。

在人的积极权利上，《自由大宪章》谈得最多的是保卫个人的财产权和保护妇女儿童的社会经济权利。《自由大宪章》共63条，其中就有21条论述财产权，可见英国教会、贵族和人民对财产权的重视。英国贵族认为，财产权的核心是禁止国王剥夺人民的财产。例如，第31条规定："任何人不得拿走任何自由人的马和车。"这一条规定是禁止国王任意强征人民的车马，夺走人民的生活工具。第31条规定："除非得到所有者的同意，否则禁止任何人任意占领其他人的森林。"第52条规定，禁止占有他人的土地，"如果没有主人的合法同意，不能剥夺他人的土地、城堡、自由和权利。如果被剥夺了，被剥夺者有权立即恢复这些权利。"

除了财产权以外，《自由大宪章》强调得最多的是保护家庭、妇女和儿童的权利。在《自由大宪章》中，至少有10条表达了要保护人民的家庭成员、妇女和儿童的利益。英国贵族们之所以如此强调要保护他们的家庭、妇女和儿童，是因为在中世纪的英国，国王有权控制诸侯、贵族和骑士的家庭中的妇女的婚姻和家务等事情，从而干涉了诸侯、贵族和骑士的自由。为了结束国王约翰的这些权力，《自由大宪章》中特别强调了这些问题。

《自由大宪章》第8条规定："在她没有丈夫时，不能扣押这个寡妇的财物而迫使她再婚。"第11条规定："如果任何人死后须要偿还欠债，其妻子将得到亡夫的财产，而不必为亡夫偿还这笔债务。死者未成年的孩子也将从属于死者的地产中得到他们所需要的生活必需品。"

为了保卫儿童的利益，《自由大宪章》中特别规定，当继承人年幼时，由监护人"保管其房屋和草地、保管饲养小牲畜的围地、池塘、磨坊和其他东西。当继承人长大后，就要把所有的东西归还给他们，把所有的地产还给他们，给他们犁和畜牧工具"。第27条中还规定："如果一个财产所有者死亡时未能留下遗嘱，那么其财产将由其亲友分配给其寡妻和孩子。"虽然这些规定涉及财产权和继承权问题，但从根本上说，这些规定保证了死者的妻子和儿女的经济和社会权利。

为什么贵族和教士们在拟定大宪章是如此重视家庭、妇女和儿童的利益呢？这是因为虽然他们是贵族，但是也是普通人，也有意外死亡的可能。如果发生这种情况，其妻儿往往会受到国王的干预而受到损害。在国王的专制统治之下，当他们死亡后，其妻儿往往都会面临专制者带给他们的严峻的经济和社会后果。因此，他们在拟定《自由大宪章》时，把注意力集中在这些方面。贵族们争取的虽然是贵族家庭和他们的家属的权利，但是这却开创了争取臣民家庭、妇女和儿童权利的先例，因而在人类的自由史上是一个值得大书特书的事情。

除了保护家庭、妇女和儿童的权利外，在社会经济权利方面，《自由大宪章》还对贸易、迁移和居住权做了规定。在第 14 条中规定："所有进出英国的商人都有安全权。无论在英国留居还是旅行的人，其安全都应该得到保障。"第 27 条又进一步规定："任何人任何时候出入英国都将得到安全保证。"

1215 年签署的《自由大宪章》，确立了国王必须遵守法律的原则，以及等级会议有权监督财政的原则。整个《自由大宪章》的精神，都在于保护个人的尊严，反对国王滥用手中的权力，强调尊重人权，保证个人不受侵害。《自由大宪章》要求制定宪法来保证上述权利的实现，这种法治的思想，不仅是为贵族、骑士等人的利益服务，而且从长远的观点来看，有助于人民争取人权的斗争。

《自由大宪章》签署后，国王与贵族的斗争趋于激烈。英国国王约翰并不喜欢这个宪章。但是他懂得，在当时不签订这个宪章不行，因为他的统治能否继续下去，完全取决于他是否签订这个宪章。英国国王约翰并不甘心其专制权力受到《自由大宪章》的限制，他在签订《自由大宪章》后感到十分后悔，随时准备进行反扑，废除《自由大宪章》。但是反对约翰的贵族和教士们也知道，他们的命运不仅取决于国王是否签订这个宪章，而且取决于国王是否遵守这个宪章，以及国王下属的法官、行政长官和其他的官员是否遵守宪章，因此，他们随时准备为捍卫《自由大宪章》而战斗。

自由传统地树立远非是颁布一个《自由大宪章》即可一劳永逸的事情，而是又经历了长时间的冲突和对抗之后，才巩固下来。约翰王曾企图撕毁《自由大宪章》，于是英国贵族和骑士又起而捍卫宪章，内战重新开始。很快约翰又战败。

但是要真正实施"牛津条约"还需要进行战斗。1263 年，英国又发生了内战。

经过内战，贵族的力量占了上风，“牛津条约”得以真正执行。这时传统的僧俗大会在国家政治生活中开始发挥越来越大的作用。到1265年，英国国王召开僧俗贵族大会，这个大会就成为英国国会的雏形。

在这一过程中，贵族们发现，要想成功地维护《自由大宪章》以与王权相对抗，这就需要有更多的力量的参与，从而使《自由大宪章》获得了向前发展的机会。仅仅将这一发展归功于贵族是不公平的，其他阶层力量的壮大也是一个客观的因素。

为了进一步贯彻《自由大宪章》的内容，1297年英国贵族又提出了著名的“无同意课税法”，英国国王爱德华一世被迫签署了这一法案。该法规定：“凡贡税或补助金，如未经本王国大主教、主教、伯爵、男爵、骑士、市民及平民中其他自由人之惠然同意，则国王或其嗣君不得于本王国内征课之。”这一原则强调了国王要服从全体人民的主权，未经人民同意，国王不得征税。

爱德华一世在“确认书”中命令所有的法官、郡长、市长和其他大臣，以及凡是执掌王国法律的人，在处理的所有诉讼中，要将《自由大宪章》当作普通法来对待。任何审判若与《自由大宪章》相矛盾，都归于无效。1368年，爱德华三世宣示：“任何成文法规的通过，如与《自由大宪章》相悖，则必然是无效的。”

1628年，在国王查理一世统治时期，英国通过了“权利请愿书”，重申了爱德华一世确认的“无同意课税法”。权利法案请愿书特别强调了以下原则：未经审判，或依国法外，国王“不得任意拘捕、监禁任何人；不得剥夺其管业权、各项自由及自由习惯，或置诸法外，或加以放逐，亦不得以任何方式加以毁伤。”权利请愿书还反对海陆军队强住民宅；反对不依法律任意处人死刑和肉刑，要求无论什么人犯什么罪，都应该经过通行的审判程序审判。

英国自由大宪章的影响远远不止于此。它对全世界都产生了积极的影响。1948年联合国大会通过的《世界人权宣言》，采用了英国自由大宪章的许多观点和内容。例如在消极权利上，《世界人权宣言》第九条采纳了英国自由大宪章第39条的内容，它宣布：“任何人不得任意逮捕、监禁和放逐任何人。”根据英国自由大宪章第

30条和31条的内容，《世界人权宣言》第17条第2款规定："任何人的财产不得任意被剥夺。"《世界人权宣言》的第40条援引了英国自由大宪章的第40条内容："人人有权享受法律保护。"在积极权利上，《世界人权宣言》基本采纳了英国自由大宪章的所有内容，并用现代语言加以表述。《世界人权宣言》的第22和第23等条款中都有明显的体现；在第25条中，还专门规定了保护妇女和儿童；第28条更明确地宣布："人人有权要求一种社会的和国际的秩序。在这种秩序中，本宣言所载的权利和自由能获充分的实现。"

《世界人权宣言》制定后，得到世界绝大多数国家和人民的认可，其原则正在全世界大多数国家普及。英国自由大宪章开创的人权原则正在影响着世界上许多国家人权政策的发展。

议会之母的诞生

约翰死后，亨利三世继位。亨利三世的父亲是英格兰国王约翰，约翰死时他才9岁。反对约翰的英格兰伯爵们当时正准备支持法国王子路易入侵英格兰推翻约翰，约翰的不期之死为他们提供了一个和平解决这个问题的方法：他们迅速加冕约翰的儿子亨利为国王。

年幼的国王无法独立处理国事，贵族们就设立了一个类似于摄政委员会的机构——御前会议，襄助幼主，掌握了朝中大权。但亨利成人后立刻开始重建国王的权力，法国专制王权是他的榜样。他娶了法国普罗旺斯的艾莉诺为王后，许多他的法国亲戚都获得了权势和财富。亨利长时间没有公开任命任何管理某个领域的部长，许多领域没有任何明确的负责人，这一切都使得他的统治很麻烦，许多英格兰伯爵觉得他的统治方式很古怪。

亨利三世虽然努力想把权力夺回到自己手中，但是后来的历史证明，亨利三世和他父亲一样，远非一个称职的君主，他几乎继承了他父亲的所有缺点。他向人民征收高额赋税用于欧陆的战争开销，但是他和他无能的父亲如出一辙，除了失败之

外一无所获，还赔上了在大陆所剩不多的领地。民众的负担与日俱增，新的危机正在形成。

在英格兰的小镇牛津有世界闻名的牛津大学，这个小镇也因此闻名于世，每年都有数以万计的各国观光游客来这里游览，不过在他们当中也许很少有人知道，在这个小镇上曾经发生了一件在英国历史上影响深远的大事。

1258 年，亨利在牛津召开大咨议会，讨论远征西西里岛的军费问题。早已心怀不满的贵族乘机发动兵谏，国王的妹夫西蒙·德·孟福尔男爵带领 7 个全副武装的男爵闯入宫廷，上演了一出英国版的逼宫闹剧，迫使亨利同意召开会议签订限制王权的《牛津条约》。

根据《牛津条约》，国王把国家权力交给由贵族操控的 15 人委员会，不经该委员会同意国王不得做出任何决定。为了与原先的机构有所区别，新的 15 人委员会引进了一个新的名称——Parliament。这个词出自法语，意为“商议”，后来在英语中，这个词就用来表示议会。

英国的代议制民主能有今天，西蒙功不可没。不幸的是，到了 1261 年，亨利三世就把条例抛到脑后，他罢免了贵族们提名的最高法官，并将妹夫蒙特福特驱逐出国。

蒙特福特离开英国之后，很快组织了一批军事力量，在一些贵族的支持下，于 1263 年重返英国，打算和亨利三世在战场上见个高低。内战在即，法王路易九世进行“调解”。但是，路易九世一味偏袒亨利三世，蒙特福特宣布不接受法王的调解，内战终于爆发。

1264 年 5 月，蒙特福特在英国南部击败了亨利三世的军队，生擒爱德华王子，掌握了英国的权柄。他建立了一个 9 人委员会。1265 年，蒙特福特召开英国历史上第一次国会。在召开议会时西蒙除了按例邀请贵族和主教以外，也邀请骑士和城市代表参加。不过，由于考虑不周，在一些偏远的郡，可怜的骑士或市民如果不幸入选，就得自己掏腰包去开会，这在交通不发达的中世纪是一笔不小的费用，他们不但要破费不说，还得忍受舟车劳顿。所以，当选后逃之夭夭的不乏其人，地方官员则有责任把他们抓住押送伦敦赴任。

这也从另一方面表明，贵族与市民阶层开始联合对付国王，市民阶层开始登上英国的政治舞台。蒙特福特召开议会会议的目的，是想使他的革命取得合法的地位。

之前的议会，由国王召开，而此次议会，则意味着没有国王也可以召开议会，而且讨论的是国家各项事务。蒙特福特议会，控制了所有国家机构和法官系统。换句话说，蒙特福特控制了英国的政局，时间长达一年之久。亨利三世大权旁落，成为权臣手中的傀儡。

英国各界大都支持蒙特福特的改革，但是，蒙特福特并未借此机会废黜亨利三世，因为英国国王在一些人心目中还很有市场。蒙特福特纵然大权在握，也不敢轻举妄动。

同时，在革命者阵营里，因为权力的腐蚀，也出现了争权夺利的现象，蒙特福特政权的内部开始出现分裂。蒙特福特的战友吉尔伯特伯爵离他而去，转投国王阵营，在他的帮助下，爱德华王子趁机逃脱。

王子逃离了伦敦，很快集合起一支军队，和蒙特福特的军队开战。1265 年 8 月，两军对决，发生埃夫舍会战。蒙特福特在战斗中被杀，王军获得大胜。亨利三世在他英勇的儿子爱德华的支持下，夺回了权力。教会人士掩埋了蒙特福特的尸体，掩埋处现成为圣地。蒙特福特作为英国议会政治的重要改革人物，长期受到英国人的尊崇。

1272 年，亨利三世驾崩，他的儿子爱德华即位，这就是爱德华一世。爱德华一世是一位很出色的军事家和政治家，他重视立法，被称为“英国的查士丁尼”。

爱德华一世的另一个绰号是“威尔士的征服者”，他用武力手段迫使威尔士并入英格兰。威尔士人在谈判时要求由一个在威尔士出生的人担任威尔士的统治者，爱德华很痛快地答应了。

接着，爱德华的表现让威尔士人叫苦不迭。原来，爱德华的王后早已怀有身孕，他秘密的将王后接到威尔士，待小王子出生后就向威尔士人宣布，这就是他向

威尔士人许诺的威尔士亲王。这也算是开了一个先河，从此，英国的历任王太子都兼任威尔士亲王。爱德华还把威尔士人的长弓引进英国，成为日后英法百年战争中英军的利器。

在挑起了与苏格兰的战争之后，爱德华抢走了苏格兰的镇国之宝——加冕石，直到1998年，这块圣石才回到爱丁堡。不过，他最终没能把苏格兰并入英格兰。苏格兰人对他的仇恨久久不能释怀，1995年上映的电影《勇敢的心》，把他描写得阴险而丑陋。

在几年的政治磨砺中，爱德华感觉到，贵族是对王权最大的威胁，于是他决定把西蒙用来制约王权的议会反过来作为打压贵族势力的工具。他在位期间不断扩大市民阶层参与议会的程度，逐步使贵族在权力体系中边缘化。

1295年，爱德华一世精心策划的一次国会会议召开了，这次会议广泛吸收全国各地的平民代表参加，从而使参加者涵盖贵族、教士以及骑士和市民四个阶层。它被认为是英国国会的开始，后人称之为“模范议会”。

可是事与愿违，而且超出了爱德华的意料，没过多久，骑士和市民代表参加国会成为了一项稳定的制度，国会由临时性机构转变为永久性机构，对国王的制约逐渐凸显。国会的权力日渐增加，逐步拥有了批准征税的权力和立法权，以及废黜国王的权力。

不过，由于贵族和平民在一起开会，人数渐多，双方都感到不大自在，毕竟身份不同，双方就各开各的会，这样国会就逐渐分为上下两院。英国现代宪政制度基础之一的议会在一次次的协商和改良之中就此完善了起来，尽管其中伴随着阴谋、战争、流血以及无数颗人头滚滚落地，但总的来说，英国政治的文明程度在逐步提高。英国议会从此被誉为“议会之母”，这种政治实践为后世的秩序和自由奠定了基础。

爱德华没有想到，自己苦心经营的政治策略会如此发展，但是反过来说，这无疑是爱德华政治生涯的一大亮点。希腊人的民主从来没有超出人们能够会面的范围，古代从来都没有过代议制政府这种概念，然而，代议制政府的种子却在英格兰播下了，但这时的英格兰议会还没有“代议”的功能。

这时的欧洲大陆还处于中世纪，非洲、美洲和大洋洲还处于蒙昧状态，亚洲则处在绝对专制的皇权统治之下，那里的人民直到20世纪初还不知道权利、民主和法治为何物，而英格兰已经将这些概念付诸日常的政治生活中了。

随着议会体制的确立和成熟，不知不觉中，一个强大而先进的文明就在英格兰的土地上逐渐开始孕育，英国将注定要率先走出中世纪，进入现代文明世界。

英法百年战争

爱德华一世去世后，他的儿子爱德华二世从其父手上接下了一个负债累累的王国。最困难的是，早在爱德华一世时期，英格兰的贵族们就企图利用一切机会恢复特权。因此，在爱德华二世统治的20年间，政治上的混乱伴随着经济上的衰败，直到最后爱德华二世于1327年被大贵族控制的议会废黜，3年后又遇害身亡。1337—1453年，英法两国先为王位继承问题展开争权夺利，之后演变为英国对法国的入侵，法国则被迫进行反入侵，战争性质从封建王朝混战变化到侵略与反侵略，其结果可谓完全超出了英法王朝统治者的预料之外。

英法百年战争

“诺曼征服”后，英国诸王通过与法国一系列联姻，均成了法国诸王大片领地上的主要封臣。1346年，英王爱德华三世终于提出要求享有全部法兰西王国的继承

权。而法王企图收回这些领地，遂爆发了长达百余年的战争。

1328年，法国卡佩王朝绝嗣，支裔华洛瓦家族的腓力六世继位，英王爱德华三世以卡佩王朝前国王腓力四世外孙的资格，争夺卡佩王朝继承权。1337年，爱德华三世称王法兰西，腓力六世则宣布收回英国在法境内的全部领土，派兵占领耶讷，战争遂起。

这场战争除王位继承原因外，还为了争夺在法境内的富庶的佛兰德尔和阿基坦地区。这个地区与英国有着密切的经济联系。法国于1328年占领该地，英王爱德华三世遂下令禁止羊毛向该地出口。佛兰德尔地区为了保持原料来源，转而支持英国的反法政策，承认爱德华三世为法国国王和佛兰德尔的最高领主，使英法两国矛盾进一步加深，这也是导致战争发生的一个基本原因。这次战争分四个阶段：

第一阶段（1337—1360年）：英法双方争夺佛兰德尔和基恩。

1337年5月24日，法王腓力六世收回英属领地基恩，英王爱德华三世正式对法国发起进攻，于1340年6月在斯勒伊斯海战中击败法国舰队，1346年7月占领法国卡昂，8月在阿布维尔以北又大败法国陆军，次年占领法国重镇加来。1356年9月，爱德华三世之子“黑太子”，在普瓦捷之战中生擒法王约翰二世及其众臣。1360年，法国被迫签订布勒丁尼和约，承认英国对加来和西南地区大片领土的占领。这是百年战争的第一阶段。

第二阶段（1369—1380年）：为了夺回英占领区，法王查理五世（1364—1380年在位）改编了军队，整顿了税制。

他用雇佣步兵取代部分骑士民团，并建立了野战炮兵和新的舰队。久格克连被任命为军队总司令（元帅），并拥有很大的权力。1372年，法舰队在拉罗谢尔打败英国舰队，重新控制西北沿海海域。法军采用突袭和游击战术，到70年代末已逐步迫使英军退到沿海一带。但查理五世死后，继承人查理六世患精神病，无法治理国家，遂在1396年与英国缔结停战协定。

第三阶段（1415—1424年）：始自英王亨利五世于1413年与勃艮第公爵结盟。

法国因国内矛盾加剧（勃艮第派和阿曼雅克派两个封建主集团发生内讧；农民

和市民举行新的起义）而遭到削弱，英国趁机重启战端。1415 年 10 月，亨利五世率军进攻法国，在阿让库尔之战中大败法军，并在与其结成同盟的勃艮第公爵的援助下占领法国北部，从而迫使法国于 1420 年 5 月 21 日在特鲁瓦签订丧权辱国的和约。按照和约条款规定，法国沦为英法联合王国的一部分。英王亨利五世宣布自己为法国摄政王，并有权在法王查理六世死后继承法国王位。但是，查理六世和亨利五世于 1422 年都先后猝然死去。由于争夺王位斗争（1422—1423 年）加剧，法国遭到英国侵略者的洗劫和瓜分，处境十分困难。捐、税和赔款沉重地压在英占区居民的身上。因此，对法国来说，争夺王位的战争已转变为民族解放战争。

第四阶段（1424—1453 年）：始于 1428 年，英军进攻法国南方要地奥尔良城。

次年，法国香槟地区农家女贞德向太子查理请战，率法军解奥尔良围，大败英军。但是，宫廷贵族和查理七世的将军们却不满意这位“平凡的农民丫头”影响的扩大，他们害怕人民比害怕英国人还厉害，便蓄意谋害贞德。贞德最终被法国勃艮第贵族出卖，以女巫罪被处以火刑。贞德宁死不屈，她说：“为了法兰西，我视死如归！”1431 年 5 月 29 日上午，贞德备受酷刑之后在卢昂城下被活活烧死，她的骨灰被投到塞纳河中。死时，贞德还不满 20 岁。贞德之死激起了法国人民极大义愤和高度爱国热情，在人民运动的压力下，法国当局被迫对军队进行了重新整顿。

1435 年 9 月，勃艮第公爵臣服于查理七世，战局扭转，法军大量收复失地。1437 年法军攻取巴黎，1441 年收复香槟。1450 年，法军解放曼恩和诺曼底，并在巴约勒之战中重创英军。1453 年 7 月，在卡斯蒂永之战中再次打败英军，收复基恩。1453 年 10 月 19 日，法军收复波尔多，百年战争由此结束。英国在法国的领地只剩了加来一地。

百年战争从 1337—1453 年，一共持续了 116 年，给法国人民带来了深重的灾难，同时也促进了法国民族意识的觉醒。国王联姻不仅不能解决长治久安问题，反而容易引起王位继承权争夺和战争。民族女英雄贞德姑娘勇敢地捍卫民族利益，为了民族解放不惜牺牲自己的生命，振奋了民族精神。解放战争的胜利，不仅使法国摆脱了英国侵略者的统治，而且还使法国人民团结起来，国王受到了臣民的忠心支

持。由此封建君主政体演变成了封建君主专制政体，王权进一步加强了。而战后的英国，在经历了一段内部的政治纷争后，也建立起中央集权的君主专制国家。

长期的战争哺育了强烈的民族意识，自此任何使两国联合共戴一王或者在他国版图上占有领地的企图注定要失败，从这个角度来说，英格兰在百年战争中退出了欧洲，而法兰西则在百年战争中走向了统一。所以，尽管从根本上来说，百年战争是英法之间的国际战争，但它也是法兰西的国内战争，是法兰西大贵族反抗王权和相互攻击的内战，但无论是内战还是外战，最终以法兰西民族的统一和王权的加强而告终。法王查理七世在战争的最后阶段使英王失去了在大陆的大片土地，战争使得英国人和法国人更深刻地意识到他们之间的民族差异。

红白玫瑰战争

在长达百年的英法战争中，英国的各封建贵族都建有自己的武装力量，在对外作战中这种武装力量取得了巨大的成果，但是当百年战争结束，一切尘埃落定后，这种武装力量就成了一种祸根。

百年战争之后，英国内部各封建贵族利用自己手中握有的武装力量蠢蠢欲动，企图掌握国家的最高统治权。经过一番分化组合，贵族分为两个集团，分别参加到金雀花王朝后裔的两个王室家族内部的斗争。其中，以兰开斯特家族为一方，以红蔷薇为标志；以约克家族为另一方，以白蔷薇为标志。这两个封建集团之间为争夺王位继承权进行了长达 30 多年的自相残杀。由于这次战争以蔷薇为标志，所以称为“蔷薇战争”。蔷薇又名玫瑰，所以也叫“红白玫瑰战争”。

1327—1377 年是英国历史上金雀花王朝爱德华三世在位时期。1376 年，长子爱德华死后，王位几经更替，传位于亨利六世。在百年战争中，英国遭到惨败，这不仅引起农民，而且也引起富裕市民和新兴中小贵族的不满，因而爆发了农民起义。

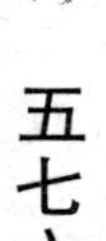

起义军处死了一批罪大恶极的贪官污吏，吓坏了新兴中小贵族和富裕市民，他

红白玫瑰战争

们寄希望于改朝换代，因而支持约克家族夺取政权。1455 年，亨利六世患病，约克家族的理查公爵被宣布为摄政王。兰开斯特家族对此不能容忍，依靠西北部大封建主的支持，废除摄政，双方的长期混战从此开始。

1455 年 5 月，亨利六世下令在莱斯特召开咨议会。1455 年 5 月 22 日，约克公爵理查领一支小部队前往伦敦，在伦敦北面的圣艾班斯碰到赶来的亨利六世的部队。规模相对较小的圣艾班斯第一次会战是内战的第一次公开冲突。约克公爵于上午 10 时下令向抢先占据小镇的亨利六世军队发起进攻，经过数次冲锋，亨利六世的军队招架不住，吃了败仗，死亡约 100 人，亨利六世中箭负伤，藏在一个皮匠家中，战斗结束后被搜出抓获。

1460 年 7 月 10 日，双方在北安普顿发生第二次战斗。战斗中又是沃里克伯爵率军打败了兰开斯特军队，随军的亨利六世再次被抓住。这两次胜利冲昏了约克公爵的头脑，他未与亲信贵族磋商就提出了王位要求，迫使亨利六世宣布他为摄政和王位继承人，这就意味着亨利六世的幼子失去了王位继承权。王后玛格利特闻讯大怒，她从苏格兰借到一支人马，集合了追随兰开斯特家族的军队，在约克公爵的领地发起攻击。约克公爵匆忙凑集起一支几百人的队伍，前去征剿，由于轻敌冒进，被包围在威克菲尔德城。12 月 30 日，在内外夹攻下的约克军四散逃跑，约克公爵及其次子爱德蒙被杀死，约克公爵的首级还被悬挂在约克城上示众，并扣上纸糊的王冠，用以讥讽。

但约克公爵19岁的长子爱德华于1461年2月26日进入伦敦，3月4日，他在沃里克伯爵和伦敦上层市民的支持下自立为王，称爱德华四世。他知道玛格利特决不肯罢休，遂在一些大城市召集到一支部队，向北进发，去打玛格利特。

1461年3月29日，双方在约克城附近展开决战。兰开斯特军队有2.2万余人，远远超过了约克军。当时兰开斯特军队处于逆风之中，扑面的风雪打得他们睁不开眼睛，射出的箭也发挥不出威力。而约克军队则借强劲的风力增加了发射弓箭的射程，并蜂拥冲上山坡，使兰开斯特军队损失惨重。

兰开斯特军队为扭转被动的防守局面，决定向山下的敌人发动反攻，双方一直激战到傍晚，仍然难分胜负。这时，约克军队的后续部队赶到，这支生力军向兰开斯特军队未设屏障的一侧发动进攻。兰开斯特军队抵挡不住，被迫溃退。约克军队一直追杀到深夜，玛格利特带着亨利六世和少数随从仓皇逃亡苏格兰。这次战役的胜利使爱德华四世的王位暂时得以巩固。1465年，亨利六世再次被俘，被囚禁在伦敦塔中，玛格利特只好携幼子逃往法国。

玫瑰战争中这几次大战役，都使用当时特有的战法，即双方骑士乘马或徒步进行单个分散的搏斗。经过交战，双方共损失5.5万人以上。

在以后的战争过程中，约克派内部矛盾激化起来，最高统治权几度易手，集中表现在爱德华四世和沃里克伯爵的斗争上。爱德华四世趁沃里克不在伦敦之际，召集一支部队离开伦敦北行，他一面镇压北方叛乱，一面迅速扩军。沃里克在爱德华的大军面前不得不逃亡，投靠法王路易十一。不久，沃里克在路易十一支持下，卷土重来，打回英国。这回轮到爱德华四世逃亡，他逃到尼德兰，依附于他妹夫勃艮第公爵查理。

1471年3月12日，爱德华四世利用英国人对沃里克普遍反感的情绪，亲率军队与沃里克在伦敦以北的巴恩特决战。

爱德华四世共有9000人的军队，而沃里克却有2万人的军队，由于力量悬殊，爱德华四世决定先发制人，清晨4时许，他率军在浓雾中发起攻击。沃里克本人被杀，其部下战死者多达1000人。接着在5月4日，爱德华四世又俘获了从南部港口威第斯偷偷登陆的玛格利特王后，将她和她的独生幼子及许多兰开斯特贵族杀死，之后又秘密处死了囚禁的亨利六世。

至此，兰开斯特家族被诛杀殆尽，只有远亲里士满伯爵亨利·都铎流亡法国，他声称自己是兰开斯特家族事业的继承人。

147l—1483 年，英国国内恢复了和平，爱德华四世残暴地惩治了不顺从的大贵族。1483 年 4 月爱德华四世死后，其弟理查登上了王位，他也同样使用残酷和恐怖的手段处决不驯服的大贵族，没收其领地。他的所作所为，反而促使兰开斯特和约克家族都联合在兰开斯特家族的亨利·都铎周围来反对他。1485 年 8 月，理查同亨利·都铎的 5000 人的军队激战于英格兰中部的博斯沃尔特。战争的紧要关头，理查军中的斯坦利爵士率部 3000 人公开倒戈，约克军遂告瓦解，理查三世战死，从而结束了约克家族的统治。出身于族徽为红玫瑰的兰开斯特家族的亨利·都铎结束了玫瑰战争，登上了英国王位，称亨利七世。为缓和紧张政治局势，他同爱德华四世的长女伊丽莎白结婚后，将原两大家族合为一个家族。

在这次战争中，兰开斯特家族和约克家族同归于尽，大批封建旧贵族在互相残杀中或阵亡或被处决。新兴贵族和资产阶级的力量在战争中迅速增长，并成了都铎王朝新建立的君主专制政体的支柱。从这个意义上说，玫瑰战争是英国专制政体确立之前封建无政府状态的最后一次战争。恩格斯说："英国由于玫瑰战争消灭了上层贵族而统一起来了。"这对于英国历史发展来说，无疑是一件幸事。随着政治的统一，各地区的经济联系得到进一步加强，封建农业开始向资本主义农业转变，导致英国农村出现了许多资本主义农场，出现了一批与资本主义密切联系的新贵族，他们把积累起来的资本直接或间接地投入工业，使得英国工业、手工业迅速发展起来。

英国宗教改革

玫瑰战争之后，亨利八世登上王位，他是英国亨利七世次子，1509 年 4 月 22

日继位，是都铎王朝第二位君主，以六次婚姻闻名。

亨利八世生于格林尼治的普拉森舍宫，是亨利七世和王后伊丽莎白的第三个孩子。他们同胞 7 人夭折 3 人，只剩下亚瑟（封威尔士亲王）、玛格丽特和玛丽。1493 年，他受封多佛堡总管和五港同盟长官，1494 年，受封约克公爵，之后又获得英国纹章院院长（Earl Marshal）和爱尔兰总督头衔。他接受过一流教育，能流利地使用拉丁语、法语和西班牙语。原先由于其兄长亚瑟是王储，亨利可能被安排入教会，1502 年，亚瑟突然去世，他继任威尔士亲王，成为王储。

16 世纪 30 年代，欧洲新教运动兴起，罗马教皇及天主教势力衰落。英王亨利八世出于维护自己政治、经济和宗教统治的目的，与罗马教皇决裂。1534 年，英国国会通过了“至尊法案”，宣布国王为英国教会最高首脑，拥有任命教职和决定教义的权力，宗教法庭改为国王法庭，召集宗教会议的权力属于国王，从而使英国教会成为国王手中的工具。同时，英国教会接受了加尔文教、路德教的某些思想，并保留了天主教的基本教义、主教制度和宗教仪式等许多传统，形成了安立甘教，又称“圣公会”，即英国国教。

亨利八世一开始根本没有想改革宗教，起初他对英格兰宗教改革运动态度鲜明，那就是把这些“异端”学说者统统送上火刑柱，以至于英格兰一时间木材奇缺，价格飞涨。他还亲自撰文抨击马丁·路德的异端邪说，教皇慷慨地授予他“信仰捍卫者”的称号，马丁·路德则将他斥之为“戴着王冠的蠢参谋长”。

但是不久后，事情发生了戏剧性的变化，亨利八世爱上了一个女人。这个女人是王后的侍女安妮·博琳。1527 年，他以王后没有给他生下一个男性继承人的理由提出和王后凯瑟琳离婚。这个申请发出后，亨利八世足足等了 6 年，一直没有等到教皇的回应。于是亨利八世于 1533 年自己宣布与王后离婚，公开与安妮结婚。在结婚典礼上，宽大的衣裙甚至无法掩盖安妮妊娠的体形。

教皇得知此事后马上把他开除教籍，两人从亲密的战友迅速变成了公开的敌人，于是亨利一不做二不休，干脆宣布国王是英国教会的最高首脑，英国的宗教改革就这样富有戏剧性地以国王的胜利而收场了。

在巨大的荣誉背后，有一个默默的牺牲者，他就是《乌托邦》的作者托马斯·莫尔。时任亨利八世首席大法官的托马斯·莫尔，拒绝否认国王代替教皇的最高首脑地位。亨利八世给了他几年时间让他回心转意，但是没有收到任何效果。

1537 年，不幸的莫尔爵士以叛国罪的罪名被处死刑，他的尸体被肢解，头和四肢分别被挂在伦敦的几个城门示众，此前大家都以为他会被国王赦免。莫尔爵士后来被教皇封为圣徒，据目击者回忆，莫尔在临刑前镇定自若，他甚至对刽子手说："你要砍得准一点，免得丢人现眼。"

这场宗教改革对历史的影响力是亨利八世完全想不到的，从此以后教皇再也不能以上帝使徒的名义对英格兰的宗教和世俗事务插手干预了，英格兰的主权在这场宗教改革中得到了捍卫。当然，这是以千万颗天主教徒和安立甘教会教徒的脑袋为代价得来的。

亨利八世经过这次改革后当上了英格兰圣俗两界的最高首脑，他不但得到了自己心爱的女人，也把教会的财产据为己有，成了最大的赢家。然而，拨开那层灰尘我们看到，最大的赢家恐怕是英格兰。

被抛弃的王后带着年幼的玛丽公主离开了王宫，这位玛丽公主就是后来的玛丽女王。让亨利八世没有想到的是，第二任王后给他生的仍然是一个公主，这就是后来的伊丽莎白女王。于是，满心的欢喜之情变成了愤怒，亨利对他的新王后迅速地厌恶了起来，不久就把她赶出王宫，然后又把她送进伦敦塔囚禁至死。反正现在国王是英国教会的最高首脑了，拥有完全的婚姻自由，亨利前前后后共娶了六任王后，总算有了一个小王子爱德华。

1547 年，和教皇以及女人折腾了 20 多年的亨利八世终于去世了。如果说亨利八世在天有灵的话，看到接下来事情的发展他会非常不愿意瞑目的，那就是他的宝贝儿子爱德华六世没当几年国王就驾崩了。他的第一任妻子凯瑟琳王后生的玛丽公主登上了王位，这就是后来被称为"血腥玛丽"的玛丽女王。童年的不幸生活使得玛丽的脾气变得乖张暴戾，作为虔诚的天主教徒的玛丽在位时做得最多的一件事就是将她信奉新教的臣民源源不断地送上火刑柱，从此，史书上久留下了"血腥玛

丽”的名字。

“血腥玛丽”在西方是一个很流行的词汇，因为它也是一种鸡尾酒的名字。这种鸡尾酒由伏特加、番茄汁、柠檬片、芹菜根混合而制成，鲜红的番茄汁看起来很像鲜血，故而以此命名。在美国禁酒法期间，这种鸡尾酒在地下酒吧非常流行，称为“喝不醉的番茄汁”。

作法自毙，报应不爽，玛丽女王也没能耀武扬威多久。5年后，即1558年，玛丽女王去世。当时人们在伦敦街头载歌载舞，庆祝这个伟大的节日，做人做到这步田地，玛丽女王也算是一朵“奇葩”。

接着，信奉新教的伊丽莎白成为女王，并恢复了国教，在“血腥玛丽”时代逃往欧洲大陆的新教徒纷纷回国。在此后的岁月里，政治清明，言论自由，伊丽莎白开创了一个全新的国度。

开始于16世纪30年代的英国宗教改革，在客观上有利于资本主义的发展，但封建专制统治的不断加强势必成为资本主义继续发展的重要障碍，而此时的英国国教会作为封建专制的重要支柱，也就必然遭到资产阶级和新贵族的反对。从16世纪60年代起，英国出现了反对国教会的“非国教徒”，他们主张依照加尔文教来“纯洁教会”，要求清除国教会中的天主教教义和教规仪式，清教徒由此而得名。清教的教义接受了加尔文教的“前定论”观点，人无法改变自己的命运，上帝已经“预定”谁将得救，成为“选民”；谁又将永远沉沦，成为“弃民”，并以现世的成功与失败、永生与犯罪、富贵与贫贱作为是“选民”或“弃民”的标志。

英国在资产阶级革命前曾出现过一场颇为壮观的利用宗教反对宗教（即利用加尔文教反对国教）的反封建启蒙运动，掀起了一场清教运动。16世纪60年代中期，帕克大主教试图强制性实行教士在圣事中穿法衣和仪式的统一，掀起了一场“法衣争端”。那些坚持穿法衣的教士被认为是国教徒，而那些拒绝穿法衣的教士则被认为是清教徒。这场看似是主教与一些教士之间关于琐碎问题的分歧，通常被看成是清教运动的起源。

打败无敌舰队

1588年，在世界海战史上发生了一件大事：英国海军和西班牙无敌舰队进行的一场大规模海战，以无敌舰队的彻底失败而告终。英国的这场胜利牢固地树立起了它作为世界头号海军大国的地位，直到20世纪初它还保持着这种海上霸主的地位。

早在伊丽莎白女王当政之初，从欧洲大陆就不断地传来西班牙和葡萄牙航海家探险成功发财致富的消息。在一个商业的时代，赢得海洋比赢得陆地更重要。作为一个岛国，英国人似乎天然地比别人更懂得这个道理。伊丽莎白敏锐地觉察到了这一点，她很快地成为英国海外贸易的积极支持者和直接参与者。

伊丽莎白不仅授权商人组织贸易公司，发展海外贸易，还亲自出资入股，向他们颁发皇家特许状，授予这些商人和冒险家种种在海外的特权，以从中抽取红利，著名的东印度公司就是这时的产物。在这些伦敦商人精明的算计和大胆的海外冒险中，英国一步步发展成世界上最强大的"日不落帝国"。

英国海军和西班牙无敌舰队的大规模海战

1580年，德雷克船长完成英国历史上第一次环球航行，回来后这位冒险家就分给了女王16. 3万英镑的红利。不过，这给了这位出身高贵的女王一个不雅的、充满血腥恐怖的绰号——"海盗女王"，因为当时的海外贸易、航海探险是和海盗抢劫分不开的，商船同时也是战舰。对到海外发财的英国人来说，政府成了合法的黑社会，皇家海军就是有执照的合法海盗。

虽然伊丽莎白女王对海上抢劫和人口贩卖这项新兴的事业给予她的臣民以皇家的支持，但是作为海上种种伤天害理事业的新的竞争者，英格兰的加入，显然侵犯了当时世界上最大的殖民帝国——西班牙的利益。

英国海盗显然比他们的西班牙同行技高一筹，在一次次的相互掠夺和冲突之后，双方对海洋的争夺逐渐升级，终于酿就了1588年的海上一战。直接的借口就是1587年的玛丽·斯图亚特之死，当然，这个借口是伊丽莎白为她的对手西班牙精心制造出来的，因为女王也需要这场战争。这样，不幸的玛丽就成了这场即将爆发的战争的第一个牺牲品。

西班牙国王腓力二世决定以玛丽之死为借口入侵英格兰，以此来击退英格兰在欧洲大陆和海外殖民地对西班牙的挑战。

7月22日清晨，英西两国的海军在英吉利海峡展开了决定性的战斗。英国舰队借着顺风，以“一条单长线”的队形楔入西班牙舰队。由于先进的战术和灵活的机动性，没有一艘船被西班牙陆军抢占。经过一天的海战，西班牙人落了下风，远距离炮战使西班牙舰队的步兵和重炮变得毫无作用。此战是两国舰队的第一次交手，战斗证明英国船只和炮手都远比西班牙优秀。后者因为未能攀登敌船，在精神上大受打击。

到7月25日西班牙已经损失了1/10的舰船，而英国方面则会合了西莫尔勋爵的援军，舰船总数达到136艘。7月28日晚，在德雷克等人的建议下，英军采取古老的火船战术，西班牙舰队阵脚大乱，无法保持队形，英舰趁机突击。从29日上午9时到下午6时，双方舰队在没有编队的情况下，互相混杂，三五成群的对射，直到打光炮弹为止，西班牙舰队再次遭到了重创。8月初，剩下的西班牙舰只乘着风势向北逃窜，准备绕过苏格兰、爱尔兰回国。狼狈逃窜的西班牙舰队弹尽粮绝，更倒霉的是在海上接连遇到两次大风暴，许多船只翻沉了，不少士兵、船员被风浪冲到爱尔兰西海岸，被英军杀死。此役，无敌舰队损失了近百艘战舰，两万多士兵葬身海底。而英国人却一艘船都没有损失，阵亡的水手不足百人。

1588年10月，当“无敌舰队”仅存的43艘残破战舰返回西班牙时，标志着西班牙开始衰败，而大英帝国则成为新的海洋霸主。这次令世人刮目的以少胜多的胜利，是英国第一次以一个大国的姿态向欧洲大陆发出的声音。海战胜利带来的信心和对世界的正确判断成就了伊丽莎白时代，英国在国家崛起的道路上迈出了第一步。

伊丽莎白女王的统治

16 世纪的英格兰，在伊丽莎白一世的带领下，迅速崛起，成为令世界刮目相看的一个国家。王权在这位充满智慧的女王手中，在成就国家强大的同时，自己也壮大了起来。但是善于协调各种关系的女王没有滥用自己权力和威望，在她的一生中，王权的扩张始终控制在议会能够忍受的范围之内。这位非凡的女王在政治中所表现出的智慧和宽容，超越了时空的限制，为现代政治文明做出了榜样。

伊丽莎白诞生于伦敦的格林尼治普雷森希宫，她是亨利八世和他的第二个王后安妮·博林唯一幸存的孩子。由于她父母是按新教教规结婚的，天主教认为她是一个私生女。她出生时被指定为王位继承人，她的同父异母的姐姐玛丽成为她的服侍者。

后来玛丽上台，逼迫伊丽莎白改信天主教。伊丽莎白表面上虽然皈依，但内心仍然是一个新教徒。玛丽对此非常不满，有一小段时间里伊丽莎白甚至被关入伦敦塔。1558 年玛丽无子而亡，伊丽莎白成了她的合法继承人。英国国会重申了亨利八世国王规定伊丽莎白作为继承人的安排。

伊丽莎白于 1559 年 1 月 15 日在威斯敏斯特教堂被加冕为女王，当时她的地位很不稳定。她加冕的日子是当时英国著名的数学家和占星士约翰·迪伊挑选的，据说特别吉利。给她加冕的是卡里斯勒的主教，他是当时在教会界能找到的最高的承认她的合法地位的人。同年，她就签署了结束同意大利战争的《卡多—坎陪吉条约》。

伊丽莎白统治英国长达 45 年之久，在她的统治之下，英格兰腥风血雨的宗

伊丽莎白女王像

教迫害消失了，工商业和海外贸易迅速发展。国力日盛，打败了西班牙的无敌舰队，成为新兴的海上霸主，为将来的“日不落帝国”奠定了基础。

英格兰在这个时候进入文艺复兴的鼎盛时期，出现了莎士比亚、斯宾塞、培根等一批巨人。历史学家认为，伊丽莎白女王是历史上最伟大的君王之一，如果没有这位女王，英国和西方世界的历史很可能是另外一个样子。

伊丽莎白上台后面临的最棘手的国内问题就是宗教问题，她本人是坚定的新教徒，登基后不久伊丽莎白就宣布新教为英国国教。罗马教皇庇护五世宣布把她逐出教会，废黜她的王位，随后又宣布：暗杀伊丽莎白不算犯罪。

但是伊丽莎白并没有报复天主教徒，她从她姐姐的恶行中已经汲取了足够的经验和教训。伊丽莎白采取了宽容的宗教政策，她说：“只有一个耶稣基督，这是唯一的信仰，其余的一切争论都是小事”。她允许天主教徒在家中保持信仰，她对天主教徒唯一的“迫害”是罚款，而不是火刑柱。

在当时的欧洲，各地的新教徒和天主教徒争相把对方像野兽一样捕获，然后再心满意足地把这些“异端”送上火刑柱。在德国，宗教冲突更是导致了“三十年战争”，使这个民族1/4以上的人口在劫难中丧生，德意志的统一因此被延迟了200多年。而在英国，英格兰新教徒和天主教徒基本上相安无事，他们之间的仇恨逐渐

消解，英格兰保持了民族的统一。这和同一时期欧洲大陆宗教改革的状况形成了鲜明对比。

伊拉莎白的宽容和智慧并不仅仅体现在她的宗教政策上，作为一个女人，她把自己的婚姻也奉献给了国家。

伊丽莎白从未结过婚，因此被后人称为“童贞女王”。在威斯敏斯特宫女王的加冕典礼上，伊丽莎白将一枚结婚戒指戴到自己的手上，表示她已经将自己嫁给了英格兰，她的加冕典礼也是她的婚礼，在这一天伊丽莎白是个新娘，她将永远不会有其他的丈夫。这枚戒指后来一直伴随着她度过了40多年。

在登基的20年中，伊丽莎白一直把婚姻当成一种获取最大利益的手段。她始终吸引着一个个求婚者，她将自己的婚姻当作英国最大的筹码和外交政策的一部分。伊丽莎白利用未婚这个条件吸引来自欧洲各个王室的求婚者，分化瓦解她和英格兰在欧洲的敌人，从中获取实实在在的政治利益和丰厚的礼品，保障英格兰的安全和自己的统治。

刚刚登基的伊丽莎白正值妙龄，无数国家的国王、王子都争先恐后向她求婚，期望得到一个附属的王国。第一个求婚的是玛丽的丈夫，西班牙国王腓力二世。以当时玛丽对伊拉莎白的打击迫害来看，这桩婚事即使人们闭着眼睛也能看到结局，但是伊拉莎白既没有推辞，也没有答应。因为当时英法正在和谈，和谈的关键是苏格兰和加来港问题，伊丽莎白希望利用西班牙作为谈判的筹码，她对这桩婚事迟迟不作答复。于是，可怜的西班牙大使只得在伦敦一天天沮丧地等下去，他向腓力二世报告说：“我成了全伦敦消息最闭塞的人。”待谈判有了眉目之后，伊丽莎白立即拒绝了腓力二世求婚，这为后来两国交恶埋下了伏笔。

第二个不幸的牺牲品是法国国王查理九世的弟弟阿朗松公爵，1577年公爵出兵攻打尼德兰的新教徒时，他派人向伊丽莎白求婚。伊丽莎白从中看到了利益，如果让公爵在尼德兰调转枪口同当地的新教徒联合起来对付西班牙镇压者，英国就不用出兵援助他们的新教徒教友了。

这次伊丽莎白下大了赌注，她竟然答应了公爵的求婚，但是拒绝马上举行婚

礼。很快，女王成功地摆脱了在尼德兰的困境，而阿朗松公爵则不幸患病身死，这场闹剧收场。

英格兰的外交和女王的婚姻一直丝丝入扣地交合在一起，伊丽莎白为此付出了一辈子的青春。她终身未婚，晚年生活孤独寂寞。

在伊丽莎白50岁后，她的婚姻游戏所带来的政治危机便显现了出来，由于她既没有丈夫也没有孩子，所以王储之位一直空着。野心家们经过好几年的酝酿，开始蠢蠢欲动，在他们的策划下，伊丽莎白统治的后期出现了几起重大叛乱案件。这其中最著名的案件就是苏格兰女王玛丽·斯图亚特案。

玛丽·斯图亚特是伊丽莎白的表亲，如果伊丽莎白没有子女，她就有权继承英国王位。玛丽美艳多才，但为人放荡，不守妇道，秽乱宫闱，以至于引起苏格兰国内普遍的不满和叛乱，玛丽被迫逃亡英格兰。

伊丽莎白可怜这位表亲的不幸遭遇，对她予以善待，但是拒绝帮助她重登王位。而玛丽却恩将仇报，她是个虔诚的天主教徒，在罗马教廷和一些信奉天主教的贵族以及西班牙政府的支持下，她企图发动叛乱杀死伊丽莎白，重登苏格兰王位并继承英格兰王位。

阴谋被侦破之后，伊丽莎白把玛丽软禁了起来，并没有开杀戒。但是玛丽死不悔改，一直没有停止她的阴谋活动，这就直接威胁到了英国的稳定。伊丽莎白无奈之下，在征得到玛丽的亲生儿子、苏格兰国王詹姆士六世的同意之后，把她送上断头台，这才平息了叛乱。

伊丽莎白对于那些叛乱者表现出了极大的宽容和大度，她没有一律大开杀戒，在处理这些叛乱案件时，她反复权衡其得失和后果，尽可能减少杀戮，避免社会的震荡，防止国内外敌手的反扑。这反映了她高度的政治智慧和宽容之心，女王宽大的处理方式得到了多数臣民的拥护。

伊丽莎白不光在政治上十分清明和宽容，在文学艺术上，她也大力支持。伟大的作家莎士比亚就生活在伊丽莎白时期。在伊丽莎白之前，英格兰就有严格的书籍和戏剧审查制度，还有血腥恐怖的“星法院”，以言犯禁者可以被处以绞死、分尸、挖出内脏等酷刑，不幸的莫尔爵士就是一个前车之鉴，但是在伊丽莎白时期，没有类似重刑的记录。

以我们现在的眼光看，莎士比亚的作品是永恒和不朽的，不断地引发我们对人性以及生命的永恒价值的反思。但是在当时，这些伟大的作品，仅仅具有美学上的意义而已。

伊丽莎白时代的伦敦，在泰晤士河南岸有一家名为“环球”的剧院，这个剧院可以容纳3000人，通常在下午两点开戏，许多贵族包括女王本人都是这家剧院的常客。有钱人可以坐在木结构包厢里，普通人坐在剧场正中的露天处。35岁的莎士比亚是这家剧院的股东、演员兼剧作家。

1601年，一伙神秘的顾客来到这家伦敦最豪华的剧院，他们开出了高价，指定剧团在某一天重新上演莎士比亚的《理查三世》这部戏剧。当演员们演到废黜国王的那一幕时，叛乱在伦敦城发生了，这就是伊丽莎白时期与玛丽·斯图亚特案齐名的埃塞克斯伯爵叛乱案。

原来，剧中废黜国王的那一幕是伯爵和他的同伙约定发动叛乱的信号，于是，那些可怜的演员被无辜地卷入了这场叛乱当中。但让人称道的是，叛乱被平定以后，无论《理查三世》的作者还是演员和剧团，没有任何人因为撰写和演出这个戏剧受到任何惩罚，这不能不说是女王宽容施政的结果。

许多莎学研究专家认为，莎士比亚的历史剧和悲剧作品具有强烈的颠覆性，它们大多以揭露宫廷的黑幕为主题，许多君王在剧中都是反面人物，观众很容易对号入座引起联想。作为一个集聪明睿智稳重于一身的女王，伊丽莎白早就察觉到了这点。

莎士比亚的《理查三世》上演时，女王就担心剧情会使观众联想到她本人，因为剧中篡夺理查三世王位的正是她的祖父亨利七世，但是伊丽莎白并没有将作者投入监狱或者禁演这部戏，她仅仅对她的大臣们埋怨说：“这部悲剧在剧场和剧院里演出40次了。”

伊丽莎白和戏剧审查官对莎士比亚戏剧的干涉更富有喜剧色彩，《亨利四世》

中的大胖子骑士福斯塔夫，莎士比亚原来给他取名为约翰·沃德卡斯特爵士，审查官大概是出于保护公民名誉权的考虑，以及防止作者招惹不必要的麻烦，要求莎士比亚把这个姓名改一改，因为英国有一个同名的家族，于是这个名字被改成了福斯塔夫。

就这样，“福斯塔夫”，这个在英国街头巷尾都耳熟能详的喜剧人物诞生了。在《亨利五世》中他死了，伊丽莎白女王感觉十分惋惜，于是下令莎士比亚让这个快乐的老流氓复活并恋爱，莎士比亚就写了《温莎的风流娘儿们》这部戏，以满足女王和广大莎迷的心愿。

莎士比亚应该感到庆幸，如果他不幸晚生几十年，碰上英国资产阶级大革命的话，可能就没法创作这些伟大的作品了，因为克伦威尔掌权后发布的第一个命令就是关闭伦敦的所有剧场。在那个思想禁锢和人权沦丧的年代，连查理一世的头都被砍了下来，莎士比亚能不能保住生命都很难说了。

1601年，莎士比亚的新剧《哈姆雷特》在伦敦上演，“脆弱啊，你的名字是女人!”当扮演哈姆雷特的演员在舞台上说出莎士比亚的这句名言时，舞台下就坐着伊丽莎白这位意志坚定、掌握了无上权势的女王。她对戏剧的开明态度也体现在处理国家事务中，这为英国带来了一个相对宽容的发展时期。

1603年3月24日，伊丽莎白一世与世长辞，王位传给苏格兰国王詹姆士六世，此时，英格兰和苏格兰同归一个君主，一个王朝的统治下，开始了不列颠统一进程的第一步——王室联合，但英格兰和苏格兰两个国家依然保持自己独立运作的政府。在她死后50年，英国内战爆发了，英国成了一个短暂的共和国。

爱尔兰

部落之间的斗争不仅妨碍了爱尔兰统一国家的进程，而且给英格兰的入侵提供了可乘之机。

爱尔兰的历史是一部众多敌对部落之间相互争斗残杀的历史，每个部落都试图通过战争建立一个统一的国家。4—10世纪，除了其他一些小国家之外，还有四个比较大的国家先后出现在爱尔兰的历史舞台上，即康纳科特、伦斯特、蒙斯特和阿尔斯特。为了争夺统治整个爱尔兰的“最高国王”头衔，它们之间进行了激烈的斗争。

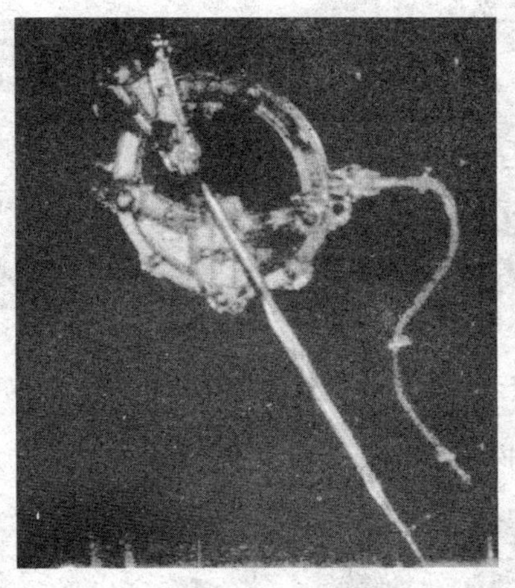

塔拉的钻针。爱尔兰最高国王的封印，12世纪。

5世纪，圣·帕特里克在阿玛地区建立了主教教区，并以此为基地逐步地将整个爱尔兰地区变成了基督教区。这样，以自主的修道院为显著特征的爱尔兰式基督教便发展了起来。

这些修道院不仅延承了古代凯尔特人的史诗风格，而且也预示了一个文化黄金时代的到来。这些修道士四处游历，积极地进行着传教活动，6世纪，在大陆日耳曼国家和苏格兰爱奥纳岛上进行传教活动的圣·科伦巴就是其中的代表。

1169年，爱尔兰一个小国的国王为在战争中对抗自己的竞争对手而请求亨利出兵援助，以此拉开了英格兰入侵爱尔兰的序幕。起初，英国仅占领着爱尔兰东部的沿海一带地区。但随着都铎王朝在英格兰的建立，英国国王试图进一步控制整个爱尔兰岛。1541年，亨利八世最终获取了“爱尔兰王”的称号。

从16世纪开始，英格兰人和苏格兰人先后有目的地定居到了爱尔兰岛特别是阿尔斯特地区，意欲保卫英国王权在那里的统治。但是，新迁移来的人都是新教

徒，于是同信仰天主教的爱尔兰人发生了宗教冲突。

在征服爱尔兰途中，英格兰舰队航行于波涛汹涌的海峡中，约1400年的书籍插图。

卡舍尔的圣·帕特里克大教堂，蒙斯特王国前首都。

随后爆发的休·奥尼尔领导的叛乱则严重地威胁到了英格兰王权在爱尔兰的统治。虽然爱尔兰人得到了西班牙人的有力支持，但他们的反叛斗争最终还是被镇压了下去。在英国内战和光荣革命期间，爱尔兰人曾经支持信仰天主教的斯图亚特王朝，因此受到了英国的报复。

苏格兰

面对本国贵族和英格兰国王的要求，苏格兰国王不得不建立一个统一自主的国家。

在罗马帝国时代，苏格兰地区就已经居住着一些具有凯尔特文化特征的部落，由于他们纹身的缘故，罗马人称他们为皮克特人（被彩绘了的人）。

3 世纪，凯尔特人中的苏格兰人（苏格兰后来也因此而得名）侵入到苏格兰地区并逐渐定居下来，最后建立了自己的国家。9 世纪时，国王肯尼斯·麦卡尔平将皮克特人和苏格兰人统一到阿尔巴王国的统治之下。

玛丽·斯图亚特同其第二个

丈夫达恩利勋爵，1565 年的雕刻。

1018 年，麦卡尔平家族因没有继承人而逐渐衰亡下去，其嫡系亲属邓肯一世篡夺了王位。1034 年，麦克白谋杀了邓肯一世又篡夺了王位。其后，麦克白在与邓肯一世之子的战争中兵败身亡。1057 年，邓肯一世之子马尔科姆三世继任为苏格兰国王。

自马尔科姆三世统治开始，英国在苏格兰的影响与日俱增。而罗马天主教会也极力压制爱尔兰-苏格兰式的基督教教会形式的发展。13 世纪末期，随着马尔科姆王朝统治的覆亡，强大的布鲁斯家族和巴里奥尔家族在王位的继承问题上展开了激烈的争夺。

英国爱德华一世则趁机介入布鲁斯家族和巴里奥尔家族的王位之争，希望通过

帮助巴里奥尔的约翰登上王位，来获得约翰对英格兰宗主国地位的认可。但是，在约翰取得了苏格兰的王冠之后，巴里奥尔却拒绝向英格兰臣服，于是，英格兰出兵占领了苏格兰。

爱丁堡城堡，苏格兰低地地区的首都。始建于 17 世纪晚期。

威廉·华莱士男爵和布鲁斯的罗伯特共同组织了反对英格兰占领者的抵抗运动。1306 年，罗伯特自立为苏格兰国王。随着英格兰逐渐卷入百年战争和国内玫瑰战争的泥潭中，苏格兰趁机进一步巩固了自己的统治。

1371 年，斯图亚特王朝取代了布鲁斯家族，开始在苏格兰的统治。斯图亚特王朝的詹姆斯四世在 1503 年迎娶了英格兰国王亨利七世的公主玛格丽特·都铎。这次联姻为詹姆斯四世的孙女玛丽·斯图亚特继承英格兰王位提供了基础。1603 年，詹姆斯六世继任为苏格兰国王。

五、中世纪的意大利、西班牙和葡萄牙

约公元 600—1500 年

意大利的历史，在地中海地区，不论从文化或社会发展角度都占据着重要的地位。在中世纪早期，意大利同时受到加洛林王朝、霍亨斯陶芬王朝等势力的影响。后来，意大利南部逐渐并入日耳曼的霍亨斯陶芬王朝、法国和西班牙皇室家族的统治之下。其重要城市威尼斯和热那亚是欧亚之间的重要商业通道。而在 15 世纪时，葡萄牙已成为海上霸主。

加洛林王朝统治之后的意大利王国

加洛林王朝统治末期，许多王朝都加入到了争夺意大利君主统治的浪潮中来。最终，神圣罗马帝国皇帝、萨克森的奥托大帝取得了对意大利的统治权。

773 年，丕平三世的儿子查理曼征服了意大利北部的伦巴第王国，至此，伦巴第人对意大利的统治结束。直到 9 世纪时，查理曼的子孙们还一直统治着意大利的领土。

加洛林王朝灭亡之后，许多家族的统治者都曾取得过意大利的王冠。然而，除去其中的一些篡位者之外，大部分都是加洛林王朝女性血统的后代。而且这些国王毫无例外地都没有建立一个长久的王朝，不过，这样一个不稳定的时代的出现却为各地的贵族确立他们自己的独立地位提供了契机。

查理曼行军至伦巴第首都帕维亚，约19世纪的木版雕刻。

中世纪意大利城邦的崛起

中世纪的意大利指的是公元476年西罗马帝国灭亡至文艺复兴前期这一期间内的意大利。政治上，后罗马时期的主要特征是意大利逐步分裂成两部分：意大利中南部仍在希腊东部王国的统治之下，政权中心在拉韦纳，统治权力由世袭国王和教会共同掌握；北部则逐渐被法兰克人、哥特人和伦巴第人等蛮族势力侵占。

日耳曼诸王

蛮族对意大利北部地区的首次打击来自奥多亚克，他于公元476年将罗马帝国的最后一位皇帝罗慕洛斯·奥古斯都赶下台，自己做了皇帝。尽管此次事件被看作是西罗马帝国灭亡的标志，事实上奥多亚克称帝的事实却并未对意大利的现状产生多大的影响。当然，如果真的要说出哪些地方有所改变的话，便是后来一位阿里乌斯派信徒做了皇帝。奥多亚克尊重罗马的传统和生活方式，努力获得罗马原来的上层统治阶级如元老们的支持，从而在较大程度上延续了罗马时代意大利的政治脉络。他甚至还竭力想让君士坦丁的皇帝泽诺承认他为总督，尽管没有成功。

经过4年苦战，奥多亚克最终在公元493年被东哥特人的首领狄奥多里克废黜，接下来的60年（公元493—552）意大利落在哥特人的统治之下。在此期间，大量的哥特人移居意大利，主要聚居在维罗纳、帕维亚、亚平宁山脉中部、皮西努姆和萨谟奈（如今的马尔凯和阿布鲁齐）一带，以及罗马、拉韦纳和波河流域的北部地区。

狄奥多里克

在日耳曼诸多皇帝中，狄奥多里克也许还算得上是最有雄才大略者。他基本上沿袭了罗马的各种政治体制，包括借助原罗马元老巩固其统治，另外还通过强有力的统治维持了内部的和平，尤其是努力超越种族偏见，力图促进公平，从而使哥特人和罗马人在其统治期间得以较为和平地相处共存。另外，他还因营造了大量工程而著称。他大力发展罗马和拉韦纳的城市建设，在维罗纳和帕维亚以及拉韦纳城内为自己建造了豪华宫殿。也许，他所留给后来到意大利的旅行者最有意义的遗产是拉韦纳那座未完成的举世无双的雄伟陵墓。后来，人们正是在那里发现了属于该时期的欧洲最为华美的镶嵌画。其过失是处死了被视为“罗马人的最后一笔文化遗产”的哲学家波伊提乌（公元480—524），波伊提乌则在狱中完成了他的著名作品《哲学的慰藉》。

拜占庭人的征服

公元526年狄奥多里克死后，他的继位者大多统治无方，因而东哥特王国逐渐走向衰落。在狄奥多里克的外孙阿塔拉里克统治（公元526—534）时期，哥特人和罗马人之间的矛盾日益加剧。阿塔拉里克年龄尚幼，主要依赖其母阿玛拉逊莎协助处理政务。公元535年，狄奥达赫德杀死阿玛拉逊莎，自己做了皇帝。这次政变加快了东部拜占庭帝国皇帝查士丁尼对东哥特人宣战的步伐。接下来的20年双方展开了一场血战，意大利半岛因此备受蹂躏。此场哥特战争的后果是拜占庭军队在公元535年登陆西西里，先后在贝里撒留和纳尔塞斯的领导下逐步击败了哥特人的军事力量。在此期间，东哥特人的国王也曾多次更换，其中较为著名的有维蒂吉斯（536—540）和托提拉（541—552）。贝里撒留穿过西西里岛一路直进，于公元540年攻下了拉韦纳。后来托提拉领导东哥特人进行了一次有力反攻，夺回了罗马，并赶走了城内的所有居民，只留下一个空城。唯有包括拉韦纳在内的一些主要海滨城镇因有拜占庭海军的重兵把守，未被夺回。然而，纳尔塞斯最终为拜占庭人夺回意大利半岛，杀死了托提拉。后来，他又于公元552年杀害了东哥特人的最后一位国王泰亚斯。公元561年，纳尔塞斯又打败了自公元540年便盘踞在波河北部流域的法兰克人。至此，拜占庭人对意大利的征服宣告完成。

在哥特人和拜占庭人这场旷日持久的恶战中，本土的意大利人在很大程度上充当了被动的旁观者和无辜的牺牲者的角色。既然知道无论哪一方战胜都不会对他们的生活带来太大的影响，他们便坐山观虎斗，而不去理会谁胜谁败。战争使意大利的大部分地区生灵涂炭，遭破坏最为严重的地区包括埃米利亚、皮西努姆、翁布里亚、坎帕尼亚等地。意大利广大农村更是受害惨重。据历史记载，在此期间出现了严重的饥荒，人民苦不堪言。最终，哥特人一点一点地神秘消失，几乎未留下强盛时期的任何痕迹，直至彻底退出意大利的历史舞台。查士丁尼则效仿哥特人，力图维持旧制，在公元554年颁布了所谓的“国事诏书”。通过此份诏书，意大利作为东罗马帝国行省的地位得以重新确立，包括奴隶在内的所有财产又悉归被哥特人征服之前的原罗马贵族，许多罗马旧制也被一一恢复。有证据表明，查士丁尼对意大利的征服总体上颇受原罗马统治者遗老遗少们的欢迎，不过我们更为确定的一点是他因此在意大利文化史上留下了显著的痕迹：不仅出现在了但丁的代表作《神曲》中，也出现在了梵蒂冈大教堂菲尔的壁画中；更引人注意的是，在拉韦纳的圣维塔莱教堂里亦藏有他本人及其妻子提奥多拉的巨幅肖像画，这些都足以证明拜占庭时期的艺术对后来意大利文化具有重大深远的影响。另外，查士丁尼也因去世前组织编纂了《罗马民法大全》而名垂千古。在565年查士丁尼去世之后，中世纪早期的历史也掀开了新的一页。接下来同为蛮族的伦巴第人登上了历史舞台。

伦巴第人

伦巴第人原属日耳曼民族的一支。公元568年，他们在首领阿尔博因的领导下，从潘诺尼亚（如今的匈牙利）侵入意大利北部，并在公元568至569年间不费吹灰之力占领了波河平原，在一些主要城市建立了自己公国统治。随后，他们经过3年的围攻，又于公元572年拿下了帕维亚。从此，如今属于威尼西托、利古里亚、托斯卡纳的广大领土悉落其手。公元571年左右，他们又成群地顺着半岛南下，出乎意料地未经任何周折，便占领了意大利的大片领土，建立了在法罗阿尔德管辖下的斯波莱特公国和佐托管辖下的贝内文托公国。

公元572年，阿尔博因被谋杀。两年后，他的继位者克莱夫也遭受了同样的命运。由此可见，凡野心勃勃、权欲极强的领导者，结局都极为悲惨，这显然已成了意大利历史上永恒的旋律。接下来的10年属于王位空缺期，伦巴第人似乎已难以找到一个全能的领导人来掌管大局。这种状况一直持续到6世纪末，年轻有为且富有传奇色彩的奥塔里（584—590）和后来的阿吉卢尔夫（590—616）出现后才有了转机。他们在位期间，曾控制了意大利领土三分之二的地区。显然，他们也试图控制整个意大利半岛，但根本不具备这样的实力。他们兵源相对不足，统治集团内部常起内讧，以至于拜占庭人对付他们的主要策略便是贿赂他们的部分领导人。另外，拜占庭也凭借拉韦纳和罗马之间的狭长区域这一天然堡垒，有效地扼制了伦巴

第人的扩张行动。况且当地的意大利人认为处于边沿的希腊王国更容易受到蛮族赤裸裸的掠夺，因而也常协助拜占庭人抵抗伦巴第人。于是，意大利领土两分的格局由此确定，并形成了中世纪早期的政治状况。

特别值得注意的是，拉韦纳的东罗马帝国总督在应对蛮族入侵时很大程度上是依赖于罗马教皇们的支持，而罗马教皇也逐渐发展成为这一时期意大利领土上的第三支力量。罗马教皇往往占有大量的土地，他们把来自这些土地的收入用来帮助穷人，建立起一个较为简单的社会保障体系，从而在较大程度上获得了民众的支持。东罗马帝国对意大利的控制日显乏力，此时教皇出于对异教徒伦巴第人的顾虑也给了拜占庭很大的支持。关于上述顾虑，一个典型的例子便是奥塔里于公元590年颁布的反天主教的敕令。于是，天主教会便担负起管理拜占庭国土和召集民众抵抗伦巴第人的大部分责任。也许，我们甚至可以做出这样的推论：如果没有教皇势力的参与，伦巴第人可能在6到7世纪时已实现了意大利的再次统一。

教皇格列高利一世

不过，这一时期的罗马教皇们也不完全如我们想象的那么纯洁、神圣。相反，他们中的许多人的性格都极为鲜明有趣，尤其是格列高利一世。他是位学识渊博、极为精明的罗马贵族，于公元590年登上教皇职位。在公元594年伦巴第人围攻罗马时，正是格列高利一世出面与当时的伦巴第人国王阿吉卢尔夫谈判，从而使伦巴第人结束了围攻。此后拜占庭总督又与伦巴第人签订了一系列休战协议，形成了意

大利的力量均衡，并在接下来的近 130 年的时间内保持了相对和平的局面。

伦巴第人将首都建在了帕维亚。在伦巴第人统治期间，尤其是在格里摩尔德（662—671）和卢特普兰德（712—744）时期（这两位国王也许可以算得上是伦巴第诸位国王中最具有影响者），该王国的主要领土在意大利北部和托斯卡纳地区，同时在政治上还主宰着斯波莱特和贝内文托公国。帕维亚城的建筑不仅豪华壮观，而且风格多样，充分显现了作为伦巴第王国都城的显赫地位。这些建筑主要包括皇家宫殿、一些精美的教堂和一个别致的大浴场。伦巴第人不像哥特人那样沿袭旧制，而是将日耳曼文化直接带人意大利；不过，其政治和管理体制仍带有强烈的罗马文化色彩。我们对他们的生活方式了解很多，因为其习俗多半被完整地记录在公元 643 年颁布的罗塔里敕令里，而这一做法也反映了日耳曼民族所特有的严谨务实的办事作风。伦巴第人的统治集团主要由一些享有自治权的贵族武士，通常也称公爵组成。这些人统治着所在领地，多居住在一些极有影响力的大城市，如米兰、布雷西亚和维罗纳等，他们只对国王履行一定的义务。为了获得这些公爵的支持，伦巴第国王往往会慷慨地对他们施以恩惠或赐予土地，这导致了权力的下放和转移，并使该时期的某些城市和地区的自治权和影响力大大增强，从而为意大利的未来发展埋下了祸根。不过，意大利东南部的公国总体上较为团结统一，斯波莱特和贝内文托的伦巴第领导者将地方的公爵权力紧紧地把握在自己的手中。王国主要所在地地方权力的扩大往往会在一些主要城市的交界处引发领土争端，此时这些地方的公爵便会请国王加以仲裁。例如，自公元 626 年至 854 年间。帕尔马和皮亚琴察之间曾 4 次出现领土争端，另外，在阿雷佐和锡耶纳交界处的争端也一直未得到平息，即便到了今天，这些领土问题依然存在。

伦巴第人采用了当地的意大利语言，并在 700 年左右完全丧失了自己原有的文字，而且着装打扮也越来越趋同于当地的风格，如剪去传统的长发、穿起罗马人的条纹亚麻布制作的绑腿和长裤等。他们与当地人通婚并融合在一起，关于这一点，在诺切拉·翁布拉、阿斯科里·皮西诺附近的托希诺城堡、因维利诺、费耶索莱、布雷西亚和奇维达莱发现的墓穴便是例证。就这样，他们完全地融入了当地的民众

之中，并在意大利民族史上留下了永久的痕迹。不过，必须强调指出的是我们在这里所谈论的侵入主要是针对少数统治阶级而言。绝大多数意大利人仍是罗马血统。入侵的伦巴第人或其他外来民族要想改变意大利人的生活方式也绝非易事，其侵略过程充其量只能算是一种进化而非革命性的影响模式。伦巴第人统治了意大利大部分地区达200年之久，直到后来被另一支活跃在意大利历史舞台上的力量——法兰克人所征服。

查理曼和法兰克人

法兰克人在当时诸多民族中军事力量最为强大，因而他们一直是伦巴第王国所面临的一大威胁。早在奥塔里在位时期，他们就几乎攻占了伦巴第王国。因此，伦巴第人会时不时地想办法去安抚他们，例如在卢特普兰德担任伦巴第国王时期，曾在法兰西帮他们击退了阿拉伯人的进攻。8世纪时，随着伦巴第人野心的壮大，一度试图吞并罗马教皇所占领地和拜占庭国土；再加上罗马教皇和法兰西的加洛林王朝之间关系的变化，伦巴第王国所面临的这种潜在危险也渐渐转变为现实。不过，伦巴第人扩张领土的强烈欲望在很大程度上也是受其所面临的地理现状所迫，其王国在意大利的两大根据地中间竟隔着拉韦纳和罗马之间的那条狭长区域，在他们看来，这也太荒谬、太不合逻辑了。在卢特普兰德统治时期，伦巴第的军事实力大大增强。事实上，卢特普兰德也曾经攻占拜占庭总督的管辖区（即意大利中部）的不少领地，并派自己的支持者去掌管斯波莱特和贝内文托公国。到公元752年爱斯图夫国王统治时期，伦巴第人已将这两个公国纳入了自己的版图，攻下了拉韦纳，并觊觎罗马，当时的罗马教皇斯蒂芬二世便向法兰克人求救。早在741年查理·马特尔去世时，拜占庭人已无意也已日益无力干涉意大利政局，罗马教皇们已意识到必须依靠外援才可对抗伦巴第人，于是，他们便转向加洛林王朝请求庇护。法兰克人又怎肯放弃这块到口的肥肉，自然爽快地答应了罗马教皇的请求。于是丕平三世在公元755年带兵入侵意大利，击败了爱斯图夫，并在退回本土之前将夺来的意大利中部领土献给了教皇。公元772年，当伦巴第国王德西狄里乌斯再次兵逼罗马时，新登位的法兰克国王查理曼又率军干涉，并在公元773年至774年间攻占了意大利半岛更多的领土。比其父丕平更胜一筹的是，查理曼此次虽然明确了教皇对意大利中部地区的重新拥有权，他本人却代替伦巴第国王接管了在意大利的统治权。从此，伦巴第王国对意大利的统治宣告结束，而被加洛林王朝取而代之。

查理曼大帝

从政治的角度来看，法兰克人统治意大利中北部大约100年，其主要特征是西罗马帝国，即神圣罗马帝国的重建和教皇权力的加强。如前面所述，教会对意大利的统治权是在丕平和查理曼的帮助下建立起来的，但是如今却因为一份名为《君士坦丁赠礼》的文件突然重见天日而得以合法化。根据该文件，已故的东罗马帝国皇帝曾将意大利作为礼物赠给了西尔威斯特（教皇及其继位者）。神圣罗马帝国建立于公元800年圣诞节那一天。当时的罗马帝国教皇莱奥三世（795—816）在查理曼一次访问意大利时为其加冕，并授以“皇帝”的头衔。神圣罗马帝国的建立可以看作是西欧基督教会的一次大统一，从此帝国皇帝掌握了帝国的政治大权，教皇则获得了精神上的领导权，二者共同统治帝国1000多年。它的建立也是意大利历史上的一个重大转折点，因为它的命运从此与北欧各国紧密相连。

然而，加洛林王朝的统治并未给意大利人的日常生活以及意大利半岛的政治版图带来多大的影响。其实，这也并不奇怪，因为法兰克人一直视意大利为其庞大帝国的一个微不足道的角落，几乎很少考虑对其认真加以管理。查理曼甚至在公元

781 年封自己年仅 4 岁的儿子丕平为意大利的国王。后来，陆续还有其他未成年的国王，如贝尔纳（812—817）和洛泰尔（817—855）等继承王位。即使被派往意大利的法兰克国王是成年人，意大利仍被看作是帝国版图一根不值得一提的稻草。那些国王们大多极少在意大利逗留，所以整个王国的管理仍与伦巴第人时期大体相似——中央政府仍在帕维亚，而在一些主要城市则是以公爵、王室管家、大主教等为核心的地方官吏管理体制。当然，后来那些伦巴第人的公爵们渐渐被法兰克公爵及阿莱曼伯爵所代替。不过，法兰克人对意大利的管理策略与伦巴第人时期相比也有一大进步，那便是巡按使或称“国王的信使”的出现，他们往往把持地方的司法大权。极为有趣的是，在这些法兰克国王不在其位的情况下，对意大利的统治仍极为有效，这也许可以是对伦巴第人所建立的管理体制的一大献礼。然而，它也为现代意大利提供了一些颇具影响力的管理模式。

王国的衰落

公元 814 年查理曼去世以后，主要凭借个人能力和影响力而支撑起来的加洛林帝国也开始摇摇欲坠，并最终在公元 888 年左右土崩瓦解。在查理曼之后的法兰克诸位帝王中最具影响力的无疑要数洛泰尔的儿子路易二世。他在位的 20 多年间曾多次与南部入侵的阿拉伯人展开大规模的战争，然而，直到公元 875 年去世，他仍未完成法兰克人统一意大利的宏图大业，空留下一份遗憾在米兰的那座陵墓里与他做伴。自路易二世去世后，法兰克王国便进入了有历史记载的政权混乱时期，当地的达官贵人以及境外的王位觊觎者之间展开了毁灭性的内战，为争夺意大利的王位和随之而来的帝王称号。在这一动荡时期，有一条政治脉络倒是清晰可见，那就是旧的统治阶级残余势力要么支持法兰西，要么拥护日耳曼，而加洛林王朝后期的国王更是明确地站在了其中的一边。例如，斯波莱特公国的居伊（889—894）和名字颇为有趣的“秃头查理”（875—877）是法兰西的支持者，弗留利的贝伦加尔（888—924）和名字同样有意思的“胖子查理”（879—887）则站在了日耳曼的一边。

胖子查理

这场血腥的政权斗争背后，是来自南部的阿拉伯人和北方的匈牙利人的外患危机，其长远影响是城堡的不断增多。这些城堡成了那些达官贵人们借以自保的屏障，而且这一自卫行为在后来也经统治者批准，特别是在贝伦加尔统治时期，更是签署了不少关于此类建筑的许可证。城堡的建筑在某种程度上标志着地方权力的增长，关于这一点，我们稍后还会谈及。这一时期的诸多城堡中，最值得注意的是经公元906年的一份宪章批准在维罗纳市附近的诺加拉由奥德伯特执事建造的那座城堡。

在连续几任日耳曼君主，尤其是奥托家族的三位国王奥托一世（962—973）、奥托二世（973—983）和令人称奇的奥托三世（983—1002）以及亨利二世（1004—1024）的统治下，意大利王国的统治秩序和中央权力至少在表面上得到一定的恢复。他们通过公元955年的莱希费尔德战役解除了来自匈牙利人的威胁，成就了以教皇约翰十二世（955—964）为首的罗马天主教的统治。约翰十二世在历史上绝对是一个令人讨厌的家伙，其教皇职位乃是其父阿伯里克强加给他的。关于教皇职位，有一点需要指出，到了这一时期，也仅仅是一个由罗马贵族把持的半世袭的官职而已，早已失去了原有的神圣色彩和宗教权威。以阿伯里克的母亲为例，她

曾因为与罗马主教之间的桃色事件而臭名远扬。话又说回来，尽管有日耳曼人为意大利复兴而做出的种种努力，意大利王国仍不可扭转地走向了最终崩溃解体的边缘。地方反抗中央统治的斗争也日益激烈，以至于贝伦加尔及其继位者不得不一次次地诉诸武力解除危机。在贝伦加尔统治时期，作为中央权威重要标志的伯爵法庭，实际上已停止运作；到公元990年左右，王国则被迫放弃其税收权。公元1024年帕维亚人民火烧皇宫大厦事件更是使王国遭受到致命一击，它所有的权威、力量和存在的象征从此灰飞烟灭，不复存在。

最终瓦解其中央统治的是它根基的薄弱以及地方权力和自治权的增强，以及随之而来的意大利新统治阶级的形成。正如我们前面谈到的，意大利因其地理或其他方面的特征，一直是各方力量的集中地。这些地方力量都有着独特的传统和禀性，所谓中央政权的概念只不过是罗马时代遗留下来的思想残余而已。更何况罗马时代中央政权的统治力量之所以较强，乃是因为那些地方统治者准备牺牲一定的地方利益以服从中央利益，履行对中央的义务，故一切行动皆能围绕中央政权展开；作为回报，罗马中央政权的统治者为了巩固其统治也会不断地给予地方政权以恩惠和援助。然而，如今这些实力雄厚的个人的一切行动和利益皆围绕其所在的地方政权展开，这些地方政权的力量如此强大，使中央政权已形同虚设，其统治力也因为各种因素的作用而逐渐消失殆尽。于是，中央从此便分权给地方，故从11世纪直到19世纪民族主义力量的增强和经济转型的出现，整个意大利的历史实际上成了一个个城邦、地方和区域的历史。

农村和农民

关于意大利富有戏剧性的分裂过程，我们稍后还会回头再谈。不过，在暂时离开关于意大利王国的话题之前，有两点需要做出说明。首先，必须强调指出的是意大利的政治史，实际上是少数统治阶级的历史，而且他们多半是从外部侵入意大利半岛的，而对意大利农民（不用说，他们占了意大利人口的绝大多数）来说，政治局势的变化对他们并没有多大影响，只有在被迫参战时才会与他们发生联系。他们

有时只是对这种远途的强制性义务心存恐惧。不过，他们的日常生活在总体上并不会有太大变化。

广大农村地区的生活模式实际上十分简单，不过地区与地区之间常会有较大的差别，广大农民中有相当一部分是来自耕农即罗马时期的隶农，他们耕种一小块土地聊以维持生计，剩下的那部分农民是那些身份不同、地位不等的土地所有者的佃农。这些土地所有者或称地主包括教会、贵族以及小封建主等。广大佃农在柯蒂斯（意为“封闭的空间”）制度下，通过服劳役、交租金、上贡品的方式获得某块土地的经营权来维持生存。到了城堡时期，随着设防中心周围居民的增加，农村又被划分成一块块较大的庄园或领地以及村庄（亦称别墅和农庄），而那些庄园多以其第一任主人的名字命名。尽管公元 800 年至 1100 年间是我们所熟知的大拓荒和大开垦的时代，这一时期的许多农村地区仍存在一些森林和沼泽。当然，当时的农产品种类也因地而异，不过主要包括谷物、葡萄酒、油和一些动物，如猪、牛和鸡等，而这些动物多被供奉给地主以抵作租金的一部分。另外，大部分农民亦会有一小块用篱笆围起来的菜地，里面多种些豆类和果树等。里克斯索尔弗（Rixsolf），一个 8 世纪时的抄写员，这样描述卢卡周围地区农民的一日饮食：一块面包，四分之一罐葡萄酒，四分之一罐用蚕豆、粗粮面粉、动植物油以及偶尔会加入一点肉炖成的杂烩汤，而广大农民可能一辈子都在重复着这样的饮食结构。当时的农业生产方式也极为原始低下，很少使用犁耕，唯一带有资本主义化特征的证据是 9 世纪末水力磨粉机的引进。在这种情况下，意大利不论是在哥特人、伦巴第人、法兰克人或其他任何种族的统治下，自然都不会对当时广大意大利农民的生活产生多大的影响。

意大利南部

到现在为止，我们对中世纪早期的意大利的讨论主要集中在中北部地区，却大大忽略了南部。这一明显的偏见并非偶然，因为尽管仍有争议，但一般认为，这一时期各方面的重大进步多发生在意大利王国境内，而且，关于意大利南部的情况也

鲜有史料记载。然而，为了勾勒出意大利半岛的完整图像，我们仍需要对南方的发展情况加以简要介绍。委婉一点儿说，这一时期南方的历史是复杂、混乱的。一位历史学家曾将其描述成“几乎不可见的、毫无结果的肠内斗争”。这种说法也许有失公允，但也不无道理。正如我们所见，从政治角度来看，在拜占庭入侵之后，南方一直处在东罗马帝国的统治之下。此种状况一直持续到伦巴第人入侵意大利半岛，统治了南方大部分地区，进而将这些地区并入了贝内文托公国。不过，南部不少地区，特别是西西里半岛、那不勒斯附近地区（尽管那不勒斯获得了较大程度上的独立）以及如今的卡拉布里亚区和阿普利亚区仍在拜占庭人手中。

这种略显模糊的历史状况一直持续了250年左右，大体上不曾有什么变化，直到西西里岛被来自阿拉伯半岛的摩尔人征服。此次征服行动始于公元827年，起初只有1万名摩尔人在西西里岛南部海岸的马扎拉登陆，到了公元843年，西西里岛的大部分地区已尽落摩尔人之手。不过，直到公元902年，摩尔人才彻底完成此次征服任务。他们将西西里岛用作对大陆发动一系列有组织袭击的战略基地。摩尔人洗劫了许多城市，包括公元934年对热那亚城的劫掠；这些袭击活动在意大利人民中引起了巨大的恐慌。事实上，这一时期意大利本土历史的主要内容，是来自阿拉伯人的威胁和由此引发的必要而有效的反击。阿拉伯的侵略野心最终被法兰克国王路易二世和教皇莱奥四世（847—855）领导下的南部共和国联盟军的反攻所粉碎，而这支同盟军曾在公元849年奥斯蒂亚海战中成功击退了阿拉伯人的进攻。

在8世纪和9世纪的大约200年间，尽管沿海的阿马尔菲曾获得独立并在9世纪时一度极为繁荣，几乎可与比萨、热那亚和威尼斯相媲美，为了研究方便，我们仍将意大利南部分成4个独立而又紧密相关的部分。

首先是西西里地区，该地区一直处于撒拉逊人的统治之下。那里的居民经过努力发展了一种相当灿烂辉煌的文明；并对以后的整个半岛及意大利民族特色产生了深远的影响。拜占庭人对意大利的统治在卡普塔纳特又得以延续了大约100年的时间。

其次是卡普塔纳特。它是在10世纪时由如今的卡拉布里亚区和阿普利亚区发

展而成。该地区的基本特征是由一个在北部王国覆灭后得以幸存下来的中央政府领导。这一中央政府的正常运行建筑在国家强大的财政力量上，正是这一强大的财政后盾保证了一个庞大财政机构网络的正常运行。事实上，当时政府将其各个分开的居住点组成了一个个财政单位，比较著名的财政单位有设防时的城堡区或不设防时的霍尔区。

再次便是贝内文托公国。在该公国内，国家中央权力早在9世纪便已瓦解。贝内文托公国采用的仍是卢特普兰德和爱斯图夫统治意大利王国的管理模式，即对地方的管理主要依赖一些公爵和后来出现的伯爵，这一切并不足为奇。不过，颇为有趣的是，这些公爵或伯爵是由选举产生而非爵位继承。公国拥有独立的货币发行权。那些公爵们大多极为富有，实力雄厚，往往控制着司法大权。早期贝内文托的权力衰落可能是由其地理特征所致，它使得远离统治中心的亲王对其管辖地的控制力变得越来越弱，从而增强了那些地方实际上所拥有的自治权。

最后，便是罗马及其周边地区（如果罗马可以算是南方一部分的话）。在这里，教会是社会的主宰力量；而正如我们前面所谈到的那样，反过来，这些教会势力又被当地的贵族牢牢控制。尽管比起帝国的强盛时期，罗马城的规模已大大缩小，不过仍足以控制其周边地区，并成了拉齐奥大多数贵族的集中地。这使得占有大量土地的教会控制着包括苏比亚克和法尔萨之类的寺院以及像韦莱特里和蒂沃利那样较大的主教辖区统治下的广大农村。然而，到了10世纪，随着遍布拉齐奥设防社区的迅速发展，罗马城市及其周围地区也像意大利半岛的其他地方一样开始了半无政府主义的退化进程。意大利南部农民的生活与北部的大体相似，稍微不同的是各种各样的租赁行为所占的比重大一点而已，因此自耕农的人数也就比北方少了些。

城市的壮大

现在让我们来看看城市的兴起和中央有效管理的衰退及地方化，这些或许都集中反映了中世纪早期最后发展阶段的历史特征。这一时期，大多数有影响力的城市都可以追溯到罗马时期的自治城市，而后者又多由伊特鲁里亚人、希腊人以及罗马

人所建造的村落发展而来。当时的一些自治城市，如波河流域的鲁尼和布雷谢洛，已经衰落乃至消失。还有一些，如文蒂米利亚和阿尔特诺等则已迁移到别处。不过，当时大多数自治城市都在黑暗中世纪的战火中存活了下来。意大利北部城市的存活率要比南部的高一些，因为那里的城市规模稍微小一些，数目也相对少一点儿。

公元八九世纪意大利城市的典型特征是建筑风格较为朴实，主要是一些较小的教堂和前有庭院后带花园的木建私人住宅。当然，周边也有城墙。这些城墙的历史可以追溯到罗马时代。正是它们确定了城市的形状，多为方形；城中有两条主街穿过市中心的广场，连接各个城门。随着中央国家权力和教会势力逐渐渗入各个城市并发展成为主要力量，这些广场的作用被皇家宫殿所代替并成为城市的中心，广场则降为市场交易地点或商业中心。大教堂多建在老城的边缘地带，不过，它们很快发展成为中心区，公民们会在上午或下午的晚些时候，在教堂前面集合，热烈地讨论政治，这一做法直到今天仍在继续。当时意大利城市的布局，在许多现代意大利城市的历史遗址上仍隐约可辨，如米兰、都灵、摩德纳、皮亚琴察、博洛尼亚、佛罗伦萨、维罗纳和卢卡等，这里就不再一一列举。

到第一个千年的末期，城市的规模和影响力都有所扩大。教堂的数量大大增加。这些教堂多由富有的公民发起建造，并以发起者的名字命名，故在中世纪时已成为地位的象征。公元 900 年左右，仅在卢卡就有 57 座教堂。发起建造这些教堂的公民，多是一些商人或手工匠人。他们中的许多人，当初为了逃避各种危险或因为无法继续乡村生活来到城市，并依赖教会的救济而生存，随后便与城市的广大穷人共同分享所在的城市。到公元 11 世纪左右，城市已成为寄生在乡村税收上的行政中心。当时的贸易产品除了传统的食盐外，还包括许多来自世界各地的商品，其中主要是富人阶级所需要的一些奢侈品。与其他城市相比，威尼斯稍显例外，因为它从根本上缺乏城市所赖以生存的农业基础，不得不比其他城市更早地去发展商业贸易。到公元 10 世纪晚期，威尼斯已经建立起雄厚的贸易基础，而且从当时东罗马帝国获得了大量的贸易优惠条件，进而控制了亚得里亚海岸一带的贸易。在内陆的诸多城市中，这一时期米兰的贸易发展最为迅速。

威尼斯

到公元10世纪末，意大利已完成了颇为引人注目的都市化进程；从更大的范围来看，这一进程与欧洲其他地方的都市化趋势又是基本一致的。接下来，意大利城市所发生的就绝非普通事件了，在公元11世纪和12世纪，由于一系列因素的共同作用，意大利的城市特色发生了革命性的变化，从而将它们推到了历史的前沿。

战乱的奇迹

当时促进意大利经济发展的诸多因素中，首先需要提及的是意大利人口的大幅度增长。据估计，在公元10到14世纪期间，意大利的人口大概翻了一番，导致对土地和农产品的需求增加和价格上涨。尽管当时的垦荒运动如火如荼地展开，但大量的人口从乡村转移到了城市，使城市的规模急剧扩大，其政治地位也随之上升，甚至连以前地位不怎么起眼的村落如马尔凯的马切拉塔也迅速发展成了城镇，而像佛罗伦萨、米兰、热那亚、比萨、克雷莫纳那样的大城市，自不待言，其发展壮大速度更是惊人。

其次，在这一时期，商业发展也十分迅速，意大利的商业资本急剧膨胀，这与1945年后的“经济奇迹”不无相似之处，可谓是后者的中世纪版本。另外，日益广泛的贸易往来也成了商业发展和资本扩大的催化剂。这些贸易往来主要包括当地的食品、纺织品和手工艺品贸易，以及在一些大城市、沿河一带的城镇和海港附近

的城市较为常见的优质染料和香料等国际贸易。随着经济交往范围的扩大，与之相适应的银行业和信贷机构也开始出现。到公元 11 世纪末，威尼斯、热那亚和比萨已经发展成为地中海沿岸的经济霸主与海上贸易中心，并具备强大的海军力量。这 3 个城市还积极参加反击撒拉逊人的斗争并支持十字军和诺曼人从阿拉伯人手中夺取西西里岛，扩大自己的贸易范围。在意大利南方，上述各项进程则稍显缓慢；不过，萨勒诺、盖塔和阿马尔菲等城镇仍是较大的贸易中心。一些内陆城市，如帕维亚、米兰、皮亚琴察、卢卡、阿斯蒂、韦尔切利和克雷莫纳的贸易范围曾广泛向北扩展，甚至远至不列颠岛一带。这一时期意大利商业资本主义的影响力之大可以从伦巴第街窥见一斑，这条以伦巴第银行家的名字命名的街道乃是伦敦老城的一条主干道。

新兴贵族出现

最后，城市的发展壮大和经济的日益繁荣也导致了社会结构的急剧变化，并孕育出一些新兴的统治阶级。这些新兴统治阶级不仅人数众多，而且对财富和权力的渴望也极为迫切。城市传统的统治阶级包括一些主教和国家权力的代表如巡按使、公爵、伯爵以及其他亲王们。如今，在原有的统治阶级中又增加了一些封建权贵、教士、地位较高的骑士如陪臣和首领以及他们的下属和亲属等，其中这些新兴阶级甚至取代了原有的一些统治阶级的权位。另外，教会与世俗势力之间的界限也日益模糊，因为教士中的不少人都来自贵族阶级，但过着世俗的生活，如住在私人庭院、娶妻纳妾等，一切与俗人无异。这一时期的新兴贵族势力不断发展壮大，导致这一阶层出生率的持续上升，反过来又导致他们力量的增强。

当然，这一时期城市的发展变化不仅仅体现在新兴统治阶级的出现，还有尚处于萌芽阶段的中产阶级的发展壮大。这些中产阶级多由一些在商业、信贷业以及精细手工业方面较为成功的自由人组成。另外，也出现了我们今天所熟知的工人阶级（当时称之为平民）。他们享有一定的人身自由，但同时也承受着各种各样劳役的束缚和限制。毫无疑问，这些人占整个社会人口的绝大多数。他们以出卖自己的劳动

力为生，整日像奴隶一样辛苦工作，从事的也多是各种各样无须特殊技能或半熟练的劳动；因常常无处栖身，不得不露宿街头，但是他们却是城市发展必不可少的因素。然而，正是这些雨后春笋般大量涌现的新兴贵族推动了11世纪意大利地方实力的增长。另外，随着人数的增长，他们也越来越需要更多新的经济来源。于是，他们将目光投向了贸易业和商业，并垂涎于传统教会力量和贵族所拥有的地产和权位。另外，他们中的许多人曾被作为骑手和角斗士培养，故常常具备各种军事才能。

城市贵族公社

在各种力量的冲击之下，王国统治力量日益薄弱，无力维持其中央统治地位并逐步瓦解，成为一种理论上的存在，而意大利也逐渐变成了一个地理名词。城市的统治权被新兴势力所掌握，这些新兴势力对传统的贵族阶级或排挤或拉拢。另外，他们还组建了城市公社，成为半岛上一支占主导地位的政治力量。这些城市公社基本上由成年男市民组成，起初是一些新兴的显贵或贵族，他们宣誓结成联盟，集体行使对城市的管理权。最初的一批城市公社于12世纪80年代出现在米兰、比萨、卢卡、帕尔马、罗马和帕维亚。随后，在12世纪90年代的皮亚琴察、阿雷佐、阿斯蒂和热那亚以及13世纪初的维罗纳、皮斯托亚、科莫、锡耶纳、博洛尼亚和佛罗伦萨等城市相继出现了此类政治联盟。不过，这些城市公社几乎大都集中在意大利北部和中部的一些城市，因为当时诺曼人在南方建立了强有力的中央领导。所有这些城市公社不仅为研究意大利的社会变化和政治变革提供了一些极为有趣的史例，同时也为后来的旅行者留下了一片更为广阔的品味空间。

当时的城市管理在一种执政官体制下运行，这似乎与罗马时代的政治体制遥相呼应。该体制的基础——执政团乃是从城市公社的成员中选举产生，任期一年，经宣誓后行使其领导权。当时关于城市管理的决议经城市公社委员会（它可以算得上是一种较为原始的国会）商议通过，不过表决方式仍带有一点无政府主义色彩，即城市委员们以大声呼喊“同意”或“不同意”的方式表达个人意见。不过，较为

重大的决议则由掌握着行政权和司法权的执政团集体讨论通过，参加讨论的人数一般在 4 到 20 人之间。不过，在实际操作中，城市公社的政治事务往往受控于一些名门望族。当时佛罗伦萨的詹多纳蒂家族、菲凡蒂家族和阿巴蒂家族，米兰的德拉托拉家族、索雷西诺家族、普斯泰拉家族和曼代洛家族以及比萨的盖拉尔代斯卡家族、维斯孔蒂家族和加埃塔尼家族便是典型的例证。

这种执政官体制一直运行到战火连绵的 12 世纪末和 13 世纪初。此时，随着来自平民阶层的威胁日益增多，城市贵族公社开始信奉“强人”观念，即通过行使更集中更强有力的行政权管理城市事务，具体来说，就是从贵族中选出市长（波德斯塔）行使相关的管理权。不过，市长的任期相当短暂。这些城市公社时期的城市本质上无一例外地都具有扩张主义和军国主义倾向，严格信奉地方保护主义，仅仅关注自身的防护和势力的扩张。他们通过无休止地对周围封建领主发动战争，将其打垮或加以笼络，逐渐发展成强大的城邦。到公元 11 世纪末和 12 世纪，这些城市已发展成紧密相连的整体，这才带来相对较多的内部和平。

此种和平局面在外在威胁来临时又得到了进一步的巩固和加强，因为在这些城市之间各种各样的斗争时有发生。举例来说，在公元 1067 年至 1085 年间比萨和热那亚一直处于战争状态；1082 年佛罗伦萨对锡耶纳发动战争，随后又占领了费耶索莱并攻打卢卡；1107 年米兰与帕维亚、克雷莫纳和洛迪之间则一直矛盾不断。另外，这些城市不断受到来自旧贵族或皇室家族武装势力的威胁，例如埃斯腾西家族便曾对费拉拉和帕多瓦虎视眈眈，古迪、乌巴尔迪尼和阿尔伯蒂家族曾攻打过佛罗伦萨，而阿尔多布兰德斯基和马拉斯皮纳家族则试图颠覆锡耶纳和摩德纳的新秩序。

然而，对这些新建的城邦来说，最严重的挑战和最终检验其内在凝聚力的试金石，则是在令人望而生畏的日耳曼皇帝腓特烈·巴巴罗萨（亦称红胡子）统治下的日耳曼中央王国。巴巴罗萨乃是霍恩施陶芬的一个王子，公元 1155 年加冕称帝，随后便着手打击被其视为无政府主义的篡位者，以重建对意大利王国的中央统治。公元 1158 年他曾率领一支强大的日耳曼军队攻入意大利，试图粉碎米兰城市公社。

随后在龙卡利亚举行的典礼上宣称对这些城市享有至高无上的统治权，当米兰在公元 1162 年试图抵抗时，他残忍地一把大火将米兰城焚为平地。这对当时的主要城

腓特烈·巴巴罗萨

邦来说，俨然是一个不祥之兆。不过，他们当时发扬了值得赞扬的团队合作精神，组成第一个伦巴第同盟反抗巴巴罗萨的暴行。该同盟在其鼎盛时期的公元 12 世纪 60 年代，覆盖了意大利北部的大部分城市，威尼斯、维罗纳、维琴察、皮埃蒙特、伦巴第、埃米利亚等皆在其中。公元 1174 年巴巴罗萨对该同盟发动进攻，却在公元 1176 年遭遇惨败，被迫签订了《康斯坦茨和平协定》，该协定于公元 1183 年生效。从此，这些城市公社的权力和地位在法律上得到确定。后来，托斯卡纳城市公社又迫使日耳曼人做出许多让步，成立了自己的联盟组织。到此为止，日耳曼王国的反革命行动不得不宣告破产。公元 1226 年伦巴第第二同盟的成立则使日耳曼人完全陷入了被动局面。

乱世中的钟楼

公元 12 世纪后期，城市公社经历了一系列重大的发展变化，触动并最终推翻了由贵族独揽的政治大权。不过，城市公社内部也充满竞争，彼此互相争夺地位和财富，这在当时瞬息万变的社会并不罕见。到公元 12 世纪末，这种竞争演变成了血腥的对抗，许多城市的法律秩序也因此遭受毁灭性的打击。贵族们的生活受到极

大威胁，于是，他们又回头向关系较为密切的亲属集团、大家族或宗派联盟寻求庇护。

这个时期的一个显著特征是钟楼的大量修建。这些巍然耸立在繁华街道的钟楼一般高达 80 多米，既可用作军事堡垒亦可作为战略高地，同时也是权利和影响力的象征。起初，只有新兴贵族才有资格建造钟楼，所建钟楼越高越能显示其地位的尊贵。后来，那些家族联盟又与其他类似的机构联合起来，经宣誓组成会社，控制着城市的某个特定区域，人数则一般在 10 到 40 人之间。当时只有会社的成员才可出入其所建的钟楼或钟楼群。他们常在住宅与钟楼之间修建地下通道或者是更为常见的连接房屋顶层与钟楼窗户的天桥。这些会社是标准的男性组织，男孩到了 15 岁即可入社，而女孩子是不允许出入钟楼的。在当时的大多数城市中钟楼的数量一直持续上升，仅在公元 1180 年的佛罗伦萨城就有 100 多座。这些数目繁多的钟楼可谓是当时城市的一大景观。不过，当时的佛罗伦萨已变得异常拥挤，条条蜿蜒狭窄的街道、零散分布的小广场和后来增修的两三道城墙使得原有的钟楼显得多余起来。

中世纪的钟楼以及前述诸多其他特征在今天的意大利许多城市的市中心均可看到，帕维亚便是一个典型例证。在众多钟楼中，最有名的也许要数阿斯尼尔钟楼。该钟楼高度达 97 米，直耸云霄（竟然还倾斜两米），它旁边是博洛尼亚市中心一座稍小的钟楼，与欧洲最古老的大学博洛尼亚大学相比邻。圣吉米尼亚诺是一个位于锡耶纳和佛罗伦萨之间的“塔城”，其间到处是保存完好的钟楼，这些钟楼的控制范围可达方圆数千米的托斯卡纳的广大农村（原来 72 座中的 14 座被保存了下来）。

最终，那些家族联盟大多落入野心勃勃、残酷无情的贵族手中。他们逐渐在城市的不同区段集中发展各自的武装力量，展开一连串的竞争或争斗。这些争斗不断地积聚，最终发展成为内战。在此过程中，这些不同的区段也形成了自己的特色，并信守着严格的地方忠诚主义；另据但丁的记载，他们的语言和说话方式也各不相同。政治制度的瓦解导致了城邦的产生，这似乎是一场悲喜剧，却又符合历史逻辑。

中世纪的钟楼

平民公社

另一方面，城市的市民，主要是手工艺者和商人，也联合起来，建立了自己的行会，以保护自身的利益免受贵族的侵害。这些行会以及其他由新兴中产阶级组成的用来应付街道暴力的平民街区机构，很快便与贵族统治阶级发生了冲突。到公元1190年至1225年，我们今天所熟知的平民阶层开始出现在大多数城市，并很快在城市公社中占有一席之地。到公元13世纪晚期，他们已经从贵族手中夺得了多数城市的部分或全部控制权。在夺权过程中，贵族被排挤出公社的现象时有发生。米兰的平民阶层于公元1212年占据了城市委员会半数的席位，从而拉开了夺权的序幕。在公元1210年的克雷莫纳、1222年的维琴察、1227年的维罗纳、1229年的卢卡和摩德纳、1231年的博洛尼亚、1233年的锡耶纳、1244年的佛罗伦萨和1250年的佩鲁贾等城市，皆有类似的事件发生，热那亚港口的平民也在博卡内格拉的领导下于公元1257年取得广小部分权力。

所有这些最终导致了平民公社的诞生。不过，在这一过程中，这些公社成员的社会身份却变得难以界定起来，因为当时贵族和平民两大阶层之间经常出现人口流

动现象，他们各自阵营内部的成分也变得极为复杂。但是，我们仍可以笼统地说，意大利城市的这些中产阶级从贵族手中夺得了统治权，而且在法国大革命爆发前500年就进行了这样的夺权斗争。尽管，这些平民阶层是通过暴力手段夺得权力的，但他们却有着高度的组织性和纪律性，这一点，从我们今天所谓的职业阶级身上可窥见一斑。为了军事斗争的需要，他们会将自己的兵力组成不同的连队。他们还建立了错综复杂的行政分区系统，将城市分成不同的管区、教区、街区乃至每条街道、每家住宅都有范围划定。这种细致入微的工作方式也反映在对公社的组织管理上。平民公社的运作基础是一份书面章程，该章程由部分公社成员组成的公证小组起草制订。在当时，这种做法当然已算十分民主了。一些重大决策则由司法大会和人民协商大会讨论通过。公民的行政机构是由 8 至 12 人组成的顾问团，其成员多是一些贤达或长者。不过，后来平民公社也像城市贵族公社一样，行政大权落到了实力强大的个人或个别地方领导人手中，而原来的贤达则成了这些掌权者的顾问。平民公社也建立了庞大精密的官僚机构，包括法庭和财政部门等，其内部的工作人员多由一些专业人士担任。

意大利这一特定时期的历史的确耐人寻味，可惜它持续的时间不算很长，在 14 世纪初便基本走到了尽头。接下来的意大利诸多城邦进入了寡头政治和独裁统治的阶段，即文艺复兴运动发生的社会背景。我们不禁要问，为什么管理相当民主和先进的平民公社最终解体而让位于一种更容易预知的统治形式呢？其答案一部分在于平民阶层的先天不足，另一部分则在于新旧贵族和富人阶层拥有难以抵御的强大力量。正如一个历史学家所描述的那样，那些都是难以抵御的有组织的土地资源和大堆大堆的金钱。更重要的是，平民阶层的阶级成分较为复杂，形形色色的同床异梦者皆在其中。他们中既有实力雄厚的银行家和商人，也有地位较为低下的手工艺人和零售商。而穷人自然被排挤在外。银行家和大商人加入集团主要是为了打破贵族一统政坛的局面，而一旦他们的目标实现后，便不再视那些地位较低的中产阶级为其并肩作战的盟友，而看成了他们的障碍和威胁。因此，那些富有强大的新兴贵族就会暗中破坏平民阶层以及后来的平民公社，以扫除这些障碍和威胁。从公元 14

世纪起，新型的商业资本家与传统的贵族势力互相勾结，争夺城市的统治权，而大多数城市都经历了一段法治失控、暴力泛滥的混乱时期。但是从更深的角度来看，平民阶层所实施的各种激进措施在很多方面都超前于所在的历史时期，故其衰落似乎亦属必然。

然而，平民公社却为后人留下了一笔极为丰富的历史遗产。后来的历史学家们，不论是保守的还是激进的，都对它持批评的态度：前者批评它无力维护城市的法制和社会秩序，后者则指责它未能将广大穷人组织起来开展一场真正的平民运动。然而，不管怎么说，正如我们谈到的那样，平民阶层统治下的城邦获得了快速且往往令人瞩目的发展，当时的许多建筑至今仍让旅行者叹为观止。佛罗伦萨的巴杰洛博物馆、韦基奥大厦（今天通称为“旧宫”）、伏尔特拉首长会议宫、锡耶纳共和大厦、卡皮塔诺的平民大厦和托迪的市政宫都是典型例证。在平民公社统治时期，城市经济一度极为繁荣，这也许与广大平民的工商业背景有关。尽管当时的社会充满动荡不安，然而今天意大利城市的轻松和谐氛围，即所谓的“意大利特色”，正是萌芽于这一时期。

但丁

平民公社也对意大利的政治思想、文学思想、语言文字等产生了深远的影响。但丁·阿利吉耶里（1265—1321）就是一位平民。他的长诗《神曲》所体现出来

的新体诗轻快悦耳的全新文风成为当代意大利文坛的基调。尽管当时该诗体的形成是为了抵抗平民粗俗的诗歌语言，却也不自觉地受到了平民阶层及其思想的影响。

意大利城邦与教会的发展

公元 11 至 13 世纪意大利半岛的政治发展主要包括城邦的发展、诺曼人在意大利南部和西西里岛的意义重大，且让人极感兴趣的崛起和衰落、天主教会的思想和政治发展历程，以及它与日耳曼皇帝和后来的法兰西皇帝之间的关系。

诺曼征服

早在大约公元 11 世纪初，诺曼人便已开始在意大利南部定居，且很快接受了当地的基督教文化和社会风俗，而他们杰出的军事才能则使他们占领了意大利更多的国土，如在公元 1030 年那不勒斯公爵赐予他们的阿韦尔萨。这样一来，更多的诺曼人移居到了意大利南部，其中包括后来在意大利南部建立了诺曼王国的坦克雷德·德霍特韦利及他的 12 个儿子。其中一个儿子罗伯特·圭斯卡尔曾通过一种类似游击战争的方式夺取了卡拉布里亚区，而最小的 12 子罗杰则首先开始了对西西里岛的征服行动。他们开创的这一征服大业最终由罗杰的儿子，即公元 1130 年在巴勒莫大教堂加冕称王的罗杰二世完成。起初，诺曼人曾遭到来自教皇方面的抵抗，不过，他们在公元 1053 年的奇维塔特一战中击败了教皇莱奥九世（1049—1054），并在公元 1059 年迫使教皇尼古拉二世承认他们对意大利南部的统治合法化。

历史证明，诺曼人在统治意大利南部的过程中的确显示了杰出的统治才能和兼收并蓄的包容性。尽管其人数并不算多，却能在对所占领地区的控制上做到强硬而又不失和谐，从而维持了较为和睦的局面，而且对今天所指的西西里王国地区的管理也极为有效。可以说，他们的秘密武器就是将意大利南部的多个民族，包括撒拉逊人、意大利人、希腊人和法兰西人一起纳入政府管理的范围，同时又允许他们保留自身的文化特性和民族身份。于是，出现了诺曼人的舰队由希腊人组成、财政系

统则沿袭了阿拉伯人模式的局面，而这种管理模式的基础便是自诺曼底舶人的中央集权下的封建制度，即在国王授权下由各种各样的封臣或王孙贵族管理地方事务。所有这些措施都增强了王国的统治基础，并使其躲过了发生在意大利半岛其他地方的政权解体的厄运，也帮助王国在大半个世纪内抵制住了东西两大帝国和教皇势力的挑战。事实上，罗杰二世在位的 24 年间，甚至还攻占了马耳他和利比亚的部分地区。诺曼人海纳百川、兼收并蓄的民族特征亦可见于其建筑艺术。举例说，高耸于巴勒莫的蒙雷阿莱（Monreale）大教堂便是一个集希腊、阿拉伯、法兰西和罗马等多种建筑风格于一体的独一无二的建筑杰作。诺曼王朝的最终衰落则是源于继位危机。威廉二世于公元 1189 年死后却无后嗣可以合法继承王位，于是，日耳曼人的皇帝亨利六世乘虚而入，以传统的血腥暴力方式取得了西西里王国的统治权。

教皇与国王的争斗

现在，让我们再回到教皇这一主题。正如本章第一部分所提到的那样，教皇体制十分腐败，其职位成了罗马贵族所专有的世袭采邑。到公元 11 世纪，极为虔诚的莱奥九世在亨利三世的帮助下，于公元 1049 年当上教皇之后，发动了一场教会改革运动，以清除天主教会中的世俗因素，恢复教民对教皇的信任。为此，以他为首的改革派颁布法令，禁止教士婚娶和买卖圣职，并借鉴罗马帝国时期的做法，规定西部帝国的主教和其他高级教职人员直接对罗马教皇负责，以建立罗马教皇对整个罗马帝国天主教会的统治地位。这导致了罗马教皇权力与各国世俗王权之间的矛盾，因为西部各国的君主都把教会的这些改革看作对君主集权的挑战。于是，发生在罗马教皇和各国世俗王权之间复杂持久的争斗揭开了序幕。

斗争的焦点乃是所谓的主教授职权问题，即应由谁来任命神职人员，其中也包括对教皇的指定。公元 1059 年，教皇召开宗教会议，宣称以后教皇只能由枢机主教团选举产生，这对改革派看来可谓是一大进步。关于这一点，最强有力的代表人物是莱奥九世的门徒希尔德布兰德。他在公元 1073 年被选为教皇格列高利七世之前，曾是罗马的副主教。格列高利七世担任教皇一职后，继续对抗德皇亨利四世，

格列高利七世

并于公元 1075 年颁布法令禁止世俗政权拥有主教授的职权，第二年又开除了亨利四世的教籍。1077 年他竟让亨利四世顶着凛冽寒风在托斯卡纳的马蒂尔达女伯爵的卡诺萨（Canossa）城堡的宅院里站了 3 天以祈求解罪，而当时教皇本人则在马蒂尔达伯爵温暖舒适的府第里尽享贵宾待遇。这一切无疑如在亨利四世的伤口上撒上一把盐。受尽屈辱的亨利四世很快重整旗鼓，展开反击。他首先让德意志的主教们选出一名敌对教皇（亦称伪教皇）。于是拉韦纳的圭伯特（Guibert）大教主摇身一变成了教皇克莱门特三世。随后又在公元 1084 年进攻罗马，废黜了格列高利七世，并让伪教皇为自己加冕，而格列高利七世则在第二年流亡中死于萨莱诺。在格列高利七世与亨利四世的这场斗争中，罗马及其城内的居民又一次成了这场战争的无辜牺牲品。整个城市被日耳曼人和前来援助教皇的诺曼人抢掠一空，损失惨重。

不过，这场斗争后来被证明只是教皇改革过程中一个小小的挫折。教皇的特权在乌尔班二世（1088—1099）担任教皇期间得以恢复。他动员广大基督教徒进行第一次十字军东征。公元 1122 年改革派在教皇圣加里斯都二世（1119—1124）的领导下迫使德皇亨利五世做出重大让步，双方签订了《沃姆斯宗教协定》，该协定规定了大量对教皇非常有利的条款。从此，教会的精神和政治权力都有了较大的增强，并在教皇因诺森特二世时期（1198—1216）达到了顶峰。因诺森特二世野心勃勃，曾密谋建立一个教皇国。他处心积虑地挑起斯瓦比亚（Swabia）的霍恩施陶芬

和布朗斯维克（Brunswick）的奥托之间的皇位之争，自己坐收渔翁之利，迫使奥托答应将意大利中南部的控制权交由教皇掌管，以作为后者支持其争夺王位的回报。正如所预料的那样，奥托当上皇帝之后，立即变卦，背弃了对教皇的承诺。于是因诺森特二世安排其侍卫腓特烈，也即后来的腓特烈二世做了罗马的国王，后者则许诺尊重教皇对各王国的控制权并保持西西里岛王国的独立。

因诺森特二世死后，腓特烈二世很快显示出杰出的政治才能。当时，他曾被誉称为“世界奇迹”。腓特烈二世试图控制整个意大利半岛，于是便有了他与教皇荷诺里三世（Honorius Ⅲ，1216—1227）、格列高利九世（1227—1241）以及因诺森特四世（1241—1261）之间长达30年的争斗。然而，公元1250年腓特烈去世，王权也开始衰落。其私生子曼弗雷德（Manfred）继承王位，做了西西里王国的皇帝。在法兰西人乌尔班四世当上教皇（1261—1264）之后，便怂恿安茹（Anjou）的查尔斯对西西里王国发动侵略战争，并在公元1266年的贝内文托一战中杀死曼弗雷德，控制了西西里王国。后来他在公元1268年的塔利亚科佐（Tagliacozzo）之战中又击败腓特烈二世16岁的孙子康拉丁（Conradin）领导下的霍恩施陶芬人的反扑，并将康拉丁斩首于那不勒斯，从而使其统治基础得到了进一步的巩固。康拉丁的死亡可谓是一个历史性的重大转折，它标志着霍恩施陶芬王朝的终结，而法国人则一跃成为意大利的统治者。这里暂且不论法兰西人的实力强大与否，公元1282年安茹人最终还是失去了对西西里王国的统治权，西西里最终落入了西班牙人手中。当时，巴勒莫的一位妇女在去教堂的途中惨遭凌辱，从而引发了一场反法兰西的武装暴力。来自西班牙阿拉贡（Aragon）的皮特趁机而入，凭借其强大的舰队取得了对西西里岛的统治权。

这一阶段意大利历史的一个有趣特征便是早期党派政治的出现，其表现形式是广为人们引用的归尔夫党和齐伯林党之争。从根本上来讲，归尔夫党支持教皇反对皇帝，齐伯林党则支持皇帝反对教皇。这一斗争最早可追溯到腓特烈二世时期。这场主要关乎广大贵族利益的党派斗争，将意大利自中间分成两部分，各个城市根据利益最优化原则站在了其中的一边。曼弗雷德统治时期，齐伯林党占了上风，而曼

弗雷德统治的倒台则意味着归尔夫党的胜利。正如以往的历史发展规律那样，两党最初的斗争缘由随着时间的流逝变得日益模糊，不过，分歧却依然存在。可以说，归尔夫党和齐柏林党之间的党派斗争是这一时期意大利政治生活的一大特征。

一切自不待言，事态绝非如此简单。例如，牢牢控制着佛罗伦萨的归尔夫党，在贝内文托之战之后便分成两大阵营，即白派（亦称鸽派）和黑派（鹰派）。白派的领导者是切尔基家族，他们同意在佛罗伦萨公社中分一杯羹给平民阶层；黑派的领导人是主张强硬路线的科尔索·多纳蒂，此君则根本不屑于与平民阶层打任何交道。

卜尼法斯八世

佛罗伦萨黑派势力的壮大最终导致教皇卜尼法斯八世（1294—1303）的下台，这一事件也标志着中世纪教皇权力的终结。卜尼法斯是一个像希尔德布兰德那样野心勃勃的政治人物，不过他明显缺乏希尔德布兰德的政治才能。身为白派成员并曾被卜尼法斯逐出佛罗伦萨的但丁在《神曲》中就将卜尼法斯八世投入了地狱，让其备受煎熬。佛罗伦萨贵族公社严格限制其职权范围，令其不得干预城内的政治事务。因卜尼法斯八世曾经摧毁了吉贝利内·科洛纳家族在帕莱斯特里纳的城堡，因而也不断遭到吉贝利内·科洛纳家族的强烈抵触。方济各会的僧侣们则指责卜尼法斯八世信奉的是异端邪说；后来，西西里岛的西班牙国王腓特烈也加入了反对卜尼法斯的阵营。卜尼法斯试图在来自瓦卢瓦的查尔斯的武装力量的帮助下，将腓特烈

赶出西西里岛，然而查尔斯的出征行动最终惨遭失败，卜尼法斯被迫与腓特烈签订了《卡尔塔贝洛塔协定》并承认其王位的合法性。法兰西国王菲力四世此时已摸透了卜尼法斯的弱点，便派纪尧姆·德诺加雷特到意大利鼓动卜尼法斯的反对者起来反抗，公元1303年在阿纳尼将其逮捕。同年，卜尼法斯死去，来自加斯科涅的法兰西人克莱门特五世被任命为教皇。克莱门特五世将教皇的权力中心从罗马迁到了阿维尼翁，并在那里停留了70多年。到此为止，意大利这一段复杂多变、扑朔迷离而又多姿多彩的历史便宣告结束。

独步千古的文艺复兴

它并非一场运动，而是一个伟大时期的延续。它并非一个简单的历史名词，而更像是一个亘古不朽的生命。如今我们仍可从佛罗伦萨教堂的铜门里窥见它的影子，从蒙娜丽莎神秘的微笑里聆听到它的呼吸。它便是光辉灿烂的文艺复兴时期。

现在，让我们来到光辉灿烂的文艺复兴时期。人们常把它与罗马时代相提并论。在古罗马时代，意大利作为世界政治霸主，其他大小王国都唯其马首是瞻，意大利人民也为世界文明的进步做出了巨大的贡献。和罗马时代不同的是，文艺复兴时期的意大利已不再是世界政治上的霸主，而是成了艺术、哲学和文化上的领袖。在今日的意大利，文艺复兴时期的建筑和艺术遗产随处可见，其中尤以伟大的佛罗伦萨城最为典型。城内一座座教堂、宫殿，建筑工艺之高超令人惊叹，众多美术馆如乌菲齐美术馆、彼蒂宫、美术学院美术馆、巴杰洛博物馆等更是举世闻名。遗憾的是，如今这些建筑杰作、艺术大殿的光彩早已湮没在了如潮的参观者之中。为了更好地了解这一伟大时期，我们有必要介绍一下文艺复兴产生的极为复杂的政治以及其他背景、本质特征以及它在人类历史上的重要地位。

14世纪初期是意大利政治分裂最为严重、遭受侵略最为频繁的时期。当时，意大利的国家政权主要掌握在两大平衡力量的手中。意大利北部，也就是今天的伦巴第、威尼托、皮埃蒙特、弗留利和托斯卡纳一带，正式意义上的管理大权掌握在神圣罗马帝国的手中；教皇则控制了今天的法兰西、意大利中部的大部分地区（包

亨利七世

括罗马周围地区）以及马尔凯、翁布里亚、艾米利亚和罗马涅地区。在意大利的南部地区，西西里王国的大陆部分归安茹王朝统治，岛区则被来自西班牙的阿拉贡人控制。不过，至少在北部和中部地区，国家的司法大权只是一种理论上的存在，实际上的政治大权则被牢牢地把握在城市或城邦手中。这些城市努力抵制了某些人建立中央统治的尝试，其中包括来自卢森堡的伯爵也就是后来称帝的亨利七世，尽管现在看来都是一些软弱无力的尝试。虽然有深感意大利半岛统一大业意义之重大的但丁的支持，亨利七世还是遭到了佛罗伦萨和其他意大利城市的顽强抵抗，统一进程严重受阻，而他本人也在公元 1313 年 8 月含恨死去。不可思议的是，在意大利这个大熔炉里竟然出现了一支民族，活跃在中世纪欧洲的商业和法律的前沿领域。于是，我们得以再次看到当代意大利仍在延续着的一大特征：在动乱的背后，文明仍在发展，社会还在进步。

意大利城市和独裁政治

正如前面所述，意大利中北部城市历经了两个分别由贵族公社和平民公社当政的历史时期，开始具有共和特征、准民主的自治形式。如今，城市发展也进入一个更为高级的阶段。这一阶段的特征体现在两个方面：一是城市的政治大权又回到了贵族的精英分子手中；二是一些主要城市的城邦地位日益巩固。14 世纪时期，大

多数城市的公社管理制度事实上已逐渐退出了历史舞台，被一种体现为世袭的专制统治或寡头政治的极权主义所替代。一些实力极为强大的城市日益繁荣起来，吞并了周围的一些较小城市，从而在更大的地理范围内扩大了其社会影响力。总而言之，社会统治力量的集结和地理概念上的统一乃是 14 世纪和 15 世纪意大利历史的主题。

城市执政团

当时掌管意大利城市大权的是执政团（亦称首长会议或主公会议），它们多由一些设法在纷繁复杂的时局中夺得政治权力的大贵族家庭的领导人物组成。这些人一旦掌权后就着手建立属于其家族的统治王朝。城市统治大权由城市公社转移到主公会议的手中绝非是一个平稳过渡的结果，大多数城市都经历了一个较长时期的权力争斗过程。由于地区差异悬殊以及动荡不安的时局影响，这些斗争更是多种多样。不过，斗争的结果却大体相同：正如我们所看到的那样，一些大城市要么完全避开了专制统治，要么就是阶段性地采用了专制形式，即在应付 14 世纪的危机时，采取一种类似于民主政治的方式对当政的贵族精英的人数加以限制和组成寡头政治集团。尽管如此，到 14 世纪，维罗纳的德拉斯卡拉家族仍和米兰的德拉托雷贵族一样取得了城市管理权。诸如这样的例子还有很多，这里不再一一列举。

既然如此，我们又该如何解释在意大利各个城市普遍出现的民主力量的衰退呢？尽管这一现象的历史背景在上一章中做了简要介绍，这里仍有必要加以深入分析，以便更好地了解这一重大发展。表面看来，其直接原因复杂多变、难以把握，但是回过头来仔细分析一下，一些主导性的因素仍清晰可辨。首先，在公元 13 世纪末和 14 世纪，城市公社的根基变得十分脆弱。在此期间，意大利受各派政治力量争权夺利斗争的影响，经受了无休止的战争破坏。这些内战带来的动荡、混乱等破坏性后果不仅大大削弱了城市公社的统治基础，同时也为那些贵族党派的领袖们取得极权提供了可乘之机。另外，在此过程中，城市公社的资源被大量挥霍浪费，故在公元 14 世纪那场袭击意大利并波及西欧其他国家的经济危机来临时，各个城

市的政治和财政机构也变得不堪一击。那场经济危机一直持续到15世纪末，成为文艺复兴发生的重要因素。在14世纪期间，意大利的人口出生率、农业生产率和工业产出率都呈现下降的趋势。这一趋势在佛罗伦萨和托斯卡纳的其他地区尤为明显，并进而导致企业破产率迅速上升，食品短缺现象日益严重，再加上公元1348年席卷意大利各个城市的可怕的"黑死病"的袭击，严重的饥荒和极度贫困现象遍布全国。

在经济陷入困境时，人们往往会选择保守的态度。因此，城市公社的基础变得十分薄弱，已全然无力抵制实力雄厚且人数众多的贵族势力的攻击，再加上那些贵族往日被流放或驱逐之后，常常会与其他城市"同是天涯沦落人"的贵族惺惺相惜，结成强大的同盟。另外，一些寡头政治集团，又与上述的贵族势力展开二次夺权斗争，获胜后便组成了城市主公会议，开始对许多城市的完全统治。他们对城市的统治有时采用暴风骤雨般的强硬手段；不过更多时候是和风细雨般小心翼翼地扩大其影响力。这里，有必要指出两点：第一，主公会议的兴起，在很大程度上，源于意大利半岛国家层面上的权力真空。在皇帝与教皇争夺权力的斗争结束后，皇权取得胜利，教皇流亡到了法国。那些获胜的帝王们不去关注意大利的国家利益，而是千方百计地榨取当地的资源，为当地贵族颁奖授勋。这样，城市的主公会议，便在未受到任何中央权力的束缚下，登上了城市的政治舞台。第二，需要注意的是，专制统治对城市公社来说也并非完全陌生的事物。事实上，在危机来临时，城市公社也往往会授予一些市民领袖或少数个人以极大的权力。如果真要找出不同的话，也许就是没有了在危机来临时所能选择的退路。于是，意大利各个城市内进行的具有民主色彩的令人向往的政治尝试，因遭到指责而被摒弃。

那些城市主公们一旦掌权，便大肆行使个人权力。他们个人的性格特征、禀性修养和办事风格也成了一个重要的政治因素。尽管他们性格气质各不相同，却无一例外地关心着其政权的合法性和正统性，这也许是源于他们内心深处的那种危机感。因为和其他历史时期一样，其统治基础越是不稳固，统治者越会要求更多的法律支持。于是，各城市执政团大都保留了平民公社的一些较大的司法结构，如维罗纳由500人组成的司法委员会和米兰由1200人组成的司法委员会。这些立法机构常被安插一些城市主公的亲信，而后者大都是一些善于溜须拍马者，他们往往不经审查就批准城市主公会议提交的议案。话又说回来，在那之前那些议案其实多已被确定，故提交行为也只不过是城市主公们在试图制造出的一种民主的表象。不过，后来随着这些城市主公们统治地位的巩固，他们也日益感觉到有必要抛弃这些表面上的虚饰，于是就出现了新的政治体制。平民阶层的领袖职位早已消失，其权力也落入主公之手。然而，城市公社时的市长，却成了主公会议统治下的一个重要行政职位，或者一个城市的主要行政长官。城市政治管理的一个更为重要的方面是大量的助手或顾问集中在城市主公们的身边，并可能对一些决策产生重大影响。这种主公会议的城市管理体制的确促进了一些城市的和平与稳定，特别是在维斯孔蒂、帕多瓦和费拉拉家族统治下的米兰城，成效尤为显著。然而，如果将这一结论扩大成一种普遍真理将会是一种错误，因为在一些实力不够强大的主公会议统治下的罗马涅和伦巴第城，争斗仍未止息。

城市寡头政权

在文艺复兴时期，有4个城市坚持抵制住了主公会议的建立，它们是威尼斯、佛罗伦萨、锡耶纳和卢卡。这些城市最终发展成了文艺复兴时的城市共和国，建立了自己的寡头政权。另有3个城市：热那亚、佩鲁贾和博洛尼亚后来也加入了它们的阵营。不过，这后3个城市一直在城市共和国和独裁政府之间摇摆不定，其中佩鲁贾和博洛尼亚在15世纪时最终倒向了独裁政权。这里有必要分析一下以上城市选择寡头政治集团而非一人专政的原因。和以往情况一样，其原因也可谓复杂多变。在著名的海港和贸易城市威尼斯和热那亚，商业的繁荣很好地平息了社会动乱，因此平民运动力量相对弱小。特别是在威尼斯这个寡头政权最为稳定的城市，因为具备了强大的警备力量，各阶级之间的流动性相对较高，平民有较多的机会进入统治阶层，故排除了发动声势浩大的平民运动的可能性。在这些条件下，14世纪和15世纪的经济危机对这两个城市的破坏性就相对较小，得以保留了少许民主

因素。在其他5个城市，平民公社实力极为强大，运行也十分成功，至少从领土扩大来看，情况如此。这导致民主传统得以重新确立，而这种传统即便是在面临危机时也很难被全部摈弃。

这种寡头政权的组成规模在这7个城市也各不相同，从威尼斯约占城市人口的2%到博洛尼亚约占12%，比例不等；不过，在实际运作中，只有1%的城市公民真正参与了城市的管理，这意味着即便在佛罗伦萨和威尼斯这两个较大的城市共和国，城市的管理大权也只属于他们中的200至600人。共和国寡头政权的运作十分复杂，也极为畸形，掌权的个人或家族常通过策划各种各样的阴谋和实施暗箱操作来巩固其政治地位，扩大手中的权力，因而独断专行的现象和幕后活动层出不穷；尤其严重的是，为实现权力目标，统治阶级常无情地践踏法律或将其玩弄于股掌之上。

各级政府的运作主要依赖于一些颇有实力的小型公民委员会，其组成人员需要不断地变更，至少原则上需要如此。城市统治阶级的当权人物会在其中工作一定时期（一般为两个月到1年之间），以保证权力在寡头之间的平均分配。然而，实际上，左右这些公民委员会的仍是一些富有的、极具影响力的权术家，虽然他们的人数极其有限，却掌握了对共和国的绝对支配权。以威尼斯和佛罗伦萨为例，这两个城市的高级官职无一例外地皆由城市公民委员会审查后列出的候选人名单上的人员担任，而这也是统治阶级为了保证其统治长治久安所采取的典型措施。即使在以“开明政府”自居的锡耶纳城，由9人组成的城市公民委员会仍是从经筛选后的公民中选出。据相关档案记录，当时，锡耶纳城的公民必须满足8项条件方可进入委员会。

总的来说，寡头政权和主公会议亦有不少共同点。其中最为核心的便是二者皆信奉权力来自富人、归富人所有和为富人所用的宗旨，故其活动皆以实现富人利益为终极目标，而这种政治现象都以平民阶层的反抗而短暂告终或至少受到严重威胁。因此，文艺复兴时期见证了财富在为数不多但控制了城邦大权的贵族手中的集结。不用说，占人口绝大多数的穷人的利益被完全忽视，他们也因而变得更加贫困。不过，说来似乎是一个怪论，财富的大量集中却铺就了这一时期文艺繁荣的温床。

14 世纪后半叶，一些大城市领土范围的扩大形成了由五大主要王国主宰下的意大利地理和政治格局。这五大王国的人口多达 80 万至 200 万，它们分别是威尼斯城市共和国、佛罗伦萨城市共和国、米兰公国、教皇国和那不勒斯王国。这五大力量之间互相牵制，使得任何一方的领土扩张行动都变得十分艰难。随着公元 1454 年《洛迪协定》的签署以及 1455 年意大利联盟的成立，这种现状才得以正式确定

查理八世

并逐渐形成了公元 1494 年法兰西的查理八世入侵之前意大利半岛长达 40 年的和平稳定局面。如今，当我们回顾历史时会发现，这一和平时期的意义可谓至关重要，它为意大利文艺复兴的发生以及取得伟大成就提供了必不可少的条件。意大利的其他较小的城邦，如热那亚、锡耶纳、卢卡、曼托瓦和费雷拉等，虽然保持了一定程度的独立，基本上却也是附属于这五大王国。稍后我们会对这五大王国一一进行介绍。

奇迹之城威尼斯

文艺复兴早期，威尼斯已发展成为一个实力极为强大的城邦，在地中海一带有着令人望而生畏的海军力量，也是当时世界贸易的中心。它的版图广阔，势力范围

拓展到了意大利东北部乃至半岛之外。根据当时威尼斯总督托马索·莫切尼戈的记载，1423 年威尼斯舰队包括：

3000 艘小型舰艇，船员 17000 人；

300 艘大型舰船，船员 8000 人；

45 艘大划艇（其中 25 艘商用，15 艘军用，5 艘民用），船员 11000 人。

这一切都清晰地表明威尼斯当时的确具备了令人生畏的海军力量，特别是当我们考虑到还有 50 艘大划艇放在军火库以备不时之需时，更会有这种感触。威尼斯的贸易业向东扩展到了地中海一带，向北则远至德意志、佛兰德斯、斯堪的纳维亚和英格兰。在鼎盛时期，威尼斯曾在弗留利和伦巴第设立了较大的商号，包括乌迪内、特雷维佐、帕多瓦、维琴察、维罗纳、布雷西亚和贝加莫等。在意大利领土之外，威尼斯的经济霸权则扩展到自的里雅斯特至阿尔巴尼亚、摩里亚海岸、爱琴海的大部分地区（包括克里特岛、科孚岛和塞浦路斯）。一旦我们注意到公元 400 年时威尼斯城尚不存在这一事实时，更不得不感叹威尼斯人的确创造了经济和政治奇迹。

威尼斯的崛起可追溯到公元 9 世纪之初。在当时的法兰克人和拜占庭人之间的那场血腥斗争中，威尼斯城成了中心战场。尽管有阿尔托岛的公民英勇抵抗，城市仍受到了法兰克国王丕平的破坏。后来，威尼斯城在总督阿涅格·帕尔泰奇帕奇奥在任期间得以重建。后来因它与东西两大帝国皆有相当良好的关系，威尼斯便利用有利条件致力于促进双方之间的和平，并使这种和平于公元 814 年得到实现。作为资本主义来临之前的杰出的资本家，极富进取精神的威尼斯人很快抓住机会，充当了两大帝国之间交流的桥梁。他们制造了大型舰船装载香料、盐、布匹和奴隶等基本贸易品，并建立了先进的金融体制服务经济发展。在接下来的 200 多年间，实力得以持续增长，再加上历次十字军东征的促进作用，威尼斯的影响力和贸易范围扩展到了东方。特别是在第四次十字军东征并于公元 1204 年攻占君士坦丁堡后，威尼斯也在黎凡特建立了统治基础。公元 1299 年与土耳其人签订的协定则使威尼斯独揽了去往圣地的旅途生意。朝圣客只能乘坐威尼斯的舰船前往圣地，后者则须确保这些教徒的人身安全，这对威尼斯人来说无疑又是一笔赚钱的买卖。威尼斯得天独厚的经济优势使它最终成了文艺复兴时期最富有的意大利城市共和国，即使是在 14 世纪和 15 世纪的经济大衰退的情境下也未受到太大的影响。

马可·波罗

正如许多政治和贸易强国一样，威尼斯也出现了一些坚忍不拔的冒险家和探索者，其中最为著名的便是马可·波罗。

马可·波罗于公元 1254 年出生于一个商人家庭，他的父亲和叔叔于公元 1260 年外出经商，一出门便是 10 年，远行至克里木半岛、伏尔加一带、中亚，并到达中国元朝忽必烈大汗的宫殿，冒险征程之长超过了西方任何一个冒险家。公元 1271 年这两兄弟又一次踏上了去中国的旅程，这次他们带上了 17 岁的马可·波罗同行。此次出行则达 25 年之久，他们的经历极富传奇色彩，一路长途跋涉。途径亚美尼亚、格鲁吉亚、波斯、土耳其斯坦、甘州、凉州等地辗转来到北京。不久，马可·波罗便在忽必烈的王庭里担任了官职，这为他游历以往西方探险者从未到达的地方如中国的遥远边境、印度尼西亚、马来西亚、锡兰和新加坡等地提供了良机。

马可·波罗在中国

根据鞑靼人的记载，马可·波罗回来后，相貌变得极难辨认，蓄起了长长的下垂胡须，通身是东方服装。据说，在一次宴会上他当场拉开了自己的服装，取出所佩戴的珠宝饰品在桌上一一展示，令在座宾客大为惊叹，而马可·波罗也因此获得了一个颇具嘲讽意味的绰号——“百万富翁马可先生”。后来，他在战争中被俘，被热那亚人投入监狱。在公元1324年去世之前，马可·波罗又在他深爱着的家乡城市进行了几次更具冒险性的旅行。可以说，马可·波罗在许多方面都代表了当时威尼斯人的典型性格：敢于冒险，为追逐利益可以不顾一切，经济上精打细算，理财谨慎；而在其家族内外，马可·波罗则以贪婪地攫取高利贷利润而出名。

到马可·波罗时代，威尼斯在城市发展上已取得了光彩夺目的成就，无愧于强大贸易帝国中心的称号。另外，它也不可避免地染上了东方色彩，这在今日的威尼斯仍可见到。当然，威尼斯人并不是忙于工作，娱乐活动也是生活的一项内容。当时赌博游戏极为流行，不过在圣马克教室和总督府附近是不准赌博的。更为荒诞残忍的是在露天广场举行的一年一度的屠猪、斗牛、驱狗和来自不同街区青年之间有组织的街斗游戏，这些活动都是为了满足市民娱乐的需要。文艺复兴时期威尼斯的另一特征是，在意大利其他地方也流行的瘟疫，尤其是鼠疫的盛行，而这一疫病可能是被威尼斯的商船从东方带到了意大利。在公元1361年至1528年，大概出现了至少22次疫情，平均七八年爆发一次，其毁灭性后果自然可想而知。

当时威尼斯对外扩张的一大障碍是热那亚。热那亚是意大利境内另一支强大的海上力量。它在公元14世纪时控制了科西嘉岛和撒丁岛，并与北非有了广泛的贸易往来。两个城市经过较长一段时期的争斗，最终威尼斯人取得了胜利（不过赢得也并不轻松），而热那亚的实力从此开始衰落。威尼斯的胜利在很大程度上归功于这一时期其内部统治的稳定和利益的一致性，关于这一点我们在前文中已经讲过。到15世纪末和16世纪初，威尼斯人甚至从外族的入侵中获得了好处，即在其他城市的独立受到严重破坏时，它一度短暂地从米兰和阿普利亚夺得了部分领土。威尼斯人的这种侵略性和只关注眼前利益的做法虽然为自身捞得了一些好处，但也因此树敌不少，这一点从公元1508年至1509年与康布雷联盟之间的战争中可以窥见一斑。该联盟的成员包括法兰西、西班牙、神圣罗马帝国、教皇国以及其他诸如曼托瓦、费雷拉之类深受威尼斯扩张之害的城市。刚开始这些联盟成员们在公元1509年的阿格纳德罗战役中一度击败威尼斯人，不过最终仍未收复被威尼斯人夺去的土地。

威尼斯在公元16世纪初实力达到了鼎盛，并在那个时期通过乔瓦尼·贝利尼、卡尔帕乔、提香和焦尔焦内等艺术家为意大利的文艺复兴做出了最具深远影响的历史贡献。后来，威尼斯人独占香料生意的局面被发现了新大陆航线的葡萄牙人打破，威尼斯这个荣耀之城也开始走向衰落，不过其伟大光辉并未立即消失，而是一直持续到18世纪左右。

佛罗伦萨

佛罗伦萨由最初的一个河边小镇发展成一个极具影响力的大城市以及后来的强大城邦，其“发迹史”可以追溯到中世纪早期。它的发展主要依赖于两大条件。首先，公元11世纪左右，佛罗伦萨已发展成一个工业重镇，生产的商品主要用于满足欧洲其他地区日益增长的市场需求，其中最为重要的工业是织布业，特别是毛织业。穿城而过的亚诺河流动的河水为清洗羊毛提供了便利条件，生产出来的毛呢布匹经由比萨出口到国内外。拉纳阿耳忒亦称毛织业行会，曾生产一种质地厚重的特殊红呢布料，参与生产的工人数目最多时曾高达6000人。其次，与其他低地国家毛呢生产城市不同的是，佛罗伦萨人已经建立了一个与其工业发展相匹配的发达商业机构。他们在中世纪已经在世界各地建立起广泛的商业网络，产品销售商遍布各地。他们之间的这种紧密联系奠定了其在国际银行业和金融业的欧洲领导者地位。弗雷斯科巴尔迪、皮鲁西和巴尔蒂公司等都是当时较大的国际银行机构。佛罗伦萨人于公元1252年首次发行的金弗罗林很快成为欧洲通行的主要货币。

在公元14世纪的经济大衰退中，佛罗伦萨也遭受了极其严重的经济倒退，一方面，布匹年产量由公元1338年的8万匹下降到了公元1383年的两万匹，从而引发了一场工人暴动；城市人口也从公元1338年的8万人骤降至公元1380年的5.5万人，到公元1427年，跌至3.7万人。另一方面，自公元1338年后的25年间，

粮食的价格却上涨了近70%。尽管如此，佛罗伦萨城仍有着较为雄厚的经济实力，且财富大多集中在广大统治阶级以及后来的中产阶级手中，所有这些都为后来文艺复兴时期艺术和建筑方面取得的巨大成就奠定了坚实的经济基础。

梅迪奇家族与佛罗伦萨

佛罗伦萨的掌权者包括几个赫赫有名的大家族，其中阿尔比奇家族、卡博尼家族、帕奇家族、斯特罗奇家族和乌扎诺家族都是14世纪和15世纪较引人注目的家族。不过，到文艺复兴时期，佛罗伦萨最为影响力的家族还要数梅迪奇家族。该家族成员中又以赞助艺术和城市发展的老科西莫（1389—1464）和伟大的洛伦佐（公元1449—1492）最为出名。老科西莫在公元1434年曾控制了佛罗伦萨城并在接下来的60年黄金时期执掌了城市大权。银行家出身的梅迪奇家族在15世纪的大部分时期几乎一家独揽佛罗伦萨的政治大权。尽管在此期间，实际上或至少在理论上，城市的最高权力归正义旗手和首长组成的“主公会议”——这一具有共和性质的寡头统治集团所有，梅迪奇的“家天下”却也是不可否认的事实。从表面上看，梅迪奇家族只是利用其强大的财力后盾为对其家族忠心耿耿的人竞选城市首长提供财力上的支持，从而达到操纵“主公会议”选举大权的目的。不过，从根本上说，他们掌握着城市的管理大权，而大多数民众也认为他们当权有利于维护公共利益。梅迪奇家族通过热心城市公益事业、大量赞助城市发展尤其是艺术进步，获得了民众的支持。15世纪时，通过梅迪奇家族一代代的努力，佛罗伦萨城在较长一段时期内呈现出相对和平和繁荣的局面，日常庆典和节日庆祝丰富多彩，在其他城市亦享有较高的声誉。

15世纪末法兰西入侵，处于皮耶罗·德·梅迪奇（1471—1503）统治之下的佛罗伦萨城则正忙于应付来自那不勒斯的威胁。战争伊始，形势对佛罗伦萨极为不利，皮耶罗很快被撤销领导权，换成了在文艺复兴时最为著名亦极具影响力的多米尼克修士萨伏纳洛拉（1452—1498）。萨伏纳洛拉是一个狂热的原教旨主义者，一直致力于宗教仪式的推广和促进民众对上帝的虔诚，主张用宗教列队行进活动取代

狂欢庆典。在他的领导下，佛罗伦萨最终和法兰西结成同盟。他强硬的个性和简洁的言语风格在佛罗伦萨各派人物中极具影响力，他们也因此聚集在了他的麾下，展开各种反革命活动。不过，最终萨伏纳洛拉本人亦遭到佛罗伦萨城人民的反对，并在公元 1498 年 5 月被活活烧死在佛罗伦萨市政广场。最具讽刺意味的是，他在临死前竟被指责成为异教徒。

莱奥十世

公元 1512 年，法兰西对意大利的控制暂告终结，梅迪奇家族又通过乔瓦尼·德·梅迪奇（1475—1521）恢复了对佛罗伦萨的控制。乔瓦尼将家族的影响力扩展到了教皇国，并在公元 1513 年成了教皇即莱奥十世。在马基雅维利所著的被历代专制君主视作必读手册的《君主论》中，乔瓦尼曾被多次提到。不过，我们也应该注意到，马基雅维利（1469—1527）本人实际上也是一个共和派人物，他从切萨雷·博尔贾那里学到了不少政治策略和权术，并认为主公会议是一种必然的罪恶。

除梅迪奇家族将影响力扩大到教皇国之外，佛罗伦萨城市共和国在其鼎盛时期还控制了托斯卡纳的大部分地区，包括比萨城、里窝那、皮昂比诺、皮斯托亚、沃尔泰拉、阿雷佐、科尔托纳和圣塞波尔克罗等。佛罗伦萨一旦吞并某城市后，便会通过提高税收掠夺土地财富，并严格控制当地的工业发展等方式，以保证其自身的工业发展不会受到任何威胁。就其积极作用而论，佛罗伦萨的统治也给以上城市带来了一定程度的稳定，甚至在某些历史时期还促进了当地的经济发展。举例来说，

佛罗伦萨对比萨和里窝那的控制便在一定程度上促进了比萨的经济增长，同时使里窝那成了对外贸易的一个重要出口。

当然，佛罗伦萨自身的发展也取得了极为灿烂的成果。早在城市公社时期已出现了一些公用的和归私人所有的建筑杰作，在这一时期则出现了大量的教堂建筑，如圣克罗切教堂、圣玛利亚诺微拉教堂和最为著名的佛罗伦萨大教堂。这些教堂至今仍矗立在那里，接受世人不绝于耳的赞叹。佛罗伦萨大教堂由阿诺尔福·迪坎比奥负责设计，于公元 1296 年动工，建成后取代了原有的雷帕拉塔教堂。这项工程历时 100 多年，直到公元 1434 年才告完工。数代建筑家和艺术家呕心沥血，其中包括解决了教堂圆顶问题的建筑大师布鲁内莱斯特和提供了教堂钟楼最初设计方案的画家乔托。该教堂一经建成，便成了当时基督教世界的最大建筑，即便从数公里外的山顶俯瞰整个城市，它也仍清晰可辨。此后佛罗伦萨的建筑业继续发展，在城市共和国时期达到鼎盛。当时，文艺复兴时期的佛罗伦萨城的绘画和雕塑艺术尤为引人注目。像契马布埃、乔托、多那太罗、安杰利科、乌切洛、马萨乔、曼特尼亚、波提切利、拉斐尔、提香这些人的名字已是家喻户晓，更不用说米开朗琪罗和“文艺复兴巨匠”莱奥纳尔多·达·芬奇了。洛伦佐·吉贝尔蒂在 15 世纪上半期为佛罗伦萨洗礼堂设计的铜门也十分著名。它正对着佛罗伦萨大教堂，精美无比，被米开朗琪罗赞美为“天堂之门”。从但丁时代起，佛罗伦萨就成了诗人和作家聚集的中心。14 世纪的彼特拉克（1304—1374）、薄伽丘（1313—1375）、后来的马基雅弗利、历史学家圭恰迪尼（1483—1540）以及建筑家兼历史学家瓦萨里（1511—1574）皆是其中的代表人物。16 世纪的两个伟大诗人阿里奥斯托（1474—1533）和托尔夸托·塔索（1544—1595）也曾居住在费拉拉。

维斯孔蒂家族

后来，时任米兰大主教的奥托内·维斯孔蒂费尽心机。终于在公元 1277 年当上了城市主公，这两大家族之间的斗争也以维斯孔蒂家族的胜利而宣告结束。奥托内·维斯孔蒂之后接替米兰主公之位的是其甥孙马泰奥（1255—1322）。从此，米兰自然而然地成了维斯孔蒂家族的天下。在维斯孔蒂家族的历代掌权者中，个性鲜明或称丰富多彩者也不乏其人。其中的马泰奥曾试图建立一种不同于专制主义却又极似君主集权的家族性质的城市主公会议体制，另外他还开创了城市版图扩张的先河，使米兰发展成为意大利的主要城邦之一。

不过，维斯孔蒂家族中最为出名者要数吉安·加莱亚佐（1351—1402）。他在公元1379年夺得米兰的统治大权并一直掌权到公元1402年去世。他为人狡诈，性格残暴，极富野心。在其统治期间继续进行着城市版图扩张行动，吞并了米兰周围的不少城市，建立了一个由其家族掌控的中央集权城邦。后来，他又谋杀了自己的叔父和潜在对手贝尔纳博，将家族统治变成了个人集权。在其统治的鼎盛时期，米兰的城邦范围又得到进一步扩大，不仅囊括了伦巴第地区，威尼托、利佐莉亚、艾米利亚和托斯卡纳的大部分领土也被并入了米兰版图。热那亚、维罗纳、帕维亚、克雷莫纳、贝卢诺、博洛尼亚也都属于其势力范围。另外，比萨和锡耶纳也一度归其控制。颇具讽刺意味的是，他还通过与欧洲一些大家族的一系列联姻举措提高国际声望和影响力，其中最引人注目的是将其妹妹嫁给了克莱伦斯公爵（即爱德华三世的次子）莱昂内尔，把自己的女儿许配给奥尔良的路易斯公爵。后一场婚姻对当时的米兰人来说无疑是一把迎面火，因为法兰西人一直将婚姻用作索取某个城市所有权的基础。公元1395年，吉安·加莱亚佐在获得了温彻拉斯皇帝加封的米兰公爵称号后，他本人一直梦寐以求的正式名分也总算得到了承认。

随后，吉安·加莱亚佐又试图将其影响扩大到意大利的其他地区，甚至还一度几乎完成了对意大利半岛大部分地区的集中统治。他率领军队将顽强抵抗的佛罗伦萨人逼回到他们的本土，还将罗马城孤立出来以用作以后入侵的一个主要突破口。双方军队都包括来自意大利各地，实际上也是欧洲各处的雇佣兵。雇佣兵的使用，成了这一时期意大利领土内似乎永无休止的战争的一大特征，而这些雇佣兵中的许多人（例如来自佩鲁贾的声名狼藉的布拉乔·迪蒙托内）后来力量日益发展壮大，并开始参与权力之争，从而使意大利文艺复兴时期原本已如迷宫一般的权力关系变得更加扑朔迷离。不过，正如以往经常发生的那样，在这关键时刻，命运之神又介

入其中——吉安·加莱亚佐突然罹患热病不治身亡，15 世纪意大利的权力均衡局面也因此得以维持。

吉安·加莱亚佐也许确属妄自尊大之流，但仍不失为一个精明能干的统治者。别的城邦之所以屈服于他，绝不仅仅是出于对其威力的畏惧，更重要的原因是在他统治时期，米兰确实出现了和平稳定的局面。政府的重要部门如税收和司法机关等均运转良好，而且还推行了一种较为稳定且颇见成效的经济发展政策。因为米兰和帕维亚之间的纳维格利亚齐奥运河的修建，灌溉业和交通运输业有了较大程度的改善，导致 14 世纪晚期米兰的乳制品加工业和商品粮生产有了较快的增长，而伦巴第的纺织工业也有了类似的发展进步，后一进步的典型体现是丝织品加工业的引进和发展。到 15 世纪中期，在伦巴第约有 15000 人从事一种精致的带有金银绲边的丝质面料的加工生产。另外，当时的建筑和艺术也十分繁荣，著名的米兰大教堂和帕维亚的嘉都西会修道院都是建于这一时期。

吉安·加莱亚佐对佛罗伦萨发动的战争不仅耗费了米兰的大量资源，也为另一支同样野心勃勃的家族——斯福尔扎家族提供了可乘之机。弗朗切斯科·斯福尔扎本是一名雇佣兵，公元 1401 年出生于一个地位相对卑微的外国雇佣兵家族。后来。他通过玩弄权术和投机钻营而一跃成为米兰公爵，并为其继承人谋得了跻身于米兰贵族之列的显赫职位。其家族之姓本为阿特坦杜洛，他的父亲因勇敢刚强获得了“斯福尔扎”这一荣誉称号。弗朗切斯科一直是当时处于统治地位的菲利波·玛利亚·维斯孔蒂所面临的一大威胁。为了拉拢弗朗切斯科，菲利波许诺要将自己的私生女比安卡·玛利亚许配给他，不过却一直迟迟不予兑现，这让弗朗切斯科干着急却又无可奈何，直到公元 1441 年，菲利波已实在无法再继续拖延下去，弗朗切斯科才最终抱得美人归。公元 1433 年至 1447 年间，弗朗切斯科又与控制着安科纳的马奇（March）家族展开了斗争，并不择手段地将安科纳据为己有。在那以后，他的野心更加膨胀，最终攻下米兰，确立了他本人在公爵国的统治地位。不过，让科西莫·德·梅迪奇备感欣慰的是，他随后便接受了由意大利同盟确立的政治格局。

为了取得城市管理大权，弗朗切斯科·斯福尔扎推翻了安布罗斯城市共和国。

弗朗切斯科·斯福尔扎

该共和国建立于公元1447年，当时菲利波·玛利亚·维斯孔蒂死后无嗣，故共和国局面得以形成。它的建立实际上代表着一次暴风骤雨般的向城市公社的短暂回归，是穿插在维斯孔蒂家族和斯福尔扎家族统治之间的一场激动人心的政治插曲。斯福尔扎家族在公元15世纪的大多数时期统治着米兰公国并持续着其前任统治者的稳健经济政策。在斯福尔扎的历代统治者中，最具影响力者是洛多维科。他在杀死侄子之后掌握大权，由此可见，他基本上也延续了维斯孔蒂家族通过非正当手段谋取权力的传统。他曾鼓励法兰西国王查理八世的入侵行动，而一旦实现了他个人控制那不勒斯的目的后，又背弃了查理。在洛多维科统治时期，米兰宫廷内呈现歌舞升平的繁华景象：他的妻子贝亚特里切·德埃斯特常常弹起那支名为“完美主妇”的曲子，莱奥纳尔多·达·芬奇则在一旁伴奏。然而，好景总不常在，当斯福尔扎家族的最后一位公爵弗朗切斯科去世时，身后竟无子嗣可以继承其爵位，故其家族对米兰的统治也宣告终结。米兰从此落入法兰西人之手。

那不勒斯王国

14世纪初，原西西里王国政治上开始分裂，意大利半岛南部落入安茹人的手中，阿拉贡人则控制了西西里岛。当时意大利南部的掌权者是安茹的罗伯特，此人是西西里王国的意大利本土人，亦是后来的那不勒斯王国的国王。罗伯特是个各方

面均十分突出的人物，他将那不勒斯宫廷以及城市大学变成了文化精英的集中地，吸引了来自意大利各处的学者和艺术家，包括乔托和薄伽丘等，因而，受到彼特拉克和薄伽丘的高度赞扬，并被同时代的人尊称为“智者罗伯特”。罗伯特还具有杰出的外交才能。作为一个忠实的归尔夫派，他坚决支持教皇反对神圣罗马帝国，参加了意大利反抗帝国侵略的每一次活动。渐渐地，罗伯特在整个意大利享有极高的声望，成为当时最具影响力的人物，并获得了许多荣耀头衔，包括托斯卡纳的五个城市的主公和罗马涅地区的代理教皇等。罗伯特统治下的西西里王国出现了社会安定、经济平稳发展的大一统局面。从根本上说，这一局面的出现要归功于自诺曼人征服时期留下来的封建体制和权力关系。首先，君主制便带有典型的封建特征，绝大部分地方都归属一些封建贵族。

然而，只要我们稍加深入分析，便会清楚地发现，王国的形势也并非一片大好。其经济基础的先天不稳导致政治局势动荡不安，而罗伯特统治时期只不过是暴风雨来临前的暂时平静而已。整个王国的人口比意大利其他任何地方都稀少得多，即使是在那不勒斯最荣耀的时期，其首都人口也不过 3 万左右。尽管如此，它仍在努力摆出大都市的姿态，将城市划分为四个区，每个区都各自命之以不同的“国名”。王国的经济状况也极为糟糕，收入主要来源于农产品，特别是阿普利亚区的玉米、葡萄酒、羊毛、奶酪、甘蔗和藏红花。这些产品加工完成之后被大量运往意大利其他地区。王国内的大部分商人和金融家皆是外族人，这些人瓜分后剩下的利润又流入那些封建地主的口袋，而广大农民基本上处于完全被剥削的地位，生活状况极为悲惨，而且数十年如一日，不曾有任何改变。因此，14 世纪的经济危机来临时，那不勒斯的受害程度也十分严重。经济危机所带来的农产品价格下跌和竞争加剧，使农产品生产加工部门的数量大大减少，人口也急剧下降。同时，广大农民也找不到别的生活出路，故南方许多地方的人口大量减少，大片的田地荒芜。大约三分之一的村庄都无人居住，撒丁岛的人口下降了 50%，西西里岛的形势也大体相似。

经济危机还导致社会局势的动荡。在公元 1343 年罗伯特去世之后，整个王国

由于政治上的争权夺利和封建主义的无政府状态，开始走向四分五裂。在罗伯特之后即位的是其孙女乔瓦娜一世。乔瓦娜生活腐化堕落，曾谋杀三任丈夫，手段之狠毒不禁让人想起英格兰的亨利八世。后来，她终究自食其果，被杜拉佐的查理杀害。随后，查理继承王位并自称查理三世。查理在位时间仅4年（1382—1386），随后先后由其子拉迪斯拉斯（1386—1414）和其女乔瓦娜二世（1414—1435）继承王位。野心勃勃的拉迪斯拉斯也算是战功赫赫，在教皇流亡在外期间曾连续10年担任罗马城的主公，并企图进一步控制意大利的其他地区；不过，谢天谢地，这些终未实现。由于西西里王国的政治生活出现了这些曲折，到杜拉佐统治时期，内乱仍未平息。最为典型的是安茹的路易二世和阿拉贡的阿方索及其支持者之间为争夺乔瓦娜二世之后的王位继承权而展开的血腥战争。另外，由于经济危机的影响，许多贵族的税收大幅度下降，豪华奢侈的生活受到了威胁，因而也开始通过参战，甚至公开掠夺来保护个人既得利益，从而将广大农村抛入了更为混乱的境地。这一时期，整个西西里岛的形势与公元1377年弗烈德里克三世死后的局势几无差别。

凯旋门

路易二世与阿方索的夺权斗争最终以阿方索的胜利而告终。阿方索继位后实现了那不勒斯海岛和本土部分的统一，他本人也因此被称为“明君阿方索”。在其专制统治期间（1442—1458），王国又恢复了往日的部分荣光。那不勒斯宫廷在一些

知名学者诸如蓬塔诺和圣纳扎罗的领导下成了人文主义的中心。城市建设也有了较大的发展，完成了不少诸如那不勒斯新堡、凯旋门之类的建筑工程。凯旋门由弗朗切斯科·劳拉纳负责设计（当时亦有另外一个劳拉纳，即负责乌尔比诺公爵宫的建筑师卢西亚诺·劳拉纳）。阿方索死后，他的私生子费兰特（费迪南）继承了对西西里王国半岛部分的统治权，而西西里岛则归阿方索的弟弟乔万尼统治。费兰特继位后遇到了一连串的麻烦：安茹的雷内（René）试图入侵西西里。公元 1469 年至 1475 年间，其统治下的封建贵族们又起兵反叛。对于上述特别是后两个问题，费兰特都采取了强硬措施，毫不留情地镇压平息，落了个“残忍无情”的名声。费兰特于公元 1494 年去世时，曾被意大利南部贵族赶走的法兰西国王查理八世又返回王廷，准备入侵西西里。

在米兰的洛多维科·斯福尔扎和佛罗伦萨的萨伏纳洛拉的支持下，查理八世如虎添翼，畅通无阻地攻下了那不勒斯，不过，很快又被逼回了法兰西老家，那不勒斯王国则落到了西班牙人手中。起初，西班牙人于公元 1500 年和路易十二世达成协议，由双方共同掌管那不勒斯王国。然而，西班牙人不久违反协议，将法兰西人排挤出去，独自掌握了对南方的控制权。

艺术和文化复兴

文艺复兴作为知识、文化和艺术的一种现象，究竟有什么重要性，不属本书详细论述的范围。然而，如果不提一下文艺复兴这一根本性的进步，意大利人的历史将会是不完整的。

首先，有必要指出的是，文艺复兴作为意大利历史上文化进步与经济发展并不同步的特殊时期之一，并没有从根本上改变意大利的经济基础；其次，因为它所关注的只是极小一部分人，并没有对大多数意大利人的生活产生多么深远的影响，再次，作为一个真正伟大时代的地位时常会受到挑战和质疑。再次，文艺复兴确实发生过，任何质疑它的人，可能并未体验过走出佛罗伦萨火车站步行穿过切雷塔尼大街进入大教堂广场，然后与庄严的大教堂和乔托钟楼邂逅时的那份激动；也一定未曾拥有过站在佛罗伦萨学院美术馆米开朗琪罗雕刻的大卫像脚下时的那份敬畏与感动。最后，文艺复兴始于14世纪和15世纪的意大利，很快席卷了欧洲其他地区，并一直延续至18世纪末，可以说，它是意大利对西方文明最伟大的贡献之一。

那么，这场“文化革命”确切的本质是什么呢？有人将其描述为一种生活方式的改变，极其广泛地触及了意大利的各个角落。从本质上讲，它具备两个特征：作为主流精神动力的人文主义的上升和与之相伴的新艺术形式的演变。

人文主义者

随着贵族宫廷大量涌现及管理城市和城邦内诸多行政事务，以及处理外交复杂关系的迫切需要，对受过高等教育的人才的需求变得日益迫切。在这种情况下，人文主义便应运而生。然而，当时大学课程除了传播一些亚里士多德哲学或百科全书式的传统知识，并不传授其他知识，不能满足这些新的需求。于是，出现了一些私立的新式学校，发展了一种新式教育模式来满足人才市场上不断变化的需求。其中最著名的新式学校是由维多利诺主办的位于曼托瓦的焦约萨内务管理学校。人文主义教育基于对古典罗马和希腊文学的研究，它的教条侧重于对人的价值的肯定和提升，其核心主旨是人在社会中的功用，或更确切地说，是杰出人物在社会中的作用。罗马和希腊诗人因对当时社会的揭示也因其自身原因而受到广泛研究。人文主义者的研究范围主要包括修辞、历史和伦理，尤其强调修辞的价值，因为雄辩乃是当时社会的潮流，也是当时主要人文主义者如彼特拉克、萨卢塔蒂、瓦拉、维基奥等人的生活方式。

然而，追求人文主义需要花费大量的精力和金钱，需要接受从幼儿时代直到17岁期间的完整教育，因此受教育的对象往往局限于社会精英阶层的后代，所以说，产生人文主义者创造了所谓的“知识与权力的联盟”之说也并不奇怪。他们主要关注古典时代的主导群体，并经常赞扬统治者和赞助人；他们倾向于承认财富合法化，同时强调义务和责任，攻击财富过剩，也常会讽刺挖苦广大民众的无知；他们称颂政治学，尤其强调公共生活和公职的重要性和迫切性。“人的尊严”就是一个

源于人文主义时代的现代口号。从现代视角来看，人文主义者的问题在于他们对人这一概念界定的狭隘性，它将占人口绝大多数的平民排除在外。然而，从更广阔的历史视角来看，这场运动确实影响深远，在当代文化和文明中仍能找到那个时代的影子。例如现代科学标准，包括研究的客观性标准，都可追溯到他们的作品中；另外，很难想象，如果没有人文主义者对这些古典遗产的再发现和发掘，欧洲文化将走向何方。

达·芬奇

一些著名的人文主义者常被派往各主要城市的贵族宫廷和行政、学术和顾问部门任职，其中一些甚至还在政府部门掌握了大权，势力庞大，影响深远。许多古典作品被重新收藏和誊写，并建立了第一批图书馆，包括梵蒂冈图书馆、威尼斯马西亚诺图书馆以及由尼科洛·尼科利主持建造的佛罗伦萨圣马可图书馆。印刷术的发展加速了思想的传播；除此之外，一些主要的人文主义者如洛伦佐·瓦拉和莱昂·巴蒂斯塔·阿贝尔蒂等不辞劳苦地旅行讲学也加速了人文思想的传播。意大利的城市突然变得熙熙攘攘起来，出现了各行各业的人群如建筑师、城市规划者、地理学家、地图绘制学家、艺术家、科学家和革新者等。也许最伟大的人文主义者要数被誉为“人文主义大师”的莱奥纳尔多·达·芬奇（1452—1519）。他不仅是一位伟大的画家，还是一位极具创新精神、才华横溢的科学家和发明家。最值得一提的

是，早在 15 世纪，他就设计出了非常现代的诸如隐形眼镜这类发明。

纳瓦拉、卡斯提、阿拉贡王国和葡萄牙

自 11 世纪，伊比利亚半岛北部的基督教国家对阿拉伯人的统治进行了持久顽强的反抗，使得阿拉伯人的控制范围不断向半岛南部缩小。

711—714 年期间，穆斯林阿拉伯人征服了西哥特帝国。只有在道路闭塞的比利牛斯山脉还残存着基督教的影响。西哥特首领佩拉约带领人民抵抗穆斯林，在 718 年被推举为阿斯图里亚斯的国王，这个王国日后成为雷翁王国的一部分。

佩拉约铜像

在同一时期，巴斯克人挫败了查理大帝的征服企图——他于 812 年在边境城市马尔卡划定了一条历时不长的西班牙界线。824 年，巴斯克人推举因尼戈·阿里斯塔为纳瓦拉的第一位国王。9 世纪，巴塞罗那城在边境一带成形。

1016 年左右，在倭马亚王朝末代哈里发被废除的过程中，这些基督教国家从穆斯林内战中获得了好处。众多小统治者们取代了哈里发的地位，却因不够团结而无法应对由基督教国家发起的收复失地运动。

11 世纪的上半叶，桑乔三世加尔塞斯（桑乔大帝）统治着西班牙北部的辽阔土地。1035 年桑乔去世后，他的国家分裂为三个独立的王国：卡斯提、阿拉贡及纳瓦拉。1038 年，卡斯提的统治者斐迪南一世通过联姻成为雷翁的国王。通过联姻，阿拉贡和巴塞罗那也于 1164 年统一。

葡萄牙的阿尔方索一世从摩尔人手中夺取里斯本，19 世纪的钢雕版画。

1097 年，法国伯爵勃艮第的亨利迎娶卡斯提和雷翁王国的斐迪南的孙女，并接收了她的嫁妆——葡萄牙。亨利的儿子阿尔方索一世脱离了卡斯提的控制，于 1139 年获得了国王的头衔。因此在 12 世纪，伊比利亚半岛上存在着四个王国：纳瓦拉、卡斯提-雷翁、阿拉贡和葡萄牙。

近代西班牙和葡萄牙的形成

在收复失地运动中，基督教统治者收复了伊比利亚半岛上的穆斯林领土。

收复失地运动并不是一帆风顺的。北非地区的穆拉比德王朝和穆瓦希德王朝，分别从 1094 年和 1147 年起控制着西班牙南部，并在 12 世纪时与基督教国王的战斗中取得一系列重大胜利。

正如熙德的例子所显示的，在基督教徒和伊斯兰教徒中转换结盟对象的插曲一直存在。西班牙的骑士团，比如一直延续着十字军传统的卡拉特拉瓦骑士团、阿尔

坎塔拉骑士团或阿维斯骑士团等，在收复失地运动中起到了很大的作用。

蓬费拉达的骑士团城堡，始建于 1178 年。

葡萄牙的国王们此时正致力于沿大西洋海岸开疆辟土。里斯本在 1147 年被攻占，而阿尔加维在 1250—1251 年期间被征服。阿维斯的约翰一世在 1385 年登基，1415 年征服北非地区。他和他的儿子“航海者”亨利逐步建立起葡萄牙在海上力量的优势，亨利更是展开了海上冒险并组建了商业海军联盟。

卡斯提的阿尔方索五世于 1085 年攻占了西哥特旧都托莱多。托莱多后来成为卡斯提和西班牙的首都，直到 1561 年迁都马德里为止。在 1236 年斐迪南三世征服科尔多瓦之后，卡斯提的扩张陷入了短暂的中止阶段。只有在半岛南端的穆斯林王国格拉纳达仍存在着。

斐迪南二世和伊莎贝拉一世，

16 世纪早期的木版画。

同时，阿拉贡在地中海一带建立起势力范围。1235 年，詹姆斯一世攻占巴利阿里群岛，1238 年又从摩尔人（西班牙穆斯林）手中夺取巴伦西亚港口。他的儿子彼得三世于 1282 年占据西西里岛。1326 年和 1442 年，阿拉贡分别将撒丁岛和那不勒斯置于统治之下，成为地中海地区的霸主。

1469 年，两位“天主教君主”阿拉贡的斐迪南二世和卡斯提的伊莎贝拉的联姻，为西班牙的统一铺平了道路。1516 年斐迪南去世后，两顶王冠都归于哈布斯堡家族。在 1492 年征服格拉纳达之后，两位统治者完成了收复失地运动。在宗教裁判所的协助下，西班牙和葡萄牙统治者开始对穆斯林、犹太人以及摩里斯科人（受洗成为基督徒的摩尔人）进行迫害和驱逐。

科尔多瓦大教堂，16 世纪为“麦兹齐塔”大清真寺，后在清真寺的基础上改建为基督教教堂。

纳瓦拉王国并没有参与到收复失地运动中。从 13 世纪起，法国皇室就开始继承纳瓦拉的王位。1572 年，波旁家族的亨利统治纳瓦拉，后于 1589 成为法国国王，称为亨利四世，从而将两个王位统一在一起。1512 年，阿拉贡的斐迪南二世夺取了纳瓦拉南部的主要地区。

六、东欧与北欧国家

公元 8—16 世纪

8 世纪期间，维京人从斯堪的纳维亚出发沿着欧洲海岸线航行。最初他们常常以战士或者海盗的身份出没在海上，但后来也作为商人和开拓者航行海上。

9—10 世纪，挪威、丹麦及瑞典王国出现在斯堪的纳维亚半岛上。对于这些国家的形成，基督教在其中扮演了重要的角色。国王们总是与强大的贵族阶层对抗着。即使 14—16 世纪时三个北部王国联合结成卡尔马联盟，也不能遮掩这些王国在体制上的缺陷。

维京人和挪威王国

在相当一段时间内，勇敢的海上航行者维京人控制着欧洲海域。从 13 世纪起瑞典经历了一个黄金时代，直到 1387 年处于丹麦人统治之下。

中世纪早期的斯堪的纳维亚人也被称为维京人、瓦兰吉安人或日耳曼人。不久，由于资源有限和政治变动，同时因为渴望冒险，大量的团体从斯堪的纳维亚北面出发开始航行。

维京人在造船技术上的优势，使得他们能够在欧洲海岸一带的袭击行动中占据主动，并将攻势沿江河推向内陆。正如港口城市所显示的，贸易也发挥了很大的作

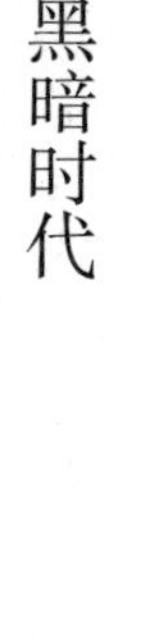

北欧神话中的战神蒂尔与被缚的地狱之狼，6 世纪的青铜浮雕。

用，比如日耳曼北部的贸易集散地海泽比。最终，斯堪的纳维亚人也成为英格兰、爱尔兰、诺曼底和俄罗斯四个国家的开拓者和建立者。维京人也曾经在 1000 年左右到过冰岛和格陵兰岛，并在莱弗·埃里克松的带领下踏上北美海岸。

“金发王”哈罗德和巨人，冰岛。

在维京人的本土，国王日益加强的权力限制了之前部落所拥有的自主自治权。新式国家的反对者往往加入移民的队伍中。“金发王”哈罗德一世约在 870 年成为统一挪威各国的第一人。

基督教在一次偶然的事件中被强制传人挪威。特别是在 11 世纪，奥拉夫一世·特利格瓦森和奥拉夫二世·哈拉尔德逊（圣奥拉夫）利用教会支持国家集权。在其他欧洲国家，有关教会人员任命的矛盾在 12 世纪逐渐白热化。1202 年，斯维瑞尔·西居尔松再次成功地强化了君权。

在孙子哈康四世（又被称为“老哈康”）统治期间，挪威的统治领域在 1261 年扩展到格陵兰岛，1262 年则拓展到冰岛，数个世纪以前，议会体制——自由人讨论政治和法律事务的全民大会——是冰岛主要的政治体系。1319 年瑞典的福尔孔家族继承了挪威，1380 年它又被丹麦女王玛格丽特一世继承。在 1814 年以前，挪威和丹麦一直联为一体的。

挪威的布尔贡木构教堂，建于 12 世纪。

丹麦和瑞典

在卡尔马联盟时期，丹麦试图支配波罗的海海域。然而，这一企图遭遇了来自瑞典的强大阻力。

丹麦王国的发展始于老戈尔姆，约 940 年他征服了海泽比的维京人。他的儿子“蓝牙”哈罗德二世在 950 年左右继承了父亲的遗志，但在 986 年被自己的儿子斯维恩一世·弗克比尔德所杀。斯维恩和他的儿子克努特一世一举拿下英格兰和挪

威，由此在北海海岸开创了一个伟大的王国。1035 年克努特去世，数年之后，英格兰和挪威又重新取得了独立。

在 11—12 世纪很长一段时间，丹麦因继承纷争而逐渐衰弱。从 1 157 年开始，瓦尔德马一世逐步在德国北部及波罗的海沿岸扩张自己领土，而他的儿子瓦尔德马二世却在 1227 年的伯恩赫夫特战役中被北部德国诸侯和吕贝克汉萨联盟城市击败。随着汉萨联盟战争的展开，瓦尔德马四世·阿道戴被迫在 1370 年签署的《施特拉尔松德公约》中认可汉萨同盟所提出的要求。

瓦尔德马四世的女儿玛格丽特一世（哈康六世马格努松的遗孀）竭力为她的儿子奥拉夫保住了丹麦王位。1387 年奥拉夫死后，玛格丽特摄政。1397 年，她促使三个国家结成卡尔马联盟。

乌普萨拉主教亨利和到芬兰传教的传教士，约 1475 年的书籍插图。

瑞典王朝的历史始于 980 年，由埃里克八世·布扬松开创。他的儿子奥拉夫·斯哥特哥隆三世在 1008 年受洗。然而，在瑞典，整个中世纪盛期的特点是非基督教地区的冲突和敌对王朝之间的王位之争。1250 年，福尔孔家族得到了王位。王朝建立者伯吉尔侯爵是帝国摄政者，他完成了对芬兰的征服。自 12 世纪以来，这就是瑞典战士、传教士和拓殖者的共同目标。

瑞典南部的卡尔马城堡，建于 12—16 世纪。

福尔孔家族的末代继承者、丹麦的玛格丽特一世将瑞典引入了卡尔马联盟。瑞典特别不满卡尔马联盟处于丹麦主导之下。因此瑞典贵族阶层反抗玛格丽特的继承者，尤其针对 1448 年开始统治瑞典的欧登堡家族的国王。1523 年，瑞典国王古斯塔夫一世·瓦萨使瑞典脱离了与丹麦的联系，这种反抗终止了。

中世纪波兰的发展

皮亚斯特王朝统治时间虽长，却无法建立一个强有力的君主政体。直到 13 世纪，众多地方割据势力才被德意志及其他邻近国家打败。

在皮亚斯特家族统治时期，定居于奥得河和维斯瓦河流域的西斯拉夫-波兰部落，成为未来波兰的主要组成部分。梅什科一世在 10 世纪 60 年代获得统治权，并改变宗教信仰，尊奉基督教。尽管奥托王室试图抵制来自东方的强大势力，梅什科一世和他的儿子波列斯瓦夫一世（“勇敢者”）从一开始就与日耳曼萨克森的奥托家族保持着亲密的关系。直到奥托王朝末期 1025 年波列斯瓦夫加冕为波兰国王，才确立了波兰的独立性。

波西米亚公爵二世拜见布拉格主教

圣阿达尔伯特，12 世纪的青铜浮雕。

波列斯瓦夫一世的孙子“复兴者”卡齐米日-世当政时期，不仅忙于镇压异教徒的反叛斗争，同时又要应付来自波希米亚和基辅罗斯的入侵。波列斯瓦夫三世（“歪嘴”）在 1138 年进行了改革，王太子为首都克拉科夫的领主，而其他王子则在外省拥有自治权。但是这一改革并没有实现稳定君权的目的，反而导致了内讧，贵族和教会则在这场分裂中渔翁得利。在 1241 年的莱格尼卡（地名，普鲁士你为里格尼兹）一役中波兰大败于蒙古人手下，后蒙古因蒙古大汗去世而撤军，波兰才幸得残存。

波兰的波列斯瓦夫一世接见德国传教士，19 世纪

的木雕版画。

其时，德国人亦开始从西面逐步侵吞波兰领土。12 世纪，易北河、奥得河流域的斯拉夫部落纷纷失去独立。在德国人有目的的征服和殖民统治下，这些部落的文

化认同感也几乎无一例外地被消磨殆尽。

德国国王亨利一世征服勃兰登堡，约1900年的彩色版画。

13世纪，波美拉尼亚和西里西亚两地的统治者鼓励德国人进入，1226年，马佐维亚的皮亚斯特大公向德国条顿骑士团寻求援助，以抵御普鲁士异教徒。德国化的波兰王公们在政治上也逐渐倾向于德国国王。但是，在14—15世纪，条顿骑士成为波兰的巨大绊脚石。

东欧大国波兰和立陶宛

在亚盖洛统治时期，波兰-立陶宛联盟国成为东欧最大的政治单位，尽管他们的权力在东欧来说依然微弱。

在波希米亚人统治之后，瓦迪斯瓦夫一世（“矮子”）统一了波兰，1320年，他在克拉科夫加冕为波兰国王。他的儿子卡齐米日三世在1333年即位。卡齐米日三世醉心于对外扩张，他让从西欧大屠杀中逃脱的犹太人定居波兰，还以西里西亚为交换条件与波希米亚王公缔约，波希米亚承诺放弃波兰王位。

1370年，卡齐米日三世去世，皮亚斯特王朝也随之中断，为了稳定局势，由他的外甥——匈牙利国王安茹的路易一世继位，史称路易大帝。而波兰的贵族则利用此王朝更迭之机维护自己的利益。

为了保住女儿亚德维加的王位继承权，路易被迫在1374年的《科希采条约》

克拉科夫的老犹太会堂，建于 15 世纪。

中做出了更大的让步。不久，贵族们利用权势，迫使亚德维加嫁给立陶宛大公亚盖洛，1386 年亚盖洛加冕为波兰国王，史称瓦迪斯瓦夫二世·亚盖洛。

立陶宛的亚盖洛加冕为瓦迪斯瓦夫二世

此时的立陶宛仍处于幼年期，从大部分地区来看还是一个异教国家。第一位立陶宛大公是亚盖洛的祖父格迪米纳斯，他曾奋起反抗条顿骑士团，并趁基辅罗斯衰落之时将立陶宛的疆域拓展到今天的俄罗斯和乌克兰。

亚德维加和瓦迪斯瓦夫二世联合执政之后，波兰-立陶宛联军在格伦瓦尔德（地名，普鲁士称为坦嫩贝格）战役中大败条顿骑士团。根据 1466 年签订的《托伦和约》，条顿骑士团被迫把大片的领土割让给瓦迪斯瓦夫的儿子卡齐米日四世，并

波兰国会上贵族派别间的争斗

承认他的君主地位。波兰-立陶宛联盟国至此达到了顶峰，其疆域自波罗的海延伸至黑海，成为东欧最大的政治单位。

在国内，亚盖洛王朝始终与大贵族（大封建领主）之间争斗不断。卡齐米日四世为了争取小贵族的支持，给予他们免税特权，并允许他们进入色姆（波兰的国会）。大贵族和小贵族却反而联合起来，要求确立选帝权原则，并从每一位新统治者那里获取更大的特权。

卡齐米日的后继者在1505年被迫接受“无新”律令，意味着如果没有贵族的批准，国王无权做出任何决定。占有土地成为贵族的特权，而农民只能被迫成为农奴。君主立宪的贵族共和政体在此逐步形成、发展。

波希米亚

捷克斯洛伐克的普热美斯王朝建立了波希米亚王国，但是后继的王朝与贵族在宗教上存在着冲突矛盾。

9世纪，普热美斯王公们统一了波希米亚境内的西斯拉夫部落。圣瓦茨拉夫大公试图与神圣罗马帝国结盟，并大力宣扬基督教。929年，他的弟弟弑兄篡位，即为波列斯瓦夫一世。而后波列斯瓦夫一世被迫接受神圣罗马帝国为宗主国，波希米亚由此成为帝国的一个自治行省。1198年，德国皇帝授予普热美斯家族为波希米亚

世袭君主。

玛撤费尔得战役，发生于奥地利维也纳东部，19 世纪的油画。

波希米亚的国王奥托卡二世于 1251 年率军攻下奥地利，并觊觎德国皇位。1273 年，哈布斯堡家族的鲁道夫一世被推举为德国皇帝。奥托卡试图挑战他的权威，但在 1278 年的玛撤费尔得战役中，奥托卡不敌鲁道夫，奥地利控制权也因此转入哈布斯堡家族手中。1306 年，奥托卡的孙子瓦茨拉夫三世去世，普热美斯家族也随之退出历史舞台。

卢森堡的约翰是皇帝亨利七世之子，其妻为瓦茨拉夫的妹妹伊丽莎白，因此承继了波希米亚王位。1347 年，其子继位，为查理四世。查理的儿子瓦茨拉夫四世专制治国，引发贵族反叛，甚至连他的亲戚也参与其中。

因与胡斯教徒的冲突而导致了一场内战，波希米亚王国也在这场战争中彻底瓦解。瓦茨拉夫的弟弟西吉斯孟在 1410 年成为神圣罗马帝国的皇帝，并继波希米亚王位，却始终无法得到认可，到 1437 年去世前不久，这位国王才被承认。

西吉斯孟的外孙拉兹洛五世死于 1457 年，曾为年少的拉兹洛摄政的波希米亚贵族波德布拉迪的乔治被推举为王。这是第一次国王求助于胡斯教徒。1471 年，瓦迪斯瓦夫二世继位，1490 年他又继承匈牙利王位，匈牙利历史上称乌拉斯洛二世。

神圣罗马帝国皇帝马克西米连一世精心安排了儿孙的婚姻，通过联姻哈布斯堡

在瓦茨拉夫四世的指示下，内波穆克约翰朝圣教堂的
教士被刺身亡，木雕版画。

家族重获波希米亚和匈牙利。但是哈布斯堡家族对波希米亚的控制仍是微弱的。三十年战争中，波希米亚贵族的权力逐渐被瓦解。

匈牙利

在阿尔帕德时期，匈牙利慢慢形成一个国家。即使面对奥斯曼帝国的威胁，自信的匈牙利贵族仍维持着他们的特权。

自4—5世纪的匈奴人开始，不断有游牧民族从欧亚大陆的草原迁徙至欧洲。796年，阿瓦尔人败于查理曼大帝。约900年，匈牙利人在首领阿尔帕德的带领下，填补了阿瓦尔人留下的真空地带。匈牙利人的袭击极具掠夺性，一路扩张至罗马。955年，匈牙利人在莱希菲尔德不敌德国军队，之后便在外多瑙河（潘诺尼亚地区）定居下来，即今天的匈牙利。

阿尔帕德的后代盖萨大公接受了基督教，并巩固了自己家族的权利。他的儿子斯蒂芬一世（圣斯蒂芬）在1001年加冕为匈牙利的第一位国王。在德国人的帮助下，他建立起国家和教会体系。他的后继者们陆续征服了邻近的克罗地亚和特兰西瓦尼亚，在这些地区都居住着大量的德国人。

1222年，安德鲁二世在贵族的强迫下签署“黄金诏书”，强化了贵族和教会的权力。特兰西瓦尼亚的德国人地区也拥有了高度的自治权。阿尔帕德王朝在1301

年完结于安德鲁三世。

匈牙利王位纷争之后，法国的安茹王朝在 1307 年控制了匈牙利。1342 年，路易一世（路易大帝）登基，在相当一段时间内摆脱了男爵们的控制。1370 年，他又继承了舅舅波兰国王卡齐米日三世的王位。路易死后，他所打下的江山再度分裂，波兰王国由女儿亚德维加继承，另一个女儿玛丽及其丈夫、卢森堡的西吉斯孟继承了匈牙利王位。

1396 年，在多瑙河畔的尼科波利斯，奥斯曼帝国给西吉斯孟以毁灭性的打击。这位一贫如洗的国王为了获得财政支持，只能听任男爵索取越来越多的特权。1410 年，他成为德国国王，1419 年他又成为波希米亚国王，1433 年加冕为神圣罗马帝国皇帝。西吉斯孟的女婿、继承人奥地利的阿尔伯特死后，一场王位之争又展开了。

马提亚·科维努斯，约 1490 年的大理石浮雕。

在匈牙利，贵族亚诺什·匈雅提为阿尔伯特的儿子拉兹洛（“遗腹子”）摄政。1457 年，拉兹洛去世，匈牙利人推举匈雅提的儿子马提亚·科维努斯为王。

马提亚重视文化，欲将匈牙利宫廷打造成又一个文艺复兴中心。他多次对外作战，使匈牙利的国土面积达到了最大。他还成功地打败了波德布拉迪的乔治（被教皇逐出教门的胡斯教徒）和皇帝腓特烈三世，占领了波希米亚和奥地利的大片

普雷斯堡，即今天斯洛伐克的布拉提斯拉瓦，1526年起为哈布斯堡匈牙利的首都。

土地。

最终，马提亚与腓特烈三世及乔治·波德布拉迪的继承人瓦迪斯瓦夫二世和解。马提亚死后，由瓦迪斯瓦夫二世继位。瓦迪斯瓦夫的儿子路易二世在莫哈奇战役中被土耳其人彻底击败，奥斯曼帝国几乎占领了整个匈牙利，只有匈牙利与奥地利的边境地区由路易的妹夫，即哈布斯堡家族的斐迪南一世控制。

七、南欧地区

约公元7—15世纪

随着东罗马帝国在8—9世纪的衰落，许多小国家在欧洲东南部兴起，它们存在的时间都不长，只有保加利亚人和塞尔维亚人在巴尔干半岛上建立了较为长久的政权。巴尔干半岛是欧亚大陆之间的重要交通要道和军事要塞，向来为附近大国争夺。最后攻占巴尔干地区的大国是奥斯曼帝国，它在16世纪几乎占领了整个巴尔干地区。

亚得里亚海岸

中世纪晚期，巴尔干半岛的西部和西北部几乎无一例外地落入奥斯曼帝国和哈布斯堡家族手中。

南斯拉夫克罗地亚人先受辖于拜占庭帝国，后为法兰克人所统治。925年，克罗地亚人建立起一个独立国家，1102—1918年与匈牙利结成联盟，由总督（过去匈牙利里军区的长官，后来则指匈牙利国王在边远领地所设的军区总督）管辖。

1076年，教皇为德米特里·兹沃尼米尔加冕，克罗地亚与罗马天主教会结盟。土耳其人欲征服克罗地亚的企图最终被粉碎。15世纪，威尼斯征服克罗地亚沿海的达尔马提亚，该地区扼亚得里亚海之咽，具有重要的战略地位。拉古萨城市共和

土耳其人围攻克罗地亚首都阿格拉姆（今天的萨格勒布）

国（今天的杜布罗夫尼克）保持自身的独立长达数千年，直到1806—1808年期间被拿破仑军队占领。

波斯尼亚初为拜占庭帝国的一部分，12世纪又并入匈牙利。斯蒂芬·科特罗曼尼克（特弗尔特科）总督在征服了黑塞哥维那地区，拥有了大片土地后，于1377年称王，为塞尔维亚-波斯尼亚国王。但是在他死后，这个王国很快分崩离析。土耳其人于1463年、1483年分别占领了波斯尼亚和黑塞哥维那。

拉古萨古城（今天的杜布罗夫尼克）

巴尔干地区的斯拉夫领土很快都被土耳其人占领，除了蒙特内哥罗（今译"黑山"）这一小块土地上还维持着自治。从1528年起，蒙特内哥罗里的东正教教会在采蒂涅领导了一个由松散氏族组成的政治组织，但内部争论一直不断。17

世纪末期，彼得一世继承了家族世袭的主教一职。1852 年，蒙特内哥罗成为一个世俗公国，1910 年又成为一个王国，但仅仅维持了八年。

尼古拉一世佩特罗维奇，蒙特内哥罗大公，1910 年起为蒙特内哥罗国王。约 1895 年的肖像画。

1443 年，乔治·卡斯特里奥蒂（也称为斯坎德培）被土耳其人囚禁，但仍长期坚持反抗土耳其人。后来，他统一了阿尔巴尼亚各部落，并与那不勒斯、威尼斯及匈牙利结盟，共同抵御奥斯曼帝国。1461 年，经过谈判，阿尔巴尼亚等四国与奥斯曼帝国达成十年停战协议。但两年后，斯坎德培就撕毁了条约，他的盟友为免遭池鱼之殃马上抛弃了他，此时的奥斯曼帝国却无力再征服这个地区，这种僵局持续到 1468 年才被打破，土耳其人再次占领这片土地。

希腊和罗马尼亚

奥斯曼帝国在 17 世纪征服了希腊，他们在罗马尼亚各公国中，从当地的王公中选择统治者。

1204 年，第四次十字军东征攻占了君士坦丁堡，其后，大量的独立国家在希腊产生，沿着威尼斯各要塞分布。这些小岛或小城市通常是由希腊、法国或意大利的

贵族家庭所统治的，其中最显赫的是雅典公国。但是1311年法国公爵被加泰罗尼亚海盗赶出雅典公国。1388年，雅典公国由佛罗伦萨的阿奇亚奥里家族统治。1458

特兰西瓦尼亚的德意志城镇的市场，20世纪的彩色版画。

年，奥斯曼帝国夺取雅典，并逐步征服希腊其他地区。17世纪时，整个希腊被完全征服。

“勇敢者”米切尔被嫉妒的同伴手刃，17世纪的铜雕版画。

而罗马尼亚境内的各公国是瓦拉几人的家园。瓦拉几人是罗马化的土著后裔和哥特、斯拉夫、匈奴、保加利亚人混合而成的民族。匈牙利在11世纪的扩张以及

德意志开拓者数量的激增，驱使大量的人从特兰西瓦尼亚迁往喀尔巴阡山脉，甚至更南往瓦拉几亚，更东往摩尔达维亚。除了匈牙利边境地区，各独立国家都处于本地的总督统治下。这些国家在 14 世纪发展迅速。

瓦拉几亚的总督老米尔恰于 1385 年定都布加勒斯特，同时为防被废，1396 年他承认了奥斯曼帝国的宗主地位。他的子孙在匈牙利和奥斯曼帝国之间不断变化盟友，这样的策略看起来很灵活，但却很不稳定。

位于克里特半岛、靠近伊拉克利翁的威尼斯要塞。

国王们最终都下场悲惨：1442 年米尔恰被活埋；1476 年威拉德三世（又称为德拉库·采佩什，即“穿刺者”之意）被斩首；拉杜·塞尔·弗吕摩斯臣服于奥斯曼的苏丹。他们的后代也都成为奥斯曼帝国忠诚的附庸。

虽然 1513 年摩尔达维亚被迫承认奥斯曼帝国的宗主权，但总督斯蒂芬大帝（1457—1504 年为摩尔达维亚的总督）在挑拨邻国相互争斗方面相当有手腕。“勇敢者”米切尔（瓦拉几亚的总督）带领瓦拉几亚的人民奋起反抗土耳其人，但却在 1601 年被刺杀。从 17 世纪起，土耳其人从不同的家族选定罗马尼亚各公国的统治者。

保加利亚王国

9—10 世纪，保加利亚人掌控着巴尔干地区。但后来却被蒙古人入侵并统治多年。

5世纪时，匈奴人各支纷纷撤回俄罗斯南部的大草原，与突厥部落和斯拉夫种群相互混居，慢慢形成了保加利亚人，后来逐渐形成一个有一定规模的国家。

图尔诺沃古城的防御工事和教堂，位于今天保扣利亚境内的扬特拉河河岸上。

但好景不长，面对迅速发展起来的其他草原民族，保加利亚王国在640年左右分裂，分成伏尔加河的保加利亚人和多瑙河的保加利亚人。其后，在基辅罗斯、伊斯兰世界向南的商路中，伏尔加河的保加利亚人很快崭露头角，但这种兴盛在1236年因为蒙古的入侵而毁于一旦。

阿斯巴鲁赫（据说是匈奴王的后裔）带领多瑙河的保加利亚人在巴尔干地区定居下来，681年左右建立了第一个保加利亚王国。865年，鲍里斯一世接受基督教，试图推进国家的统一。他将次子西美昂送往君士坦丁堡接受修士教育。

893年，西美昂篡位。西美昂一世是保加利亚最伟大的国王，曾多次发动对拜占庭帝国的战争，但始终未能攻下君士坦丁堡。925年，他自号“全保加利亚沙皇”。他在位期间，大力推广了西里尔字母，在全国广泛宣扬基督教，并使得第一部斯拉夫文《圣经》成功问世。

927年，西美昂死后不久，保加利亚与基辅罗斯遂起争端，保加利亚开始衰落。1014年，拜占庭皇帝巴西尔二世的铁蹄踏上保加利亚的土地，在巴尔干半岛上大肆挞伐，遂得“保加利亚屠夫”之称。保加利亚无力抵御巴西尔的攻势。四年后被拜占庭帝国完全吞并。

战场上的卡洛扬·阿森，16世纪的镶拼画。

12世纪末，保加利亚贵族彼得·阿森和伊万·阿森兄弟利用拜占庭帝国忙于应付塞尔柱的攻击之机，在1186年对外宣布独立。他们建立了第二保加利亚王国，定都图尔诺沃。

1204年，彼得和伊万的兄弟卡洛扬·阿森被教皇英诺森三世授予国王称号。但不久他就背离了罗马教会，并于1 205年在阿德里亚堡打败了皇帝鲍德温一世。卡洛扬的侄子伊万·阿森二世将保加利亚的领土一路扩张到了爱琴海沿岸和亚得里亚海沿岸，1235年建立保加利亚教区。

1242年，蒙古入侵保加利亚，之后保加利亚为蒙古可汗统治。中世纪，保加利亚的最后一个沙皇是伊万·希什曼，至1396年，保加利亚领土全处于奥斯曼苏丹的控制下。

塞尔维亚王国

12—14世纪末，塞尔维亚人在西巴尔干地区成功地建立起一个庞大的王国。

伊凡·阿森二世像，1218—1241 年在位。

像保加利亚人一样，1167 年，斯蒂芬·奈马尼亚统治下的南斯拉夫-塞尔维亚人乘拜占庭帝国衰落之际，建立起一个独立王国。斯蒂芬重组了塞尔维亚王国和教会，选取了新的塞尔维亚主教，规定塞尔维亚语为礼拜专用语。1196 年，斯蒂芬放弃王位，在一座修道院隐居。他的儿子及继承人斯蒂芬二世奈马尼亚一上台就投靠了西方世界，并于 1217 年被教皇授予国王头衔。

为了平衡斯蒂芬之前的亲罗马政策，他的兄弟圣萨瓦在 1219 年创建了塞尔维亚东正教教会。这个教会日后成为外族统治下塞尔维亚保持民族同一性的重要关键。圣萨瓦创建的各修道院成为文化中心。在 13 世纪，塞尔维亚从原始的部落宗族发展到西欧模式的封建社会，农民变成了农奴。

1330 年，在对保加利亚的佛耳布日德战役中，塞尔维亚取得了关键性的胜利，佛耳布日德并入塞尔维亚版图。1331 年，斯蒂芬·杜香登基，继续推行扩张政策，不断向外征服，一直到雅典城外。1346 年，他在斯科普里称帝，自称“塞尔维亚

圣萨瓦，科索沃德卡尼修道院的壁画，作于1572年。

佩奇的塞尔维亚总主教修道院，建于13—14世纪。

人和希腊人的皇帝”，并创建了塞尔维亚总主教区。

对内，他沿袭拜占庭帝国的政府制度及律法体系，构建了等级制的政府组织。他的儿子斯蒂芬·乌诺什五世在1355年即位，但他无法统治这样一个大帝国，只能任由国家在1371年分裂。北塞尔维亚的大公拉扎尔·赫雷贝尔亚诺奇试图阻止奥斯曼帝国的崛起，却徒劳无功。

1389年，塞尔维亚人在“黑鸟之乡”科索沃的会战中遭遇了惨痛的失败，拉

亚诺什·匈雅提与土耳其人作战，

19世纪的木雕版画。

扎尔的继承者被迫承认奥斯曼帝国的宗主权。1456年，穆罕默德二世率军围攻贝尔格莱德。匈牙利的摄政王亚诺什·匈雅提挺身而出，解除了贝尔格莱德之围，迫使土耳其人撤军。在匈雅提有生之年奥斯曼帝国未再进犯，后他因感染瘟疫去世。1459年，奥斯曼帝国吞并了塞尔维亚。

第四章　野蛮的征服

——亚非欧的崛起与衰落

一、俄国

公元 9—16 世纪

在拜占庭文化的影响下，斯拉夫人和斯堪的纳维亚半岛韵瓦良格人在 9 世纪涌入基辅王国。领导瓦良格人的留里克家族介入了王权之争和继承纷争之中。

从 13 世纪起，那些割据的公国意识到自己受控于蒙古。与此同时，莫斯科公国开始崛起。14—15 世纪，莫斯科公国统一了俄国，并迈出跻身欧洲大国的脚步。随着留里克家族最后一位统治者的去世，俄国开始陷入混乱，直至 1613 年一个新的王朝——罗曼诺夫王朝登上历史舞台，才结束了这场混乱。

早期斯拉夫文明

在欧洲东部有一片面积达 400 万公里的广阔平原地区，它北起北冰洋，南至黑海、里海之滨，东起乌拉尔山脉，西至波罗的海，被称作东欧平原；因其大部分位于俄罗斯境内，也被称为俄罗斯平原。一千多年以前，俄罗斯民族的祖先斯拉夫人来到这片区域，在此繁衍生息，孕育出璀璨的斯拉夫文明。

斯拉夫人的分支

俄罗斯人的祖先最早生活在欧洲东部的东欧平原或称俄罗斯平原，这里有广袤肥沃的草原和一望无际的森林，还有奔流不息的伏尔加河、第聂伯河、顿河等。公元前1000年左右，从中亚和东欧、北欧迁徙过来的游牧部落来到这片地区，到公元1世纪，原来居住在喀尔巴阡山的斯拉夫人来到东欧平原。对于斯拉夫人，俄国历史学家克柳切夫斯基在《俄国史教程》中这样描写道："他们像飞鸟般从一端迁居到另一端，抛弃了住腻了的地方，在新的地方居住下来。"

《斯拉夫人在第聂伯河上》，俄罗斯"艺术世界"画派画家列利赫绘。

这些斯拉夫部落经过一系列分化组合，到公元6世纪，斯拉夫人逐渐分成三大分支，即西斯拉夫人、东斯拉夫人和南斯拉夫人。东斯拉夫人就是现代俄罗斯人的始祖，包括俄罗斯人、乌克兰人和白俄罗斯人，他们主要居住在乌克兰平原地区，分布在西起德涅斯特河，东到第聂伯河以东和黑海北岸一带。西斯拉夫人则包括波兰人、捷克人和斯洛伐克人，他们主要居住在今天的波兰、捷克以及斯洛伐克境内。南斯拉夫人包括塞尔维亚人和保加利亚人等，他们主要居住在巴尔干半岛地区。

东斯拉夫人的生产与生活

据当时的一些希腊人和阿拉伯旅行家的记述，最早的东斯拉夫人生产与生活还处在一个十分原始的状态。他们身材高大、衣着简单，所穿的大多是麻布织成的宽大的紧脚裤、短外衣、长袍、长袜。他们住在用干树枝和芦苇搭建成的窝棚里，窝棚周围是一些土墙和栅栏，用来防止野兽的袭击。

作战是东斯拉夫人最重要的活动。他们经常为了掠夺财物而袭击、侵扰周围的部落。他们还侵扰当时的拜占庭帝国，多次冲破拜占庭在多瑙河一带的防线，深入到巴尔干半岛地区。最后，东斯拉夫人控制的疆域一度延伸到第聂伯河和伏尔加河流域。

在公元8—9世纪，东斯拉夫人开始种植麦子和饲养家畜，聚居在一起的几个家庭或者分散的村子组成了部落或村社，再由相邻的部族组成氏族公社。一个氏族公社的范围非常大，通常包括辽阔的草原和森林，难以涉渡的沼泽和流经这片土地的河流。在氏族公社中以年龄最大、威信最高的长老为族长，而畜群、牧场和耕地都是氏族的公共财产。一些血缘相近的氏族结合成一个部落，领导部落的是大家推选出来的酋长。

东斯拉夫人的文字历史可以追溯到东罗马帝王优士丁尼的统治时期，他们曾经发生过多次战争。

最初，北方居民靠打猎、捕鱼、采集野蜂蜜为生。南方居民普遍从事农业，实行刀耕火种。除此之外，东斯拉夫人还学会了用铁制造各种工具和武器，用陶轮制造陶器，并用粮食、毛衣、蜂蜜到拜占庭的贸易集市上去交换各种工具。

在战争和贸易的推动下，东斯拉夫人开始走出人人平等共处的原始社会，进入阶级社会，部落的首领们在分配战利品时总能得到最大最好的一份，包括战俘的赎金和被征服地区的贡赋。逐渐地，这些部落首领成了所谓的“长老”，他们变得越来越富有和有权势，他们的亲兵成了专职武士，他们仗着自己作为首领的权势，把村庄中的土地与牧地据为己有，而普通的村社社员变成了农民，有的甚至因贫困而沦为奴隶。

东斯拉夫的司法与宗教

一直到公元10世纪时，东斯拉夫人还没有多少法律观念。最先，居民间的纠纷矛盾常常是以一种“以牙还牙，以眼还眼”的方式来解决。例如，当一个人打伤或杀死了另一个人时，就要由被害人的亲属或他自己来惩治这个肇事者，通常是以伤还伤，以残还残，杀人偿命。后来出现了仲裁法庭，改用经济赔偿的办法处理此类纠纷，这样的赔偿方式有着很明显的等级差别，部落中的贵族长老受伤害得到的赔偿通常是普通农民的十几倍。

东斯拉夫人是一个崇拜自然和祖先的民族。10世纪前，东斯拉夫人信奉多神教。在他们眼里，自然界的万事万物，上至天上的星星、太阳、月亮，下到地上的土地、河流、花草树木，都具有某种神秘的力量。他们对一切自然现象都感到恐惧，把太阳、风、雷、电甚至巨木和怪石都当成神来崇拜。他们认为只有向神灵献祭，比如把祭物投入水中，在树枝上挂上装饰用的布片，才能求得神灵的保佑。东斯拉夫人奉“太阳神”达日博格为主神。每逢一年夏季白昼最长的时候，东斯拉夫人就要举行盛大的庆祝祭祀仪式，以示对太阳神的尊敬。最早的祭祀活动非常残酷，要在当天夜里把一位少女作为祭品投入河中，后来改为用木头人代替少女作为祭品。

东斯拉夫人相信灵魂不灭，把死去的祖先奉为神。贵族长老死后，人们把死者生前日常需要的东西葬入墓内，并且以他的妻室之一和几个奴隶做殉葬品。同时，还在墓地摆设酒宴，表演武艺。

留里克王朝的兴起与基辅罗斯

由日耳曼部落首领留里克建立的基辅罗斯是俄罗斯最早的国家政权，也是包括乌克兰、俄罗斯、白俄罗斯在内的东斯拉夫文明的发源地，初步奠定近代俄罗斯的领土规模。这一时期的基辅罗斯是东欧地区十分重要的国家，成为东西方很多国家经济贸易的枢纽，而基辅则成为罗斯国的政治与文化中心。

引狼入室

东斯拉夫人的各个部落间经常发生战争，军事实力强的部落越战越强，逐渐成为当地的“霸主”，而军事实力弱的部落则越战越弱，逐渐被强大的部落吞并。大部落的中心地域人口众多，商业贸易活动集中，逐渐发展成为城市，城市再进一步扩大，加上其周边的村社和山川河流，就形成了公国。到9世纪时，在当时东斯拉夫人居住的地区已经出现了上百个公国，北方的诺夫哥罗德和南方的基辅是其中最强大的两个公国。

从公元8—11世纪，维京人从事广泛的海外贸易和殖民扩张活动。欧洲语系中，“维京”（Viking）往往是北欧海盗的同义词。

9世纪中期，诺夫哥罗德公国爆发了大规模的动乱，当地贵族对此束手无策，

他们最后不得不请瓦良格人部落的酋长留里克来帮助平定动乱。瓦良格人是东斯拉夫人对当时北欧的日耳曼部落——维京人的称谓，他们不但骁勇善战，还善于经商。他们经常沿着被东斯拉夫人称为“自瓦良格到希腊之路”的商路活动，带着狐皮、貂皮和银鼠皮从北欧地区一路南下到达拜占庭帝国首都君士坦丁堡换成纺织品、香料与钱币，然后再原路返回。很快，日益强大的瓦良格人不断袭击、劫掠沿途的东斯拉夫部落，甚至直接占领一些部落区域，成为当地的统治者，向当地居民征收贡赋。

当留里克接到诺夫哥罗德公国的平乱邀请时，大喜过望，很快就和两个兄弟带领大队人马浩浩荡荡赶了过来。他们没费多大力气就帮助当地贵族平息了叛乱，但此后就反客为主，再也不肯离开了。他们仗着自己强大的军事实力推翻了当地东斯拉夫人的统治，留里克自称王公，建立了留里克王朝，成为诺夫哥罗德公国的统治者。

留里克夺取政权后的首要大事是巩固自己的统治，他残酷镇压了当地东斯拉夫人的反抗，还动员更多的瓦良格人移居到该地来壮大自身的实力，其统治范围不断扩大，一直延伸到伏尔加河上游地区。留里克在当地实行极为残暴的巡行索贡制，每年初冬季节，他都要率领亲兵四处巡行，向当地居民强行索要征收粮食、毛皮、蜂蜜等物品，第二年春天再把征收上来的物品运到君士坦丁堡出售，换取纺织品、酒、香料、日用器皿等物品，以此方式维持留里克王朝的运转。

民族融合

瓦良格人虽然凭借武力征服了东斯拉夫人，但却无法改变他们原有的生产与生活方式，东斯拉夫人的村社传统一直延续，结果反倒是新来的主人——瓦良格人被当地的东斯拉夫人同化。当时的一位阿拉伯作家这样写道：“北方的部落统治了斯拉夫人的部落，直到现在还生活在他们中间，和他们混杂居住在一起。”在文化上，瓦良格人放弃了自己原来的语言瑞典语而改说斯拉夫语，并开始崇拜起东斯拉夫人的神。到10世纪，留里克王朝的王公贵族都已经使用如弗拉基米尔、雅罗斯多夫等斯拉夫人的姓氏，但原来北欧的文化也有所保留，如现代俄语中的“诸侯”“勇士”等词汇便来源于瓦良格人的乡村瑞典语。

在这一漫长而复杂的民族征服与融合过程中，一个新的民族——罗斯人开始形成了，当时北欧的芬兰人称瓦良格人为鲁兹人（Ruotsi，意思是北方人），后来就演变成罗斯（Russ）。另一种说法是罗斯的名称来源于第聂伯河中游的支流罗斯河，这条河是东斯拉夫部落波梁人的居住地，因此这里的居民被称之为罗斯人。后来，随着留里克王朝不断征服当地的东斯拉夫部落，罗斯逐渐成为当时所有民族的统称。

基辅罗斯的建立

南方的基辅公国的首任首领是一位名叫基依的酋长，他曾经到过君士坦丁堡，受到拜占庭帝国皇帝的接见。在统治期间，他和他的兄弟在第聂伯河沿岸的高山上建造了一个城堡。为了表达对基依的尊敬，人们就把这座城市叫作“基辅”。基辅后来成为当时罗斯最繁华与富足的城市，被称为“罗斯众城之母”，这里汇集了来自各地的商人，是最重要的商贸中心。

879年，留里克病故，他的儿子伊戈尔年纪尚小，王位就落到了留里克一个同族亲属奥列格手中。奥列格上任伊始，他和他的部下认为诺夫哥罗德一城虽然重要，但地势偏北，不利于与拜占庭和东方国家进行商业往来。而且当地气候偏冷，冰冻时间太长，水路运输受到制约，不如率军沿“瓦良格人之路”南下，占领基辅后再寻求发展。882年，奥列格首先占领了第聂伯河畔的重镇斯摩棱斯克和柳别奇，接着开始重兵围攻基辅。奥列格先是把军队埋伏在城外，然后谎称自己是过往的商人，把基辅城的两位王公诓骗到自己的营地杀掉，最后率军一举占领了基辅。

接着，奥列格继续用兵，不断征服了北部地区东斯拉夫人的部落，很快控制了第聂伯河流域，他把统治中心从诺夫哥罗德迁到基辅。到10世纪，在这里形成了以基辅为中心的古罗斯国家，被后人称为“基辅罗斯”，奥列格成为基辅罗斯的首任大公（grand prince）。到11世纪初，基辅已经成为东欧平原上一个实力

强大的公国，当时基辅罗斯的版图西起喀尔巴阡山，东达顿河，南到黑海，北至波罗的海，总面积100万平方公里，人口近500万。

基辅罗斯的对外攻伐

基辅罗斯建立后，对外征伐、开疆扩土成为前几位大公的中心任务，基辅罗斯先后数次与拜占庭帝国为争夺土地与经济利益而展开激烈的战争，双方互有胜负，最后斯托亚托斯拉夫大公本人也死于与拜占庭的战争中。

对拜占庭的战争

奥列格建立基辅罗斯后，他把全国分成许多城区，并任命自己的亲属和亲信来管理。同时他还颁布了一部法律，宣布把全国的居民分成自由人和奴隶两等，在自由人中又根据每个人财产的多寡分成富人和穷人，明令穷人如果抢劫富人的财产要受到严厉的惩罚。

由于经常与南方的拜占庭帝国进行商业贸易，罗斯人对拜占庭的富足垂涎三尺。907年，奥列格率领8.8万军队乘坐2000多艘战船。南下攻打拜占庭，直逼君士坦丁堡。拜占庭战败求和，被迫向罗斯缴纳贡银96万格里夫纳（古罗斯的货币和重量单位，约合192吨白银），还给予罗斯商人包括领事裁判权和免缴贸易税等许多优惠。911年，贪得无厌、得寸进尺的奥列格再次远征君士坦丁堡，拜占庭帝国不幸再次战败，被迫签订了更为屈辱的条约。该条约规定，拜占庭帝国政府要允许基辅罗斯大公的代表、贵族与商人居住在君士坦丁堡，并要支付他们的生活开销；罗斯的商人还获得了在贸易中免税的特权。

912年，奥列格大公从自己的战马上不慎摔落，伤重而死，这时留里克已经长大成人的儿子伊戈尔继承王位，成为新的大公。941年，伊戈尔率军再次进攻拜占庭帝国。他兵分两路，一支从海上直接攻打君士坦丁堡，一路经小亚细亚从陆上进攻。罗斯的海军在海上遭到拜占庭海军的拦截，拜占庭在其战船上配置了名为“希腊火”的秘密武器，它是一种易燃的特殊混合物，可以在海上向敌方战船喷射火焰，结果罗斯人的船只纷纷被希腊火击中，在烈火硝烟中沉没，罗斯海军损失惨重，最后不得不退回里海，罗斯的陆路进攻也落得无功而返。

944年，伊戈尔再次远征拜占庭，由于畏惧希腊火的威力，他还没怎么打仗就很快和拜占庭议和。条约规定，拜占庭如果遭遇第三方的攻击，罗斯有派兵援助的义务，罗斯的使节和商人前往君士坦丁堡时只有向拜占庭政府提交正式的身份证明，其人身权利才能受到合法保护，否则拜占庭有权拘捕他们；所有罗斯商人都不得在君士坦丁堡过冬。罗斯对外掠夺的势头就此受到遏制，伊戈尔王公开始把掠夺的矛头转向本地的东斯拉夫人，变本加厉地推行残暴的索贡巡行制度。

以血还血

当时的罗斯还没有建立完善的行政管理与赋税征收制度，基辅大公还是沿用原来的巡行索贡来维持其王室开销。每年11月，伊戈尔便带着卫队到所属各部落的居民中去，挨家挨户征收贡品——毛皮、蜂蜜、蜂蜡等。他们见物就抢，见财就夺，谁若是反抗，就把他作为俘虏抓走。索贡巡行往往要持续整个冬季，这种原始野蛮的掠夺行为激起了下属部落民众的强烈反感。公元945年，伊戈尔大公像往年一样带领着他的亲兵卫队，浩浩荡荡地来到德列弗利安人的首府伊斯科罗斯坦城中。在这里，伊戈尔率领他的亲兵横冲直撞，挨家挨户进行搜刮劫掠，德列弗利安人的财物几乎被劫掠一空，罗斯人的战车里满载着珍贵的紫貂皮、黑貂皮、蜂蜜、蜂蜡和其他贵重财物。伊戈尔看着这些东西，还是一副不满意的模样，他气哼哼地对德列弗利安人说："你们等着吧，没多久我还要再来，就这些东西是不够的。"大公贪得无厌的言语彻底激怒了德列弗利安人，德列弗利安的一位王公首领对众人说道："兄弟们！豺狼如果有了来找牛羊的习惯，就会反复再来，直到把牛羊吃光为止，除非把它杀掉。"当地民众早已是义愤填膺，于是大家拿起刀枪，跨上战马，追上了伊戈尔的巡行队伍。伊戈尔的卫兵抵挡不住，很快就逃散了，只剩下伊戈尔本人被一只草叉捅翻在地，被乱棍打死。

伊戈尔的死讯传到基辅，伊戈尔的妻子奥丽加悲痛万分。但她很快冷静下来，

首先联合自己的亲信大臣，辅佐她和伊戈尔年幼的儿子二斯维亚托斯拉夫继承大公的位置，自己作为摄政王。然后她亲自带领亲兵，日夜兼程赶到伊斯科罗斯坦城下。德列弗利安人坚锁城门，顽强抵抗。奥丽加见久攻不下，于是心生一计。她向德列弗利安人宣称，她同伊戈尔不一样，她只向德列弗利安人索取一份微薄的贡品，只要每户人家交出三只鸽子和一对麻雀，她就会立即撤兵。德列弗利安人不知是计，欣然同意，没两天便把这些飞禽交到奥丽加手中。奥丽加下令将收集到的飞禽系上火绒，点燃后将它们放走。这些鸽子和麻雀拖着火焰飞回各户人家的房顶，一时间伊斯科罗斯坦城火光冲天，熊熊的大火把德列弗利安人的房屋烧得一干二净。随后，奥丽加下令攻城，城池很快就被攻克。战争变成血腥的屠杀，无数德列弗利安民众死于罗斯军队的刀枪之下。奥丽加镇压了德列弗利安人的反抗之后，为了避免再度激化矛盾，只得和他们确立每年按定额征收一次贡物的制度。

斯维亚托斯拉夫的征战

到了965年，斯维亚托斯拉夫在母亲的精心教导下，已经成长为一名智勇双全的罗斯战士，在众人的拥戴下，正式成为新任的基辅大公。与同时期英国的狮心王理查一样，斯维亚托斯拉夫也是位骁勇善战的君主。他身着俭朴的白色衣衫，左耳戴着个大耳环，须发都被削尽，只留一绺额发，腰挂一把镂金弯刀，威武堂堂。他行军时步履轻捷如豹，饿了，便将牛马肉架在火堆上烤熟充饥；困了，身铺垫鞍的毡片，头枕马鞍，露宿原野。每次作战时他都是身先士卒，视死如归，深得亲兵们的尊崇。

斯维亚托斯拉夫亲政后，他马上凭借自己精良的部队与出色的指挥才能，率兵一举攻占了位于顿河下游的哈扎尔汗国的首府萨克尔城，接着他又率兵劫掠了位于伏尔加河流域的保加尔人，迫使其称臣纳贡，这样基辅罗斯就控制了北高加索的大部分地区。967年，斯维亚托斯拉夫马不停蹄，挥师西进，进入巴尔干半岛，并抵达多瑙河流域，打败了当地的南斯拉夫人，占领了保加利亚的大部分土地。

斯维亚托斯拉夫被一连串胜利冲昏了头脑，一时间得意忘形，向其臣属宣布

“由罗斯来统治的不仅应该有保加利亚，而且应该有欧洲的希腊帝国，以及波希米亚和匈牙利”。他还趾高气扬地说：“我要永远住在保加利亚，这里是我的领土中心，一切好东西都要送到这里来。希腊的黄金、贵重织品、葡萄酒和水果，捷克和匈牙利的白银、马匹，罗斯的毛皮、蜂蜜和奴隶都应汇集到这里来。”不料螳螂捕蝉，黄雀在后，罗斯的扩张引起了拜占庭帝国的恐惧和不满，拜占庭的军队趁斯维亚托斯拉夫毫无防备之机，用重金贿赂里海北岸的游牧部落佩切涅格人围攻基辅，迫使斯维亚托斯拉夫率军迅速返回救援。而当斯维亚托斯拉夫在击败佩切涅格人之后返回保加利亚时，拜占庭帝国马上集结十万精锐部队，以逸待劳，一举击溃了早已疲惫不堪的罗斯军队。斯维亚托斯拉夫战败后在撤回基辅的路上，不幸遭到佩切涅格人的伏击，斯维亚托斯拉夫拼死抵抗，最后战死沙场。佩切涅格人的王公将斯维亚托斯拉夫的头盖骨制成一只酒具，用它来饮酒，希望在战场上也能像他一样勇敢。

奥丽加圣徒，古罗斯国女政治家，基辅大公伊戈尔的夫人，

斯维亚托斯拉夫·伊戈列维奇大公的母亲和摄政（945—957年）。

斯维亚托斯拉夫死后，他的三个儿子为争夺大公的位置同室操戈，一些部队也乘机发动叛乱，基辅罗斯陷入混乱的内讧之中，一直到980年，其子弗拉基米尔在

其祖母奥丽加的支持下，平定了各方敌对反叛实力，基辅罗斯才重新走向统一。

罗斯受洗

俄罗斯民族是一个有着浓厚宗教信仰色彩的民族。哲学家别尔嘉耶夫认为："俄罗斯人民，从自己的内心和心灵结构上讲，是信仰宗教的人民，即使不信教的人也有宗教性的烦恼。劳动阶层的俄罗斯人，即使离开了东正教，也在寻找神和神的真理，寻找生命的意义。"

多神教与东正教

在10世纪以前，东斯拉夫人信奉的是多神教。他们将自然界的万事万物都赋予神性，认为身边的花草树木、河流山石身上都充满着神的意志，他们认为整个世界都由无所不在的神来主宰，只有获得神的认可与庇护，他们才能正常地生产与生活，为此向神献祭成为当时宗教生活中必不可少的环节。多神教信仰既没有供奉神灵的庙宇，木制的神像通常就放在露天之下，也没有有组织的宗教机构，只把主持多神教崇拜仪式的人称为"术士""魔法师""巫师"等。东斯拉夫人这种多神教信仰起源于经济文化极度低下的原始社会，随着生产力的发展、社会文明程度的提高，多神教已经不适应王公贵族巩固政权和维系社会统一的需要。而随着与拜占庭帝国交往的日益密切，当时拜占庭信仰的东正教开始潜移默化地渗入到基辅罗斯。

公元1054年发生了基督教会内部的大分裂，基督教会由此分成东部和西部两个教会。主要在拜占庭帝国流行的东部教会在自己的名称里头加上了"正"（正统）字，表示他们保留了最原始的教导和崇高的教会传统。在信仰教义上，东正教特别重视对圣母玛丽亚的敬礼，注重道成肉身教义的意义，不强调人的原罪，因而不十分强调"赎罪论"。东正教强调信徒的得救是要在信仰上帝的拯救的同时，通过自身的善行作为外在表现。东正教不承认西方的罗马教皇的权威和领导，它自设牧首区，牧首区下辖数个首府主教区。主教区首脑为主教，以下是司祭和辅祭。东正教各牧首区承认人君士坦丁堡牧首为"普世教会牧首"，是教会的精神领袖。但

乌克兰纸币上的弗拉基米尔·斯维亚把斯拉维奇头像

这仅仅是一个荣誉地位，君士坦丁堡牧首并不对其他牧首区具有任何实际的领导权。

首位基督教君主

10 世纪后期统治罗斯的是斯维亚托斯拉夫之子弗拉基米尔，他即位后马上对多神教信仰制度进行了改革，从众多神中选择出 6 位作为大家都要信仰的偶像，还在王宫附近的山丘上为他们建庙塑像，规定了祈祷和祭祀的仪式，想以此改变多神教杂乱无章的局面。但弗拉基米尔的改革收效甚微，广大民众还是热衷于信奉存在于万事万物中的神灵。弗拉基米尔大公认识到多神教已经无法成为其建立统一集权的专制国家的精神支柱，必须找到一种新的宗教、新的一神教作为国教。

于是，弗拉基米尔大公委派一个使团去考察东欧地区的不同宗教信仰。考察团来到拜占庭首都君士坦丁堡的圣索菲亚大教堂，首先被其富丽堂皇的建筑装饰所吸引，又为唱诗班动人心弦的美妙歌曲所打动，最后又迷恋于其隆重优美的弥撒祈祷仪式。因东正教肯定君权神授，整个宗教体系完全受到君主的控制，完全符合基辅罗斯加强中央集权的需要。并且东正教允许用本民族的语言做祈祷，也有利于罗斯发展自己的语言文化。基于以上的见闻和考察，使团回到基辅后极力向大公推荐东正教。而弗拉基米尔大公的祖母奥丽加太后，早在 955 年就在君士坦丁堡受洗成为基督徒。东正教在罗斯的影响越来越大，但弗拉基米尔大公还没做出最终的决定。

987 年，拜占庭帝国发生了暴动，保加利亚人乘势发兵进攻。皇帝瓦西里二世处境危险，被迫向弗拉基米尔求援，答应事成之后将自己的妹妹安娜许配给弗拉基

米尔，条件是罗斯接受基督教。弗拉基米尔思量之后，觉得这一条件可以接受。于是他派出6000亲兵驰援君士坦丁堡，帮助瓦西里二世镇压了当地的叛乱。然而，拜占庭皇帝却不想履行自己的诺言，他找各种借口推迟婚期。弗拉基米尔一看皇帝要食言，便率兵攻占了克里米亚的拜占庭城市赫尔松涅斯。瓦西里二世见势不妙，被迫将其妹安娜嫁与罗斯大公，在赫尔松涅斯举行了婚礼，并对弗拉基米尔及其随行人员施行了洗礼，弗拉基米尔由此成为罗斯第一位基督教君主。

罗斯受洗

弗拉基米尔带着新娘回到了基辅，同时也带回了一个基督铜像、两个神堂和一驾铜制马车以及一批东正教教士。988年7月28日，弗拉基米尔在拜占庭王妃的陪同下在王宫里正式举行受洗仪式，从拜占庭带来的神父庄严地向世人宣布："奉圣父、圣子、圣灵的名义洗弗拉基米尔，阿门!"全场一片肃静，大公神情镇定，被浸入到水中三次，在他的臣民面前正式改信基督教，确立东正教为罗斯的国教。

弗拉基米尔·斯维亚托斯拉维奇受洗

在大公的感召与命令下，基辅城内的百姓们纷纷来到第聂伯河畔，三五成群一起接受神父的洗礼，一时间人声鼎沸、热闹非凡。原来的木制神像或泥制偶像统统被付之一炬或丢进激流，不愿放弃多神教信仰的人都被抓进监狱接受拷打。这样，在大公的威逼利诱之下，基辅城里的居民终于接受了外来的新宗教，史称“罗斯受洗”。

罗斯受洗后，东斯拉夫人一方面保留了一些原有的信仰理念，另一方面又融合了基督教的教义，比如掌管雷电的不再是原来的佩伦神，其职责被移交到圣母玛利亚身上，而“畜神”也不是原来的威利斯神，《圣经》中耶稣的门徒弗拉西取代了它的位置。

东正教也深刻改变了罗斯人的生活习俗。普遍盛行的一夫多妻制被基督教尊奉的一夫一妻制所取代，东正教的节日与宗教活动也成为勾罗斯人日常生活的一部分。事实证明，弗拉基米尔大公的选择是正确的，通过树东正教为国教解决了原来多神教杂乱无章的问题，整合了全体国民的精神追求，有利于罗斯人内部的团结和中央集团体制的建立。另一方面，基辅罗斯借此大量地吸收拜占庭的文化，奠定了俄罗斯民族文化的基础。863 年，基里尔和梅福季两位神父出于翻译《圣经》和其他经书的需要，在古希腊语基础上创造了古斯拉夫语的字母表，从而为现代俄罗斯语的产生与发展奠定了基础。

在政府的推动下，东正教教堂在罗斯大地迅速发展。到 11 世纪，仅基辅就有东正教教堂数百座，其中位于市中心的索菲亚大教堂，从外形和名称都和君士坦丁堡的大教堂一模一样，这座高大的石结构建筑的顶端有 13 个葱头形的圆顶，室内以大理石和水磨石装修，并装饰以镶嵌图案和彩色壁画。1589 年，在取得君士坦丁堡牧首的认可后，俄罗斯东正教会正式成立，它受到沙皇的控制，使用俄罗斯语传教。

“智者”雅罗斯拉夫

在俄罗斯境内有个大公的雕像，他强壮的臂膀里抱着一本厚厚的书，睿智的眼睛望着远方，一副若有所思的样子。这位雕像描绘的就是弗拉基米尔大公的少子雅罗斯拉夫大公，他因文治而成名于世，史称“智者”。

同室操戈

1015年，在罗斯全力推行东正教的弗拉基米尔大公因病去世，当时他的12个儿子被分封在不同的地方，各自管辖着城市和乡村，首先继承基辅罗斯大公的是其长子斯维亚托波尔克。斯维亚托波尔克与当时波兰国王波列斯瓦夫一世的女儿结婚，这桩婚姻使他获得了一个强大的靠山。即位后的斯维亚托波尔克为清除异己，首先拿自己几个同父异母的兄弟开刀，他很快杀害了3个弟弟。一时间，罗斯国笼罩在血雨腥风、同室操戈的恐怖气氛之中。接着，斯维亚托波尔克把杀戮的矛头指向他最小的弟弟雅罗斯拉夫。雅罗斯拉夫是当时罗斯国很有作为的王公，他早年被封为诺夫哥罗德的王公，并迎娶了瑞典王国的公主。诺夫哥罗德在他的治理下工商繁荣，居民安居乐业。

雅罗斯拉夫一世

雅罗斯拉夫获知消息后赶忙与手下商议，宣布与斯维亚托波尔克断绝关系，揭露其杀戮亲兄弟的恶行，并组成4000人的民兵队向基辅进发。斯维雅托波尔克马上率军迎击，企图以多胜少。雅罗斯拉夫声东击西，施以调虎离山之计，乘其后防空虚的机会，于1016年在柳别奇附近击溃了斯维亚托波尔克的军队，并乘胜追击，占领基辅，夺得了罗斯的王位。斯维亚托波尔克被迫流亡波兰，两年后，他在其岳

父、波兰国王的支持下带领一支由德国人、匈牙利人和佩切涅格人组成的雇佣军返回罗斯，在布格河畔与雅罗斯拉夫发生激战。结果雅罗斯拉夫不敌其兄，作战失利，只得带着少数亲兵败逃诺夫哥罗德，斯维亚托波尔克重登大公王位。然而，雇佣军居功自傲，无法无天，四处劫掠，惹怒了罗斯民众，人们纷纷揭竿而起，雇佣军人生地不熟，处处挨打，狼狈逃遁，作鸟兽散。斯维雅托波尔克失去雇佣军的支持，很快便被雅罗斯拉夫打败，只身逃到佩切涅格人那里。雅罗斯拉夫乘胜追击，斯维雅托波尔克最后死于逃亡捷克的路上。

乌克兰发行的带有雅罗斯拉夫头像的货币

此后，雅罗斯拉夫又与他的另外几个兄弟因争夺王位和领地发生了战争。1024年，他被他的另一个兄弟切尔尼戈夫王公姆斯季斯拉夫击败，被迫与其划土而治。一直到1036年姆斯季斯拉夫去世，雅罗斯拉夫才得以重新统一了罗斯。

“明智”治国

雅罗斯拉夫不但善于用兵，还很有学问。他经常学习希腊典籍，学习和推广拜占庭的建筑艺术。他的重大贡献是组织编撰了《雅罗斯拉夫法典》，这是罗斯第一部较为完备的法典，其用法律的形式确立了早已形成的封建关系。法典严格保护财产、土地的地主所有权和私有制，如规定破坏田界、偷盗牲畜、纵火焚烧庄园者处以重刑。焚烧田庄或打谷场者应被放逐，并没收其全部财产。

在文化教育方面，他在罗斯开设了很多学校，创建了第一批图书馆，组织编写了第一部俄罗斯编年史典籍《往年纪事》。他还极力促进东正教在俄罗斯的发展，在他的主持下，《圣经》由拉丁文被翻译成斯拉夫语。他还兴建了大量的教堂、修

道院，培养了一批罗斯本土的教士，改变了原来由拜占庭指派希腊人担任教职的局面。基于他在以上方面的卓越政绩，他被历史学家尊称为“智者”。

雅罗斯拉夫大公统治时间，是基辅罗斯政治、经济、文化和军事发展的鼎盛时期，它把所有的东斯拉夫人联合在一起，并且把一些非斯拉夫人的部族也包括在内，基辅罗斯成为当时欧洲最大的国家。雅罗斯拉夫大公利用联姻的方式与欧洲国家建立外交关系：他将其妹妹嫁给波兰国王，将 3 个女儿分别嫁给当时的法兰西国王、挪威国王、匈牙利国王，以扩大罗斯的国际影响力，为罗斯营造了极为有利的外交局面。

为了统治这一庞大的国家，雅罗斯拉夫大公把国土分封给 5 个儿子。1054 年他死后，其 5 个儿子之间开始了长期的相互间的争斗，封建割据势力遍及全国各地。这样，从公元 11 世纪中期开始，基辅罗斯便走上了逐渐衰落的道路。到 12 世纪时，基辅罗斯大公的政权已经名存实亡，一个统一的国家已经分裂成许多独立的公国。12 世纪起，来自东方的游牧民族——蒙古人的不断进犯成为基辅罗斯最大的威胁。

蒙古人的入侵和统治

公元 12—13 世纪，正当处于封建割据的罗斯各公国忙于争权夺利、互相攻伐之际，一个空前强悍、战无不胜的游牧民族从遥远的东方杀将过来，屡战屡败、惊恐不已的罗斯人在蒙古人的入侵中最终落得国破家亡的悲惨境地。

蒙古人入主罗斯

蒙古人在俄罗斯的史书上被称为“鞑靼人”或“鞑靼蒙古人”，这一名称起源于呼伦贝尔草原上一个强大的蒙古部落——塔塔尔部。蒙古族早先居住在额尔古纳河的东部，后来逐渐向西扩展，生活在蒙古高原的广大地区。12 世纪末年，蒙古孛儿只斤部落在其首领铁木真的统帅下迅速崛起，以摧枯拉朽之势打败了一个个敌对的部落；1206 年，铁木真统一了蒙古各部，建立了蒙古帝国，铁木真号称“成吉思汗”。

孛儿只斤·铁木真（1162—1227 年），蒙古帝国可汗，尊号“成吉思汗”，意为“拥有海洋四方”。

成吉思汗在打败金国军队基本平定中国北方以后，很快带着掠来的兵器和攻城器械以及制造这些器械的工匠开始发动第一次西征。多年的战争磨炼使蒙古人勇猛善战，“来如天坠，去如电逝”，加上中国的先进兵器，更是如虎添翼，所向披靡。1219 年，成吉思汗率骑兵劲旅 20 万进入中亚，侵略花剌子模王国。当时该国由于内乱而分裂，无力抵抗。蒙古军消灭花剌子模后继续前进，越过高加索，进入顿河流域。1223 年春，蒙古军队在黑海草原打败了当地的波洛韦茨人。波洛韦茨人在蒙古人的驱赶下，逃到了第聂伯河一带。波洛韦茨首领向罗斯各公国王公求援，罗斯各公国的王公们马上召集起来商议对策。大公们最后一致决定：“同波洛韦茨人一道抵御蒙古人，与其在自己的城邦中打仗，不如在别人的土地上迎击。”1223 年 5 月 31 日，罗斯军队和蒙古军在卡尔卡河畔展开激战。由于罗斯联军是各公国拼凑起来的，人员庞杂，指挥不灵，缺乏协调，各自为战，很多王公为了保全自己的实力，不肯全力以赴地投入战斗，结果被蒙古军击败。据《新元史》记载：“是役也，斡罗斯亡六王七十侯，士兵十死八九。”随后，蒙古军队前锋劲逼基辅；当年年底，蒙古军在伏尔加河畔被保加尔人所败，失利后的蒙古军队经哈萨克草原返回

蒙古。

1236年，成吉思汗的孙子拔都率15万大军发动了第二次西征。蒙古军队抵达伏尔加河支流卡马河，征服了居住在该地的保加尔人。1237年，蒙古军队越过雅伊克河（乌拉尔河），冬季进入梁赞地区。蒙古向梁赞公国下达最后通牒，要求交出十分之一的财产。以尤里·伊戈列维奇为首的王公严词拒绝了蒙古的无理要求，表示“假若我们都死掉了，我们的财产才能都属于你们”。梁赞向其他公国求援，但没有得到回应。最后梁赞只得孤军奋战，蒙古军队不分昼夜围攻梁赞达五天之久，梁赞军队寡不敌众，于1237年12月21日被攻破，尤里·伊戈列维奇与全体将士英勇就义，居民被杀戮或丧生火海。据史书记载：“梁赞城与梁赞国变了样……一切荡然无存，只剩下烟、焦土灰烬。”之后，蒙古军队又以秋风扫落叶之势在一个月内攻占了科罗姆纳、莫斯科、弗拉基米尔等十多个城镇，野蛮凶残的蒙古军队攻破城池后，烧杀掳掠，把老人、小孩砍杀殆尽，把妇女、壮丁掳为奴隶，所到之处，繁华美丽的城镇变成一座座渺无人烟的焦土，惨不忍睹。

蒙古军队节节获胜，准备集中力量攻克基辅城。1240年秋，拔都率兵进军基辅城下，屯兵郊外，携带大量攻城用器及火炮。先前派使臣劝降基辅大公：“可汗奉天神之命，特来统治，汝等宜速降。”基辅大公米哈伊尔拒降，斩来使。拔都遂命攻城。大公逃往波兰求援。大公走后，基辅军在加利奇王公德米特里领导下，顽强抵抗蒙吉人的进攻，但最终寡不敌众，于11月19日沦陷，守将德米特里身负重伤，不幸被捕。拔都钦佩他之英勇，未将其杀死。城中数千人被俘为奴，士兵和居民大多数被屠杀。此后，拔都分兵两路西进，远征到匈牙利和波兰，整个欧洲为之震惊。1241年，在进犯捷克时，窝阔台汗的死讯传到军中，蒙古的西征军按例停止军事行动。1242年2月，拔都由中欧折回伏尔加河下游；1243年，以萨莱为都城（今伏尔加格勒附近）建钦察汗国，又名金帐汗国，意即黄金部落。该国版图东起额尔齐斯河，南达高加索，西抵德涅斯特河，北至罗斯境内。蒙古人自此征服了罗斯各地的公国，成为罗斯的新主人。

金帐汗国的统治

由于当时罗斯各公国城邦林立，不存在统一的国家组织，而且境内森林和沼泽密布，交通不便，金帐汗国无法直接管理当地军政，只得通过当地亲王进行间接统治。金帐汗国保留各个小公国的王公的特权和地位，要求他们效忠蒙古人的统治，从金帐汗那里取得“册封书”，才得以在其公国内继续行使统治权力。各公国每年必须向金帐汗交纳大量的贡赋，战时还要无条件为金帐汗提供兵源及辎重。为了分化罗斯人以加强对罗斯人各部的统治，金帐汗国从罗斯的王公中间选择一人，将他册封为“弗拉基米尔大公”，授权他代替金帐汗国统治罗斯各部，下令罗斯人服从弗拉基米尔大公的统治。

罗斯各部在蒙古人的统治之下，内部疆域被一分为三，东北罗斯以莫斯科公国为主。西北的诺夫哥罗德则保持相对的独立性，只要定期向金帐汗缴纳赋税即可。西北部和西南部（今天的白俄罗斯、乌克兰）则被立陶宛公国兼并，不久以后，乌克兰转而被波兰占领。

对于罗斯人的传统文化，包括语言文字、风俗习惯、社会组织以及东正教信仰，蒙古人通常采取不干预政策，金帐汗甚至给予教会特权，免除其赋税。此时，宗教成为安慰人们精神创伤、减轻痛苦的主要手段，东正教的影响日益壮大。在蒙古人的统治下，罗斯基本断绝了与拜占庭帝国的交往，这使得东正教的发展越来越具有浓厚的民族色彩。

蒙古人崇尚中央集权，可汗总览大权，这种专制集权的政体后来为莫斯科公国沿用，一直到1917年沙皇政府崩溃为止。此外，蒙古人的人口普查方法、征税与征兵制度、专卖制度（主要是酒类），甚至习俗、服饰（长袍束带、长筒皮靴、高顶皮帽）等都对罗斯产生了重要的影响。蒙古人对罗斯长达二百余年的统治，使得俄罗斯的制度与文化表现出明显的东方色彩，与西欧呈现出极大的差别。

莫斯科公国的兴起

15 世纪中后期，经历蒙古贵族二百多年的统治，罗斯各公国反抗蒙古贵族的残暴统治、争取民族独立与自由的愿望日渐强烈。这时，一个从莫斯科城发端成长起来的莫斯科公国登上了历史的舞台，成为领导罗斯民众摆脱蒙古贵族统治、获取民族独立的核心力量。

莫斯科城

沙皇俄国是一个欧洲国家，它源于莫斯科公国。马克思说：“现代的俄国只不过是莫斯科公国的变形而已。”历史文献中最早提到莫斯科城是在 1 147 年，当时它还只是一个偏僻的村落，属于弗拉基米尔公国的领地。这一年，大公尤里・多尔戈鲁基在今天的克里姆林山上用木头围起一座小城堡，整个莫斯科城就建在七座这样的山上。到 1263 年，当时的弗拉基米尔公国大公把莫斯科封给了自己的幼子丹尼尔，莫斯科从此成为独立的公国。

在丹尼尔的时代，莫斯科不过是俄罗斯中部无边的森林中的一座木造小城。

莫斯科公国的兴起与其优越的地理位置有着极大的关系。莫斯科位于伏尔加河的支流莫斯科河上，地处东北罗斯的中心，是全罗斯陆路和水路交通的枢纽地带，罗斯各地的商品贸易运输大都要经过莫斯科。莫斯科大公从过往商人身上征收的过

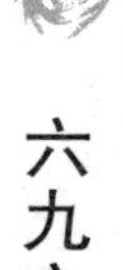

境税比任何大公都要多。莫斯科城四周围绕着茂密的森林，和金帐汗国之间有梁赞公国和下诺夫哥罗德公国相隔，因此较少受到蒙古骑兵的袭扰；北部和西部与诺夫哥罗德、普斯科夫、斯模棱斯克公国相邻，使其免受瑞典人、立陶宛人的威胁，莫斯科成为相对安全的地区，越来越多的罗斯人因逃避战乱来到莫斯科定居。人口的增长促进了农业和工商业的发展，不仅增加了大公的收入，还有利于增强军事力量。最初的几位莫斯科王公便已开始收买和兼并邻国的土地。到 14 世纪初，莫斯科公国的领地已扩大了一倍。

实力壮大的过程

1325 年，伊凡一世继位出任莫斯科公国大公，丰厚的过境税使其变得相当富有，因而获得“卡里达”（“钱袋”）的绰号。伊凡为人十分狡诈残忍，惯于以谄媚逢迎耍政治阴谋。他一方面以馈赠贵重金银财宝为手段博得金帐汗和他的妻妾及近臣的欢心，另一方面则乘机东兼西并，铲除异己，扩充势力。

伊凡极力拉拢罗斯的大主教彼得，在莫斯科为其建筑豪华的教堂和住宅。1326 年，继任的大主教便把教会驻地从弗拉基米尔迁到莫斯科，莫斯科自此成为罗斯的宗教中心，势力大为增长。1327 年，位于莫斯科西北方的特维尔公国因不满蒙古军队的劫掠，爆发了反抗蒙古人统治的叛乱。伊凡向金帐汗毛遂自荐，自告奋勇要去镇压叛乱。他亲自率领金帐汗大军前往特维尔公国镇压起义，并将特维尔大公亚历山大·米哈伊洛维奇赶出特维尔公国，一举剪除了自己强大的竞争对手。

1328 年，金帐汗册封伊凡为“弗拉基米尔大公”，同时授权他代理金帐汗国征收全罗斯的贡赋，从此伊凡成为众罗斯大公中的首领。这样，伊凡一方面可以堂而皇之地假借平定叛乱为名兼并罗斯土地，另一方面可以利用职权截留大量的贡赋为己所用。伊凡统治时期，莫斯科公国的版图大大增加，到 1340 年他去世时，被他兼并的城市和村庄已达上百个，其经济和军事力量也达到鼎盛，未来俄罗斯帝国的版图已基本形成。金帐汗国对莫斯科公国也不敢小视。

后来，伊凡的孙子德米特里继位，他大兴土木，重新修建了莫斯科内城，将原

伊凡一世·丹尼洛维奇（1288—1340 年）

来的木质城墙拆掉，改用石头砌墙。新的城墙长约 2 公里，宽约 3 米，高近 4 米，城墙上还建有塔楼、碉堡台和铁门。这是俄罗斯历史上第一座工程巨大的石质建筑，莫斯科内城从此变成一座易守难攻的城堡，安定的环境吸引周边更多的人来此定居，莫斯科日渐变得人丁兴旺、繁华强大。在对外交往方面，德米特里大公通过威逼利诱、软硬兼施等手段，强迫罗斯境内其他的公国服从其领导，莫斯科大公得以一直占有“弗拉基米尔大公”的称号和特权。而此时金帐汗国则由盛转衰，内部各派势力为争夺汗位相互攻伐，从 1360—1380 年仅 20 年间就走马灯般换了 14 个汗，汗国内部出现了分裂，内斗此起彼伏，国力大为下降。德米特里意识到，和金帐汗国分庭抗礼、摆脱蒙古人统治的时机已经到来了。

抗击金帐汗国的苦斗

摆脱蒙古贵族的统治，脱离被金帐汗国控制的处境，成为日益强大起来的莫斯科公国大公们的首要任务。莫斯科公国从 14 世纪后半期开始，经过近一百年的数次艰苦的战争，终于打败了曾经不可一世的金帐汗国，获得了国家的独立。

库里科沃会战

莫斯科公国的日渐强大自然引起了金帐汗国的警觉，金帐汗马麦暗中与立陶宛联合，准备南北夹击莫斯科。梁赞公国与莫斯科也有矛盾，它为了夺取大公的权力，也暗地支持金帐汗国。1378 年，马麦派兵与德米特里大战于沃查河上，德米特里借蒙古骑兵渡河之际率军发起猛烈进攻，蒙古军队猝不及防，大败而归。沃查河的惨败激怒了马麦汗，他暴跳如雷，狂叫着："处死那些该死的罗斯人！我要把所有的城市，所有的东正教堂都化为灰烬！我要与罗斯军队决一死战。"

德米特里・康斯坦丁诺维奇（1323—1383 年）

1380 年夏天，金帐汗马麦率 20 万大军进攻莫斯科公国，派出使节游说立陶宛与金帐汗国结盟，联合出兵。德米特里迅速集结 15 万军队准备迎战。德米特里深知兵贵神速、先下手为强，他率军于 8 月 20 日从科纳姆纳出发，渡过奥卡河，于 9 月 7 日抵达顿河河口。在罗斯军队内部就是否渡河问题发生了分歧，有的将领不同意渡河，有的认为"必须渡河，只有这样才能表示坚定不移抗击蒙古人的大丈夫气概，否则表示俄军软弱无能"。德米特里支持了渡河的建议，决定渡河后背水一战。当天晚上，罗斯军队渡过顿河，到达库里科沃原野。这里沟渠密布，中间是沼泽

地，四周山峦起伏，丛林密布，复杂的地形使得蒙古骑兵惯用的中路诱敌深入、两翼包抄的战术无法施展。

库里科沃会战

1380年9月8日中午12时，在库里科沃原野，蒙古军队与莫斯科公国军队的激战开始了。蒙古骑兵能够在疾驰的马上准确地使用弓箭，他们训练有素，在作战时可以迅速地变换几种队列，分成前锋、主力和侧翼。远远望去，蒙古大军的长矛连成一片，好像新种的柞树林一样。士兵的沉重步伐、隆隆的车轮声和马蹄声汇集成一片强大响声，由远而近，向罗斯军队袭来。

马麦汗指挥蒙古骑兵首先向罗斯的“先锋团队”发起进攻。由于蒙古骑兵在人数和装备上占据很大优势，尽管“先锋团队”顽强抵抗，但最终还是被蒙古骑兵歼灭。接着罗斯军队的左翼也被击溃。蒙古骑兵很快就开始攻击德米特里大公亲自指挥的“中军大营”。骑兵冲入罗斯军队的阵中，进入罗斯军队的后防，惊天动地的肉搏战开始了。狭小的场地内，蒙古骑兵与罗斯士兵挤在一起，相互厮杀，不少罗斯士兵被马踏死，被杀死的人甚至都无法倒地，四溅的鲜血遮住了双方士兵的眼睛，血腥味让人喘不过气来。

在此危急时刻，德米特里镇定自若，命令右翼按兵不动，将进入后方的蒙古军同其主力的联系切断，令快马通知预先布设的伏兵准备出击。正当蒙古骑兵向腹地深入时，伏兵突然从绿色柞木林中冲杀出来，一时间“金甲呜咽，矛盾铿锵，宝剑齐鸣。快刀闪光于健儿头颅之侧，壮士鲜血随铁鞍流溅。金盔向马蹄滚落”。蒙古骑兵深处不利的地形，进攻势头迅即被打断。这时罗斯军队右翼很快包抄过来，他们发挥长矛和弓箭的威力，以树木做掩护，机智灵巧地把蒙古骑兵一一射下马，蒙古军队一时死伤无数，纷纷狼狈逃窜。罗斯军队乘胜追击，大获全胜，杀敌5万多人，一举打破了蒙古军队不可战胜的神话。

德米特里在战斗中身先士卒，身上多处受伤而不下火线，他英勇顽强的精神深受将士尊敬爱戴，战斗结束后他被称为顿斯科伊，意为“顿河之王”。立陶宛人和梁赞人原打算与蒙古军队一起进攻莫斯科公国，但他们一听说马麦汗败走顿河，便打消了这样的念头，撤兵返回了。

但好景不长，1382年，金帐汗国新汗脱脱迷失率军再次袭击莫斯科，大肆劫掠并放火烧城。德米特里仓促迎战，结果被蒙古军队打得大败，军民死伤2万多人。德米特里不得不再次向金帐汗国称臣纳贡。他在其遗嘱中留下遗愿：我的子孙将再不向金帐汗国缴纳贡赋。

摆脱枷锁

到15世纪时，金帐汗国相继分裂成几个汗国，包括1436年成立的喀山汗国、1466年成立的阿斯特拉罕汗国、1430年成立的克里米亚汗国等。1477年，莫斯科公国在兼并了诺夫哥罗德公国后，大公伊凡三世就停止向金帐汗国交纳贡赋。金帐汗阿合马在金帐汗国内部分裂的情况下，仍然力图控制住东北罗斯和莫斯科公国，因此对于伊凡三世的叛逆行为大为恼火，于1480年再次与莫斯科公国的对手立陶宛大公卡齐米尔四世结成军事联盟，相约联合进军莫斯科公国，讨伐伊凡三世。蒙古军队浩浩荡荡，很快就兵抵奥卡河。

伊凡三世早就为摆脱束缚准备与金帐汗国军队进行决战，他与克里米亚汗国达成协议，由克里米亚汗率军截击立陶宛的军队，他自己则和长子伊凡·伊凡诺维奇御驾亲征，率领的罗斯军队在阿合马汗军队必经的奥卡河左岸支流乌格拉河严阵以待。正在两军对峙之际，大公夫人索菲亚却不相信罗斯军队的力量，为躲避战乱，竟然离开首都，并把宫廷迁到莫斯科附近的白湖。伊凡三世也怕后方不稳而回到莫斯科，愤怒的老百姓将他团团围住，质问他为什么抛弃士兵而临阵退缩，坚持要求

罗斯公国脱离蒙古汗国的统治，伊凡三世当着鞑靼使者的面撕毁蒙古汗国的诏书和御牌。

伊凡三世回到前线，继续指挥俄罗斯大军。在民众舆论的压力下，伊凡三世振作精神，在稳定住莫斯科后方政局后，马上回到前线乌格拉河畔。

1480 年 11 月，罗斯军队和蒙古军队在河的冰面上展开对峙，双方都没有必胜的把握，因此均未敢轻举妄动。在凛冽的寒风中，衣衫单薄、劳师远征的蒙古士兵因饥饿和寒冷不断减员，后来阿合马得知立陶宛援军败于克里米亚汗国军队，已经无法前来策应援助，又传闻金帐汗国都城遭克里米亚汗袭击，蒙古军只得撤离。就这样，莫斯科公国从此后永久终止向金帐汗国纳贡。1481 年，金帐汗阿合马在其北部争斗中被境内的秋明汗国军队杀死。1502 年，克里米亚汗攻陷了金帐汗国都城，赶走了阿合马的儿子，从此金帐汗国不复存在。

俄罗斯国家的统一

在反抗金帐汗国统治的同时，莫斯科公国逐渐扩大疆域，兼并周围一个个的罗斯公国，到 16 世纪初，一个崭新统一的俄罗斯国家出现在东欧平原之上，成为当时不可小觑的强国。

东北罗斯的统一

莫斯科公国成立以后，历代大公执政期间无不以扩充疆域为第一要务。曾在库里科沃会战中一举击败金帐汗国的德米特里大公在位期间，先后兼并征服了加里奇、弗拉基米尔、斯塔罗杜布公国，到他的儿子瓦西里一世在位期间，又兼并了下诺夫哥罗德公国。此时的莫斯科公国在领土和人口方面已经远超过其他公国，成为罗斯境内不可一世的霸主，成为世人眼中唯一有能力统一俄罗斯的力量。

瓦西里一世的孙子伊凡三世是统一俄罗斯进程中最为关键的大公，他自小机敏能干、善于谋略，为人谨小慎微，被形容为“连一口樱桃都要分两次吃”的人。在对外扩张过程中，伊凡三世坚持步步为营的策略。在其即位的第二年，即1463年，他率军吞并了亚罗斯拉夫尔公国。1464年又征服了罗斯托夫公国，此后他把征服兼并的矛头指向西北部的诺夫哥罗德公国。诺夫哥罗德公国经济发达、领地辽阔，是莫斯科公国的强劲对手，但其作为一个独特的贵族共和国，实行贵族内部的集体统治，缺乏像伊凡三世那样的强有力的统治者。为抵御伊凡三世的侵略扩张，诺夫哥罗德公国与当时的立陶宛公国结盟，因立陶宛公国普遍信仰天主教，伊凡三世于是以诺夫哥罗德公国背叛东正教为由，于1471年6月挥师入侵。7月14日，双方在舍朗河畔展开了决战。双方投入的兵力极为悬殊：莫斯科军队为4000人，诺夫哥罗德军队则为4万人。但由于莫斯科军队集中统一指挥，战士们身经百战，训练有素，个个争先，以一当十；而诺夫哥罗德的军队则主要是由工匠、商人临时拼凑而成，如同一盘散沙，各自行动，十不顶一，结果被打得大败，几乎全军覆没。诺夫哥罗德战败后不得不和莫斯科签订和约，保证不反对莫斯科大公，并与立陶宛政权划清界限，接受莫斯科大公的裁判权和全权代理人，继续交纳贡税。谨慎的伊凡三世这次并没有吞并诺夫哥罗德，表现得很有节制，似乎在他看来，吞并的时机还没有到来。

到1477年，伊凡三世认为吞并诺夫哥罗德的时机已经成熟，便寻找借口，采取行动。这年3月，诺夫哥罗德的两位使者来到莫斯科，他们在呈文中称伊凡三世为“国君”，而非过去那样称“君主”。据此，伊凡三世认为诺夫哥罗德已把自己看作他们的“国君”，便遣使到诺夫哥罗德询问具体细节，问他们是否希望设立国君的法庭和行政机关。但诺夫哥罗德统治集团矢口否认，断然拒绝伊凡三世的统

伊凡三世在位期间陆续征服了俄罗斯各公国，

最后基本统一了俄罗斯，图为伊凡三世分封领地。

治。伊凡三世闻讯大怒，指责诺夫哥罗德出尔反尔，背信弃义，再次率军征讨。10月9日，莫斯科军队出发，沿途势如破竹，几乎没有遇到抵抗；11月即兵临诺夫哥罗德城下，将其包围。诺夫哥罗德无力抵抗，只得通过谈判接受了伊凡三世的全部要求。从此，诺夫哥罗德归由大公的全权代理人管辖，诺夫哥罗德所管辖的大片领地转归伊凡三世，一部分领主被遣送到莫斯科，其世袭领地也转归到伊凡三世名下。1478年1月15日，伊凡三世以诺夫哥罗德人的“国君”的名义向全体诺夫哥罗德人宣布：“吾等大公既已立国于莫斯科，自当立国于吾等之大诺夫哥罗德领地……诺夫哥罗德领地上不得悬部落会议之钟，不得设市长之职，全国统治归吾等治理。”诺夫哥罗德就此正式被莫斯科公国兼并了。

1485年，伊凡三世率军兼并了与立陶宛公国结盟的特维尔公国，1489年又征服了维雅特卡公国。至此，东北罗斯的全部公国与领土都列入莫斯科公国的麾下。伊凡三世自称“全罗斯的君主”，以双头鹰为国徽，以莫斯科为首都。“俄罗斯”是拉丁语中对罗斯的音译，到16世纪在正式文献中不断出现，成为统一国家的通用称代，此后罗斯的名称就极少被使用。随着普斯科夫与梁赞公国分别于1510年和1517年被伊凡三世之子瓦西里三世兼并，莫斯科公国最终完成了统一俄罗斯的大业。

俄罗斯统一国家机构的出现

统一的俄罗斯国家形成后，原来由贵族自行管理封邑的行政体系不复存在，伊凡三世着手建立起管理全国的中央行政机构，领主杜马作为国家的最高决策机关，但实权已经转移到新设立管理各种事务的局手中，如外交事务局、内政管理局、粮食局、地产管理局、官吏局（管理服役的贵族军官）、奴隶管理局、宫廷管理局（管理宫廷土地及其居民）。伊凡三世把全国分为三个区——弗拉基米尔区、诺夫哥罗德区和梁赞区，另设有以这三个区命名的专设的局管理相关事务。各区地方行政由总督管理，他们都是享有特权的大贵族，握有行政、司法、征收赋税的大权（总督还是地方的军事长官）。

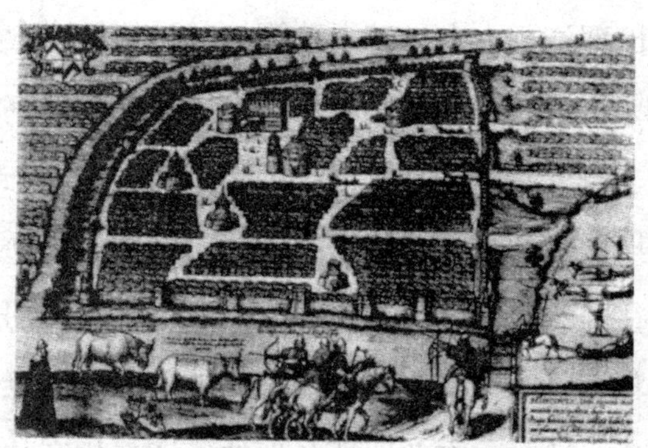

伊凡三世统治下的莫斯科。在伊凡三世时代，莫斯科公国在罗斯诸公国中的优势已经十分明显。

在司法方面，伊凡三世于1497年颁布法典，从富裕者中选出地方官来审理农民的偷盗、抢劫案件，法典也规范了地方官的权力和诉讼费。法典还规定只有莫斯科大公才有铸币权，对于发动武装叛乱者一律处以死刑。法典同时限制农民的迁徙，规定农民只能在每年晚秋——圣尤里耶夫节（旧历11月26日）前后一星期内

结清账目并缴纳一定的迁移费后方可离开原地主，另觅出路。地主如不愿农民离开，通常会在这段时间里故意躲藏。

在军事方面，伊凡三世废除了各王公贵族统帅的扈从军，组织了一支强大的以在役贵族为主的贵族军队。在役贵族占有的土地愈来愈多，他们一方面支持中央集权的建立，另一方面则竭力依靠中央集权的国家政权加紧对农民的奴役。

俄罗斯民族的形成

这样，罗斯诸公国分裂割据的局面结束了，蒙古人统治罗斯的局面结束了。在罗斯东北部悄然兴起的莫斯科公国经过两百多年的发展，吞并了周围一个个罗斯公国，统一了东北罗斯，以莫斯科公国为核心，东北罗斯实际上形成了一个新的统一的国家——俄罗斯。马克思在《十八世纪外交史内幕》一书中写道：“惊惶的欧洲，当伊凡在位之初，几乎不知夹在鞑靼人和立陶宛人之间还存在着一个莫斯科公国，这时看到一个庞大的帝国突然出现在它的东部边境而弄得目瞪口呆；甚至使欧洲发抖的土耳其苏丹巴耶济德本人也破天荒第一次听到了这个莫斯科公国人的傲慢的语言。”这个国家似乎注定要在世界历史舞台上充当重要角色，上演出一幕幕波澜壮阔的活剧……

随着统一的俄罗斯国家的建立，统一的俄罗斯民族也逐渐形成，原来罗斯各公国之间经济、文化交往隔绝，语言、文化与生活习俗各不相同。随着莫斯科公国兼并其他公国，以莫斯科方言为主，又兼而融合其他公国语言诞生了俄罗斯民族的统一语言——大俄罗斯语。这时，东北罗斯各地的经济文化交往日益密切，统一的俄罗斯民族从此登上了历史的舞台。

伊凡雷帝

沙皇伊凡四世是俄国历史上有着重要影响也是极具争议的统治者。他以性格残暴、统治手段残忍而著称。据说在伊凡四世呱呱坠地时，苍穹中传来响彻云霄的雷声，附近的群山也随之地动山摇，这后来成为“伊凡雷帝”名称的一个解释。

血雨腥风的童年

1505年10月，伊凡三世带着统一俄罗斯的辉煌业绩辞别人世，其子瓦西里·伊凡诺维奇继位，是为瓦西里三世。瓦西里三世在位期间完成了伊凡三世的未竟事业，将尚未并入俄罗斯的普斯科夫和梁赞公国吞并，并从立陶宛手中夺取了斯摩棱斯克。其在位28年间，俄罗斯的领土从43万平方公里扩展到280万平方公里，其疆域北达白海，南至奥卡河，西抵第聂伯河上游，东到乌拉尔山脉的支脉。经过两代君主的努力，俄罗斯成为欧洲幅员最辽阔的国家。

瓦西里三世一生结过两次婚，因第一位妻子在结婚后20年里一直没能生育，最后急盼王位继承人的瓦西里只得痛下决心，把妻子送进修道院。第二位妻子是金帐汗国马麦汗的后裔，名为叶莲娜·格林斯卡娅，是当时格林斯基公爵的女儿，年轻貌美。瓦西里十分疼爱这位小娇娘，百般宠爱。第五年，叶莲娜生得一子，取名伊凡。传说婴儿呱呱落地时，全罗斯遍响雷声，地动山摇。据说中亚的喀山汗的妻子在远达数千公里之外都听到这个婴儿的哭声，她对莫斯科的使节说："贵国降生了一位皇子。他长着两对牙齿，一对要吃掉我们鞑靼人，另一对将会把莫斯科公国吃下去。"

1533年12月3日，瓦西里三世病逝，传位长子伊凡·瓦西里耶维奇，这就是著名的伊凡四世。伊凡四世即位时年仅3岁，瓦西里三世临终任命由尤里耶夫、舒伊斯基、沃龙佐夫、安德烈、格林斯基等七位领主组成摄政会议辅政，直至伊凡四世长大成年。七位领主掌权后，为稳固政权，马上把瓦西里三世的弟弟尤里以图谋篡位的罪名抓起来，且不提供饮食。结果，没几天这位亲王就被活活饿死在狱中。尤里的死引起了奥鲍连斯基王公的不满，他与不甘心大权旁落的叶莲娜皇太后联起手来，一起对付七领主，他们首先宣布剥夺七领主的监护权，废除摄政会议，然后把反对她的领主抓的抓、杀的杀，很快铲除了异己，获取了最高统治权力，叶莲娜被拥立为摄政执掌朝政。

叶莲娜摄政只有短短的5年，其最大的贡献是进行了币制改革，统一了俄国货

伊凡四世·瓦西里耶维奇（1530—1584 年），又被称为伊凡雷帝，俄国历史上的第一位沙皇。

币。当时，随着货物流通和商品经济的发展，市场上货币供不应求，不法商人便大量制造赝币，极大破坏了经济秩序。叶莲娜通过杜马会议制订了货币改革方案，下令将旧币全部收回，发行统一的银币。新发行的银币上面铸一手持长矛的骑士像，俄语中长矛为“戈比”，故新币又称“戈比币”，戈比成为基本货币单位。货币的统一，加强了国家的财政管理，促进了商品经济的发展。

1538 年，叶莲娜突然暴毙，死因至今未明。她的死再次引发了一场权力争夺的恶斗，原来七领主之一的伊凡·舒伊斯基趁机夺取了政权，继任为摄政，他下令捕杀了奥鲍连斯基王公，铲除了一个个政敌。权倾朝野的舒伊斯基完全没把小沙皇伊凡放在眼里，他经常出入王宫，把伊凡从梦中惊醒，让他在十字架前唱“赞美诗”。成为孤儿的伊凡从小在尔虞我诈的环境中长大，亲眼目睹了宫廷生活的黑暗和丑恶，养成了日后暴躁多疑、专横跋扈、残忍无情的性格。

独揽大权

伊凡·舒伊斯基上台没几年就去世了，摄政王的位置由他的弟弟安德烈·舒伊斯基继承。舒伊斯基家族的专权引起了叶莲娜娘家格林斯基家族的不满，1543 年，伊凡的舅舅尤·瓦·格林斯基和米哈伊尔·格林斯基在伊凡的支持下，发动宫廷政变，逮捕了安德烈·舒伊斯基。对舒伊斯基兄弟恨之入骨的伊凡把舒伊斯基关在一个小屋中，放狗咬死了他，并暴尸宫门示众。

1547 年 1 月 16 日，伊凡在莫斯科举行了隆重的加冕仪式，正式自称沙皇。伊凡郑重宣布："君主的称号就意味着承认不受任何限制的沙皇政权。一切民众，包括世袭贵族都是朕的臣民。"拜占庭大牧首约瑟夫和其他 36 位拜占庭教区都主教承认了伊凡的沙皇称号。得到了东正教会的认可，伊凡成为俄国第一位沙皇。伊凡虽然亲政，但实权还是掌握在其舅舅尤·瓦·格林斯基和米哈伊尔·格林斯基手中。当年俄罗斯地区发生旱灾，农田歉收，格林斯基兄弟救灾不力，广大民众食不果腹，民怨越来越大。到 6 月 21 日，莫斯科城里突然着起大火，久旱未雨的莫斯科火势凶猛，根本没法扑灭，最后大火造成 2 万多间房屋被毁，1700 人被烧死，8 万多人无家可归。大火还断绝了莫斯科城的粮源，饥饿和疾病笼罩着全城。无家可归、家破人亡的市民们在废墟中游来荡去，将怨恨都集中到格林斯基家族，很快就有谣传说大火源于伊凡的外祖母安娜施展的妖术。集结起来的市民冲进克里姆林宫，要求把格林斯基家族的人交由他们处置。尤·瓦·格林斯基逃到圣母升天大教堂，很快就被市民发现，被砸死在克里姆林宫前的广场上。这时，伊凡借机一方面

伊凡四世

安抚民众，一方面调兵遣将，很快平息了民变，他将声名狼藉、民愤极大的米哈伊尔·格林斯基革职流放。伊凡四世就此夺回了被格林斯基家族把持的权力，巩固了自己的统治地位。

向贵族宣战

伊凡亲政伊始，便向贵族势力宣战，加强中央集权制和沙皇的专制权力。他免除地方贵族的司法权、行政权和征税权，罢免贪官污吏，从平民中选拔新官，扶植自己的亲信；他还没收贵族领地，把往日声名显赫的贵族流放边塞；他强调沙皇不能与任何人，无论是贵族还是教会分享权力，他要教会敬畏权力，而不是上帝。

为进一步打击贵族势力，1564 年 12 月 3 日，伊凡四世自编自导，制造了一场“被迫流亡”的事件。这一天，伊凡四世在克里姆林宫圣母升天大教堂与总主教、大领主、贵族代表以及莫斯科的大商人告别，然后带着莫斯科的全部“圣物”和玉玺，离开了莫斯科，“避难”于俄国王室的夏宫——距莫斯科 100 公里的亚历山大罗夫村。伊凡四世在给总主教和市民的信中解释自己的决定，他对贵族过于骄纵，“于是让贵族们能为所欲为，并使我失去财产，以致颠沛流离于各地”。并表示“朕决定退位，以等候贤明之君主的到来”。

伊凡四世的举动赢得东正教会和商民们的支持，贵族们也不得不草拟效忠书，并派代表前往亚历山大罗夫村，恳求沙皇饶恕他们的罪行，宣誓今后将听从沙皇的调遣，今后的治国之事悉由沙皇做主。1565 年 2 月，伊凡四世踌躇满志地从亚历山大罗夫村回到莫斯科，沙皇在贵族杜马和宗教会议上宣布：为了保护自己的生命和老百姓的利益，决定在国内对宫廷、军队与领土实施“特辖制”。伊凡四世将全俄的土地划分为“特辖区”和“普通区”两大部分，普通区由贵族杜马管辖，保留原有的地方行政机构；“特辖区”整个都是伊凡四世的个人领地，它包括了全国最富庶的土地和最重要的工商业城市。特辖区内原属王公和世袭贵族的世袭领地被没收，这些王公和世袭贵族的领地被迁到偏远地区。伊凡四世在其“特辖区”内组建了一支归其直接统辖的数千人的“特辖军”，他们身穿特制的黑袍，骑着黑马，马鞍旁挂着一个狗头和扫把，专门逮捕和惩罚对沙皇不忠的贵族；他们在俄罗斯各地横冲直撞，肆意逮捕杀戮不服从沙皇的贵族。

沙皇“特辖区”规模不断扩大，一度达到全国国土的一半。“特辖军”疯狂杀戮的行径也遭到了大多数贵族的反对，在1566年的国民大会上，有200名代表请求伊凡四世废除“特辖区”。结果，伊凡龙颜大怒，下令把这200名代表全部处死。当时的大主教菲利普不满教会领地被侵占和伊凡四世的杀戮行为，责问沙皇何时能停止杀戮无辜者，结果被流放到特维尔的修道院，后被“特辖军”暗杀。1570年，伊凡四世率军来到诺夫哥罗德，以该地区主教暗中勾结立陶宛公国为借口，大肆杀戮当地神职人员和普通民众。诺夫哥罗德遭遇灭顶之灾，城中修道院和富商的财物被洗劫一空，上万居民被杀，昔日的罗斯重镇与工商业中心的诺夫哥罗德在经历这番劫难后沦为普通的二级城市，完全归顺莫斯科。

1572年2月，伊凡四世宣布废除“特辖区”，因为在此期间，敢于对沙皇的政策说“不”的贵族已经被斩杀殆尽，剩下的大小贵放为保全性命，纷纷交出自己的领地，能够对抗沙皇的贵族势力已经不复存在了。

重臣拉达

伊凡四世为强化自己的权力，在统治期间施行了一系列政治与军事方面的改革，这次改革首先从用人制度开始。长期以来，俄罗斯的高级官员都是从世袭贵族中挑选的，平民子弟缺乏从政晋升的机会。为了打击世袭贵族势力，培养自己的亲信，伊凡四世亲政后在一次御前会议上宣布：“今后选任官员，可以不受门第限制，只要是人才，即使出身低微，也可以选拔录用。”就这样，以阿达舍夫为代表的一批有能力的平民子弟得到重用。阿达舍夫出身于一个小地主家庭，从小酷爱骑马射箭，练得了一身好武艺。一天，伊凡四世外出狩猎，刚好碰上了他，伊凡见其箭无虚发，没多久马鞍上就挂满了猎物，便上前和他攀谈起来，结果聊得越来越投机。伊凡发现阿达舍夫知识渊博，很有远见卓识，是个不可多得的人才，马上邀请他做自己的御前侍卫。伊凡亲政后，阿达舍夫被任命为财政大臣。很快，伊凡四世身边

汇拢了一批像阿达舍夫这样出身低微、年轻有为的人，这些人成为伊凡四世的亲信，被称为“重臣拉达”。1548 年，伊凡以“重臣拉达”为班底组建了“枢密院”。

伊凡四世向英国大使展示财宝

伊凡四世在“重臣拉达”的协助下，在行政、司法、军事领域进行了诸多改革。在行政司法方面，建立了许多中央管理机构以取代世袭领地机构。在全国普遍设立司法机构，起用中小贵族担任法官，审理重大的司法事件。1549 年 2 月，在莫斯科召开了首次乡绅会议，参加者包括大贵族、高级教士和莫斯科封地贵族的代表，它的召开标志着俄罗斯等地君主制度的确立。在军事方面，伊凡建立了两支由其直接调遣的皇家军队，一支为数千人的“近卫军”，驻扎在莫斯科，装备最好，享受着高薪和特权，他们在郊区都有领地，平时可从事商业活动而无须缴税。另一支是上万人的“常备军”，配有步枪、火药等新式武器。

由于改革触犯了大贵族的既得利益，大贵族们视阿达舍夫为眼中钉、肉中刺。而随着伊凡四世日益明显的个人专权倾向和他本身的多疑猜忌心理，他把“重臣拉达”视为权力的威胁。1564 年，伊凡免去阿达舍夫的职务，把他放逐到波罗的海地区一个新征服的城市做市长。阿达舍夫过去没多久就被大贵族暗杀了。阿达舍夫死后，“重臣拉达”很快也被伊凡解散，但改革的成果还是被保留下来，成了俄罗斯君主专制政体的基础。

对外攻伐

列宁说过，“俄国专制制度的全部历史是一部掠夺各地方、各省区、各民族的土地的历史”。沙皇俄国为了满足封建贵族，特别是服役贵族对土地和农奴的贪婪欲望，为了满足商人的利益，凭借它日益强大的武装力量，开始走上了对外侵略扩张的道路。位于伏尔加河的喀山汗国最先成为伊凡四世的征服目标。喀山汗国是蒙古人在脱离金帐汗国统治后于1445年建立的汗国，其领土包括现在的俄罗斯东部以喀山为中心的卡马河、伏尔加河沿岸地区。汗国的首府喀山是控制伏尔加河航道和通往西伯利亚的要冲，交通十分方便。它又是联结东北欧同高加索和中亚等地的商业枢纽。这里土地肥沃，物产丰富，历代莫斯科大公早已垂涎三尺。伊凡三世曾一度干涉喀山内政，企图将它变为莫斯科公国的藩属，但力不从心，未能得逞。

到伊凡四世时，国力增强，他决心把这个“天国之土”并入沙皇俄国的版图。1545年春，伊凡四世首次派军远征喀山。当俄军长途跋涉来到喀山城下时却未攻城，只是驻扎城外，炫耀武力。城里亲莫斯科一派在此情形下掌权，向俄罗斯求和；沙皇军队也没有必胜的把握，就拿着喀山贡献的财物撤军了。1547年冬季，伊凡四世第二次远征喀山汗国，当俄军横渡伏尔加河时，天气突然转暖，河面上的冰解冻，俄军的大炮陷入河中，伊凡四世只得班师回朝。第二年，他组织了第三次远征，这次却遇狂风暴雨，遍地泥泞，辎重无法推进，伊凡四世在喀山城下待了近半月，后援不继，只得再次败兴而归。1552年夏季，伊凡四世亲率15万大军向喀山进军，8月底，俄军包围了喀山，用150门重炮轰其木墙。他们对着王宫的正门，建立了一座高达15米的三层攻城炮塔，大炮向全城进行了毁灭性的轰击。爆破手围绕城堡挖了一道深沟，埋上炸药炸开了城门，俄军还炸毁了供应全城的水井，断了守军的水源。喀山守军坚守了近两个月，但因实力相差过于悬殊，在俄罗斯军队的强烈攻势下，最终城池陷落。俄军破城后开始血洗喀山，城里的男子惨遭杀害，妇女、儿童被俘，财物被劫，房屋被焚，整个喀山变成一片废墟。至此，汗国政权已不复存在。伊凡四世随即自称“喀山沙皇”。

征服喀山汗国是俄罗斯历史重大的转折点。此前，蒙古人的力量是强于俄罗斯的，攻灭喀山汗国后，双方实力的对比反了过来，俄国人东进已经不存在多大的障碍了。伊凡四世接着把侵略的矛头指向了阿斯特拉罕汗国。阿斯特拉罕汗国位于伏

伊凡四世征服喀山汗国，从根本上
改变了欧亚大草原上的力量抗衡状况。

尔加河，是通往高加索和里海的要道，居民普遍信奉伊斯兰教，战略位置非常重要。同喀山汗国一样，它原来也是金帐汗国的属地，约于1439年独立，其首府阿斯特拉罕城，位于伏尔加河流往里海的河口。这是一个如珍珠般美丽富饶的国家，滔滔奔流的伏尔加河给它带来了肥腴的土地和甘甜的乳汁，世界最大的内陆海——里海给它提供了丰富的鱼类和其他资源，茫茫无际的草原为她养育着数不尽的牛群和羊群。它还是一个重要的交通枢纽，通过陆路和水路将东欧、中亚、黑海和中东地区连接起来，这里手工业、商业颇为发达，毛皮、制革等享有盛名。

但该国的领主们不团结，为争权夺利，不断发生内讧，把国家弄得贫弱不堪。对于这一切，伊凡四世看在眼里，喜在心头。1554年，他发兵3万，浩浩荡荡开向阿斯特拉罕汗国。军队一路未遇到任何重大抵抗，似入无人之境，很快便占领了阿斯特拉罕。这次伊凡四世还算客气，并未立即吞并阿斯特拉罕汗国，只是赶走了亲克里木汗国的雅姆古尔契汗，立傀儡杰尔维什·阿里为汗，让阿斯特拉罕汗国向沙皇纳贡称臣。但阿里并不甘心总做俄国的傀儡，于是不久又倒向克里木、奥斯曼土耳其一边。伊凡四世闻讯，雷霆震怒。1556年，他再次发兵向阿斯特拉罕扑来。阿里汗自知不敌，只得仓皇逃窜，阿斯特拉罕再次落入俄军之手。此次伊凡四世将阿

斯特拉罕汗国完全并入俄国版图，除将部分土地赏赐给那些有功的领主和封地贵族外，其余派俄国总督进行管理。

16 世纪 50 年代，为争夺波罗的海出海口，伊凡四世在吞并喀山和阿斯特拉罕两汗国后，挥师北上，发动了长达 25 年的立沃尼亚战争。在此期间，俄罗斯与立沃尼亚骑士团、波兰、立陶宛、丹麦、瑞典等展开了一系列战斗，双方互有胜负。1582 年 1 月，俄罗斯与波兰签订了一个为期 10 年的停战协定，规定俄国将其在立沃尼亚夺得的大部土地让与波兰，波兰将其占领的俄国领土归还俄国。1583 年，俄罗斯同瑞典签订为期 3 年的停战协定，规定瑞典所夺得的雅姆·伊凡、科波里耶、科列拉等俄国城市继续由瑞典占领。在波罗的海，俄国只保住了芬兰湾沿岸涅瓦河口的一小片地方。伊凡四世争夺波罗的海出海口的立沃尼亚战争，以俄国的彻底失败而告终。

伊凡杀子

伊凡四世晚年脾气变得更加暴戾，他对自己的长子——皇太子伊凡也起了疑心，认为皇太子要篡权夺位，父子关系一度十分紧张。一次，伊凡四世在皇宫里见到伊凡的妻子叶莲娜穿着一件薄裙四处走动，违背了妇女在公开场合穿衣不得少于三件的规矩，便勃然大怒，伸手就是几个耳光。正在怀孕的叶莲娜受不了这番惊吓，流了产。眼见爱妻受辱，爱子痛失，皇太子伊凡一怒之下找父亲理论，恼羞成怒的伊凡四世却将权杖向儿子掷去，刚好击中其太阳穴。皇太子立时昏死过去，不久伤重而死。

这一不幸事件使伊凡四世悲痛欲绝，精神受到极大打击。他下令举国服丧，哀悼皇太子，自己专程到修道院忏悔。他还下令为所有奉他之命被处决的领主和贵族们平反昭雪，命令司书编造了所有遭“特辖军”杀害的人员名单，并将名单和大量金钱一道送往全国一些较大的教堂。皇太子伊凡死后，智力低下的幼子费奥多尔成了皇位继承人。伊凡四世知道费奥多尔难以服众，于是在杜马发表演说，他说，长子的死是他的罪过，因此，将国家权力交给幼子是否合适还有待考虑，如果大家认

为国家中有比费奥多尔更适合成为沙皇的人选，请提出来。早被伊凡四世的杀戮吓怕了的大臣们，诚惶诚恐地请求沙皇在国事未安排好之前，不要去修道院过隐居的生活，除了伊凡四世的儿子，他们不希望任何人来充任沙皇。伊凡四世预感自己不久于人世，便口授了一份新的遗嘱。他效法父王，设立一个摄政会议来辅佐儿子，费奥多尔被托付给四个监护人。这四个人分别是他的舅父尤里耶夫、杜马主席姆斯季斯拉夫斯基王公、叔伊斯基王公，此外还有别尔斯基。

1584 年 2 月，伊凡四世的健康状况急剧恶化，身体明显浮肿。3 月 18 日，他感觉死期已近，命近臣取来遗书当众宣读，随后开始沐浴。出浴之后，他吩咐将象棋排好，棋到终局，他举起“后”欲将对方“王”时，棋子突然坠落棋盘。与其对弈的大臣定睛一看，沙皇已口吐白沫，一命呜呼了。

真假沙皇

17 世纪初，由于俄罗斯统治阶级内部的争斗和波兰外来势力的渗透，俄罗斯历史上出现了罕见的有人假冒皇室皇子名义夺取沙皇皇位的现象。当然这类别有用心的作假者都没有好下场，机关算尽，往往最后落得身败名裂。

外戚戈东诺夫

伊凡四世死后，他的小儿子费奥多尔即位成为新的沙皇。费奥多尔生性懦弱，呆头呆脑，整天躲在宫中的教堂里祈祷。他特别喜欢教堂里的大钟，对于钟上的文字图画百看不厌，每到整点时，他还要自己去敲钟，晚上回到寝殿，他还经常召集宫女、奴仆们表演一些滑稽小品取乐。这样，这位只知道敲钟、玩乐的沙皇根本无法治理国事，俄罗斯政权逐渐落入他的大舅子鲍里斯·戈东诺夫手中。

戈东诺夫出身于普通贵族家庭，是个野心勃勃而又有心计的人，年轻时他巴结当时的“特辖军”首领，并成为其乘龙快婿，得以进入俄罗斯政治权力中心，成为当时炙手可热的权臣。后来他又百般劝说自己的妹妹叶莲娜嫁给费奥多尔。费奥多尔即位后，他施展权谋，解散了摄政会议，自命为摄政大臣，独揽大权。

鲍里斯·费奥多罗维奇·戈东诺夫（1552—1605年），俄国沙皇（1598—1605年在位）。

戈东诺夫是位精明干练的辅政者，他上台后竭力改变俄国教会对君士坦丁堡的从属地位。1588年，君士坦丁堡总主教伊列米亚到莫斯科“募化”金钱和貂皮，戈东诺夫乘机迫使他同意在俄国建立独立的总主教区。随后，戈东诺夫的亲信、大主教约瑟夫当选为俄国东正教会的第一任总主教，从此，俄国教会摆脱了对君士坦丁堡总主教的依附。

当时费奥多尔还有个弟弟德米特里，他是伊凡四世的第7位王后玛利亚所生，伊凡四世死时他还在襁褓之中，不久他和他的生母就被戈东诺夫流放到北方的乌格里奇城。1591年5月15日，9岁的德米特里吃过晚饭后和几个小朋友玩“飞刀”游戏。没过多久，他的母亲玛利亚就听到有人大喊：“皇子出事了。”她急忙赶过去一看，德米特里喉咙被利器割断，当场毙命，周围的小孩都支支吾吾说不清是怎么回事。玛利亚王后一口咬定是戈东诺夫派人杀害了她的儿子，一时间举国上下议论纷纷。最后，戈东诺夫派以王公瓦西里·叔伊斯基为首的调查委员会调查事情缘由。调查结果是德米特里在玩刀子时，因癫痫病发作跌倒在地，正好被地上的刀子割破喉咙而死。玛利亚王后则因诬告被送到修道院囚禁起来。

1598年1月，费奥多尔去世，由于没有子嗣继承王位，延续七百多年的留里克王朝宣告终结。2月17日，戈东诺夫被缙绅会议选举为沙皇，俄罗斯历史进入短暂的戈东诺夫王朝时期。

冒牌沙皇

戈东诺夫继任沙皇后，政权一直不是很稳定。而这时俄罗斯遇到了百年一遇的洪灾，夏天暴雨不断，夏末又出现霜冻，很多农作物还没收割就被冻死了。饥荒从1601年开始很快蔓延到俄罗斯全境，到1603年，被饿死的灾民达数十万之多，仅莫斯科公墓就埋葬了12. 7万饿死的饥民。戈东诺夫赈灾不力，他发放的救济粮大多数被官员贪污，饥民铤而走险，抢劫国家粮仓和大贵族的庄园。

这时，一个做过修士的小贵族奥特列比耶夫来到波兰，自称是德米特里皇子，当年被割破喉咙并没有死，为躲避追杀一直在国外隐姓埋名生活着。他很快得到了波兰贵族姆尼丝则奇的青睐，还成为其女儿玛丽娜的未婚夫。不久，他被引见给波兰国王，他和波兰国王达成协议，波兰全力支持奥特列比耶夫回俄罗斯夺位，如果奥特列比耶夫当上沙皇，俄国要皈依天主教，并把斯摩棱斯克、车尔尼戈夫割让给波兰。

1604年，伪德米特里联合流亡到波兰的俄罗斯贵族，又召集了几百名哥萨克人，组织了一支3000人的军队。他们从基辅越过第聂伯河，沿途向饥饿的农民许诺，如果他当上沙皇，将保证农民不再遭受饥饿之苦。农民纷纷轻信他是真的德米特里皇子而加入他的队伍，一时间，伪德米特里的军队达到数万人。戈东诺夫派去的军队也纷纷倒戈，伪德米特里的军队很快就进逼莫斯科城下。

戈东诺夫被这个冒牌的皇子逼得无路可走，于1605年4月在懊恼和愤恨中病死了。他的儿子费奥多尔即位，但得不到军队的支持，对戈东诺夫不满的贵族发动政变，费奥多尔被迫退位，旋即被杀害。6月30日，伪德米特里的军队兵不血刃，浩浩荡荡进入了莫斯科城。叔伊斯基王公这时又改口说当年自己被迫做了伪证，眼前的新沙皇才是真正的德米特里皇子。玛利亚王后不久也回到莫斯科，当众宣布伪德米特里为真正的德米特里皇子。伪德米特里于7月即位为新的沙皇，史称伪德米特里一世。

伪德米特里的覆灭

得意忘形的伪德米特里上台后，很快忘记了自己的承诺，整天只知道吃喝玩乐，农民的凄惨处境没有得到多大的改变。在宫廷中，他重用波兰贵族，对他们封官赏地，还宣布天主教享有东正教同样的地位，这引起了俄罗斯贵族极大的不满。在对外关系上，他没能如约把斯摩棱斯克、车尔尼戈夫割让给波兰，从而导致俄波关系也十分紧张。

伪德米特里一世（1581—1606年）

1606年5月，伪德米特里的未婚妻玛丽娜一行来到莫斯科，举行了盛大的天主教婚礼，送亲的波兰人在城中为非作歹，骚扰市民，俨然以征服者自居。失望不满的市民在叔伊斯基王公的率领下，于5月17日发动叛乱，人们聚集在克里姆林广场，高喊着“杀死波兰人”的口号，冲进王宫。守门的兵士早就看不惯伪德米特里

的所作所为，纷纷撤退，伪德米特里这时才感到大祸临头，慌忙中从后窗逃跑，摔断了腿，在灌木丛中被贵族发现抓住，当场被乱刃砍死。他的尸体被焚烧，骨灰被愤怒的市民装进炮筒里朝波兰的方向发射，以警告波兰人再不得有兼并俄国的野心。两千多名波兰贵族和士兵在此次事件中被杀，伪德米特里的未婚妻玛丽娜随其父逃回了波兰。叔伊斯基王公旋即在当月被缙绅会议选举为新的沙皇，称瓦西里四世。

伪德米特里二世

叔伊斯基继任沙皇后，俄罗斯的政局仍旧不稳定，他刚即位不久，就发生了顿河地区哥萨克领袖波洛特尼科夫领导的农民起义。1607 年 10 月，起义军围攻莫斯科长达 3 个月之久方被沙皇军队击溃。1607 年 10 月，起义军的基地图拉城被政府军攻克，波洛特尼科夫被捕后遭残忍杀害。

就在沙皇军队忙于镇压农民起义之时，波兰国王和贵族趁火打劫，出兵俄罗斯西部地区。1607 年 6 月，在俄国南部又出现了一个自称是皇太子德米特里的人，史称伪德米特里二世。波兰国王西吉斯蒙三世安排他与“伪德米特里一世”的“皇后”玛丽娜结婚，又给了他大量的军队和装备，在修道院的玛利亚王后也承认此德米特里系其子。1608 年春，伪德米特里二世带兵向莫斯科挺进。一路上，许多期待“好沙皇”的农民和哥萨克们纷纷加入了伪沙皇的队伍。由于莫斯科城久攻不下，伪沙皇决定在离莫斯科城 17 公里处的图希诺村扎营结寨。伪沙皇在这里设立起杜马、衙门和大主教，封官赐爵，赏赐领地。莫斯科城中善于投机的贵族闻讯也溜出城来讨好伪沙皇，求得一官半职后获得些领地。

叔伊斯基为了解围，赶紧派亲信向瑞典国王查理九世求援，双方商定的条件是莫斯科放弃对立沃尼亚的领土要求，割让科列拉给瑞典。瑞典军队在特维尔城击溃伪沙皇军，进而占领了卡良津。伪德米特里二世听说瑞典援军已到，弃图希诺奔卡卢加而去。

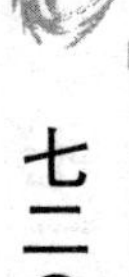

波兰国王见伪沙皇不敌俄瑞联军，马上派波兰军队越过边境，直逼莫斯科。

1610年6月，波兰军队在克卢希诺村打败俄瑞联军，莫斯科城危在旦夕。贵族们认为叔伊斯基已不适合担任沙皇，于是发动政变强迫其退位，并把其关进修道院，由杜马七位大贵族共同执掌大权。同年8月，大贵族们和波兰国王达成协议，同意由波兰国王的王子瓦迪斯科夫任沙皇。9月20日晚上，他们打开城门，将波兰军队秘密引入莫斯科。波兰军队入城后大肆劫掠，从克里姆林宫盗走了大量珍宝。莫斯科的贵族派遣一个代表团到波兰国王在斯莫棱斯克的驻地，要求迎波兰王子到莫斯科继任沙皇。不想此时波兰国王反悔，想自己做沙皇，并拘禁了代表团。而此时，伪德米特里二世趁机率军反扑，但很快就被俄罗斯政府军打败。最后，伪德米特里二世被手下的蒙古人杀死。

反抗波兰人的卫国战争

波兰人的蛮横无理与野蛮劫掠举动激起了俄罗斯民众的强烈不满，他们纷纷组织民军反抗波兰的占领，其中属在1611年10月由诺夫哥罗德富商米宁组织的民军影响最大。该民军由波扎尔斯基具体指挥，1612年3月，民军开始向莫斯科进发，沿途受到俄罗斯民众的热烈拥护，队伍扩充到一万多人。4月，民军在雅罗斯拉夫尔建立了临时政府——全国委员会。同年8月，民军抵达莫斯科，两个月后，城中的波兰军队抵挡不住，只得缴械投降。为期15年以伪沙皇的不断出现为明显标志的混乱时期就此结束。

俄罗斯知名科学家

科学巨人罗蒙诺索夫

说到物质不灭定律，提起莫斯科大学，我们许多人都深感熟悉。但对发现这条自然科学中的重要定律和创立这所俄国最知名大学的人，或许不少人还比较陌生。他就是被人称为“俄罗斯科学之父”的罗蒙诺索夫。

罗蒙诺索夫1711年出生于俄国阿尔罕格尔斯克地区一个渔民家庭，他从10岁

起就协助父亲捕鱼，长期的海上生活锻炼了他坚韧不拔的性格。他从小就表现出强烈的求知欲，如饥似渴地找来一切书籍阅读。1730 年一个寒冬的夜晚，19 岁的罗蒙诺索夫为了争取较好的学习条件，带着两本珍爱的启蒙书，告别家乡，仅凭着借来的 3 个卢布，踏上了漫长的求学之路。1731 年 1 月，罗蒙诺索夫来到了莫斯科。

米哈伊尔·瓦西里耶维奇·罗蒙诺索夫（1711—1765 年），俄国化学家、哲学家、诗人，俄国自然科学的奠基者。

在遭到一所贵族学校的拒绝后，他冒称自己是教会执事的儿子，这才进入斯拉夫-希腊-拉丁学院。他以无比的勤奋和顽强的毅力投入到学习之中，仅用一年时间就掌握了拉丁文，并自修了希腊文。1736 年初，罗蒙诺索夫用五年时间修完八年的课程并取得优异成绩，被选派到彼得堡国家科学院大学深造，半年后被派往德国留学。罗蒙诺索夫自 1741 年回国后一直在科学院工作。1745 年成为化学教授，当年被选为彼得堡科学院院士，成为俄国第一位院士。

1741 年，罗蒙诺索夫的物理化学学科开山巨著《数理化学原理》一书问世；此后几年，罗蒙诺索夫研究了物质结构问题，提出微粒理论。他认为，物质是由基本微粒组成的，而基本微粒又由元素组成。构成微粒的元素不同，就产生了物质的多样性。通过实验，他又提出了物质守恒定律，即“自然界中一切变化都是这样发生的，一种东西增加多少，另一种东西就丧失多少”。这标志着科学史上一个新时代的开始，由罗蒙诺索夫发现并加以科学表述的物质守恒定律成为物理化学最基本的定律之一。

罗蒙诺索夫也是一个出色的人文学者，他在历史学、语言学、哲学方面都有一定的研究，被誉为俄罗斯现代语言之父。罗蒙诺索夫在纯洁俄罗斯语言、使文学语言接近口语方面贡献很大，他著有《修辞学》《俄语语法》和《论俄文宗教书籍的益处》等著作。彼得一世改革后，由于社会政治经济的变化，俄语中夹杂着许多外来词汇，古老的斯拉夫词汇也未经清理。他针对这种情况提出了改革意见。根据古典主义的原则，他把文学体裁划分为高、中、低三种，规定每种体裁所允许使用的词汇，主张在俄语中剔除陈旧的教会斯拉夫词汇和不必要的外来语。这为克服当时俄语的混杂现象、创造统一的规范语言打下了基础。

罗蒙诺索夫认为，单靠一所彼得堡大学来培养科学家是不够的，他在演讲中多次强调需要再开办一所新的大学。1755 年，根据他的倡议并在他的直接参与下，莫斯科大学正式创立。这所大学旨在吸收一切有志于科学研究的优秀青年，而不论其出身是贵族还是平民。莫斯科大学后来成为 18 世纪俄国先进科学与民主思想的摇篮。

1765 年 4 月 4 日，54 岁的罗蒙诺索夫与世长辞。他的卓越成就已作为人类文化的宝贵遗产而载入史册。由于他在俄国科学发展史上的诸多贡献，特别是物质守恒定律的发现和对俄罗斯语法的系统编辑，他被誉为“俄国科学史上的彼得大帝”。由于罗蒙诺索夫的学识非常渊博，俄罗斯诗人普希金曾把他比作“俄罗斯的第一所大学”，说“他是历史学家、修辞学家、机械学家、化学家、矿物学家、艺术家和诗人，他对一切都曾亲身体验过并深入地研究过”。

门捷列夫与元素周期表

19 世纪后半期，俄国自然科学取得了举世瞩目的成就，涌现出一批杰出的科学家，提出元素周期表的化学家门捷列夫就是这些科学家的杰出代表。

1834 年 2 月 8 日，门捷列夫出生在西伯利亚托博尔斯克市一个普通的知识分子家庭。父亲因患眼疾双目失明，提前退休在家。母亲聪明能干，挑起全家生活的重担，并通过科学管理，让一家濒临倒闭的小型玻璃厂起死回生，母亲的刚强干练给小门捷列夫以终身影响。

1841 年，门捷列夫进入托博尔斯克中学，在数学和物理方面表现出超常的理解力和记忆力。1849 年，他以优异的成绩中学毕业。为让儿子继续深造，母亲变卖全部家产，送他到彼得堡中央师范学院数学物理自然科学系求学。在大学里，门捷列夫选择化学作为终身事业。1854 年，他写出第一篇化学论文；次年 5 月，他以第一名的优异成绩大学毕业，并荣膺一枚金质奖章；8 月，他在南部小城辛菲罗波尔的一所中学任教，就此开始了其化学研究的学术生涯。

1856 年 5 月，门捷列夫完成硕士论文，通过答辩，获得物理化学硕士学位。3 天后，他又顺利通过任教资格答辩，并被批准任命为彼得堡大学化学教研室的副教授。1859 年初，门捷列夫获准去德国进修两年，1861 年回国后，他编写了第一本俄文《有机化学》教科书，并于 1865 年顺利通过博士论文答辩，取得了博士学位；同年秋，门捷列夫被评为教授。

1868 年，门捷列夫在彼得堡大学教授无机化学，因找不到合适的教材，于是决心自己编写一本能够反映现代化学发展水平的教科书。为了写好这本书，他仔细地研究了当时所发现的 63 种元素。一方面，当时还有 28 种元素尚未发现；另一方面，已发现的 63 种元素中有 11 种的原子量测定得很不准确。门捷列夫大胆创造，想出了用卡片排序的好办法。首先，他把卡片分成三个一组，可结果并不理想，接着他又把卡片排成一横行，还是没有得到理想的结果。后来，他按照原子量递增的顺序，把所有的元素排成几行，再把各行中性质相似的元素上下相对起来。他惊喜地看到，元素排成了纵横交错的行列，每一纵行，元素的性质随着原子量的增加从上到下逐渐变化；每一横行，元素性质都随着原子量的增大而呈现出有规律的变化。门捷列夫非常兴奋，他坚信自己发现了自然界中最伟大的规律，并很快把这个

德米特里·伊万诺维奇·门捷列夫（1834—1907年），19世纪俄国科学家，发现化学元素的周期性，制作出世界上第一张元素周期表。

发现发表在《化学年鉴》上。

1875年9月，法国化学家勒科克·德·布瓦博德兰宣布发现了一种原子量为59.22，比重为4.7的新元素——镓。门捷列夫得知后，立刻给他写了封信说："镓就是我原先预言的类铝，它的原子量约为68，比重约为5.9-6.0，请你们再研究研究。"德·布瓦博德兰于是把镓提纯后再测，果然，镓的比重5.94。德·布瓦博德兰激动异常，对门捷列夫编制的元素周期表更是心悦诚服。这件事情在科学界引起了强烈的反响。不久，门捷列夫预言的类硼和类硅被发现，这三种新元素的发现，确立了元素周期表的权威地位，奠定了现代无机化学的基础。人们为了纪念他的功绩，就把元素周期律和周期表称为门捷列夫元素周期律和门捷列夫元素周期表。

1907年2月2日，这位享有世界盛誉的俄国化学家因心肌梗死在圣彼得堡与世长辞，终年73岁。

生理学无冕之王巴甫洛夫

巴甫洛夫于 1849 年 9 月 26 日出生在俄国梁赞地区。他的父亲是一位乡村牧师，他是家里的长子，从小养成了良好的劳动习惯，经常帮助父亲在田园或园圃里劳动。1871 年，巴甫洛夫进入彼得堡大学学习生理学。他刻苦学习，成绩优异，后来就读于军事医学院，1883 年获得医学博士学位。此后他一度到德国留学，归国后一直在军事医学院从事生理学研究工作。1901 年，他当选为彼得堡科学院通讯院士，1907 年成为正式院士。由于他在消化生理学方面的卓越成就，他获得了 1904 年诺贝尔生理与医学奖，成为生理学家中获此殊荣的第一人。1935 年 8 月，86 岁高龄的巴甫洛夫主持了第十五届生理学国际大会，并荣获“全世界生理学元老”称号。

伊万·彼得罗维奇·巴甫洛夫（1849—1936 年），俄罗斯生理学家、心理学家、医师。1904 年获诺贝尔生理学和医学奖。

巴甫洛夫在生理学研究方面的杰出贡献集中于三大领域，即血液循环生理学、消化生理学和高级神经活动生理学，而他最为重要的学术成就还是他对狗的条件反射的研究。他发现，当把食物置入狗的胃里时，胃壁会分泌胃液以促进消化。一系列研究表明，胃液分泌的数量和持续的时间，是随着放入胃里的食物的种类和数量而变化的。巴甫洛夫根据实验研究得出的基本结论是：动物有一种固有的生理反射，它以一种非常精确的方式随胃里食物的种类和数量进行胃液分泌。例如，当嘴里有食物时，动物会分泌一种稠的唾液以开始消化过程；而当在它的嘴里放一点酸液时，就会分泌大量淡的唾液以稀释酸液。巴甫洛夫后来又发现，引起狗胃液分泌活动的，可以是狗原先吃过食物的盘子，甚至以前喂过食物的人，也会引起它的胃液分泌活动，这种情况完全不同于属于生理反射的分泌活动。巴甫洛夫由此认为，动物存在着两种反射：一种是生理反射，这是一种内在的、任何动物的所有成员都会表现出来的反射，它们是神经系统固有组织的一部分；另一种是心理反射，后来他改称为条件反射，这种反射是特定动物作为特定经验的结果而产生的。

晚年的巴甫洛夫转向精神病学的研究，认为人除了第一信号系统（即对外部世界直接影响的反应）外，还有第二信号系统，即引起了人的高级神经活动发生重大变化的语言，巴甫洛夫的第二信号系统学说解释了人类所特有的思维生理基础。

1937 年，87 岁高龄的巴甫洛夫在列宁格勒去世。当我们在纪念这位“生理学无冕之王”的时候，要牢记他生前在一封信中对立志献身科学的青年们提出的希望，他说：“首先要循序渐进，第二要谦虚，第三要有热情，而且科学需要一个人贡献出毕生的精力，只有这样，才能不辜负国家对我们、对科学所寄予的期望。”

二、拜占庭帝国

公元 867—1453 年

9—11 世纪这 200 年之间，拜占庭帝国再一次崛起，但内部不和的迹象已然显现，而来自外部的各种侵袭又大大削弱了帝国的力量。13 世纪初的第四次十字军东征给予帝国沉重的打击，它始终未能完全恢复昔日的辉煌。1453 年，奥斯曼帝国攻陷君士坦丁堡，这一事件是一个重要的转折，日后对基督教欧洲产生了巨大影响。拜占庭学者们纷纷逃往西方，并带去了拜占庭帝国所保留的古典文化，他们所传播的古典文化正是后世意大利文艺复兴和人文主义兴起的关键。

拜占庭帝国的复兴和马其顿王朝

马其顿王朝在东方重建了拜占庭帝国的霸权。对内对外都进行了一系列的改革措施。

拜占庭皇帝巴西尔一世（马其顿王朝奠基人，867—886 年在位）出身卑微，但一路青云。867 年，他刺杀了极为信任他的皇帝米切尔三世，自己登上皇位。巴西尔上台不久就重新征服了意大利南部地区，并支持反罗马的牧首佛提乌一世；对内，他组织编纂了《皇帝法规》。在他的许可下，拜占庭产生了一个只服从于皇帝的庞大官僚体系。

巴西尔一世在战场上与阿拉伯入侵者抗衡，13 世纪的书籍插图。

巴西尔死后，其子利奥六世继承皇位，920—944 年，利奥与罗曼努斯一世·莱卡佩努斯一起，共同击退了保加利亚人、俄罗斯人和阿拉伯人的入侵。922 年，利奥试图改革土地所有制，以限制大土地所有者吞并小地产。利奥的儿子君士坦丁七世波菲罗根尼蒂斯撰写了大量著作讨论仪式礼仪和王宫管理。963 年，君士坦丁的儿子及继承人罗曼努斯二世被杀，很可能是其妻狄奥法诺下毒杀害了他。

在狄奥法诺的协助下，约翰一世齐米斯西斯为暗杀尼基福鲁斯二世福卡斯测量宫墙，17 世纪的铜雕版画。

狄奥法诺后嫁给罗曼努斯的继任者尼基福鲁斯二世福卡斯，他是一位优秀的军事将领，重新夺取了小亚细亚和叙利亚的部分地区以及克里特岛和塞浦路斯岛。后来，狄奥法诺又转而支持尼基福鲁斯的亲戚约翰一世齐米斯西斯，969 年两人密谋

拜占庭金币

暗杀了尼基福鲁斯。约翰篡位后，即与狄奥法诺结婚，大刀阔斧地展开了一系列军事行动。

拜占庭帝国和十字军东征

日耳曼人、塞尔柱人的攻击及后来的十字军东征运动结束了拜占庭帝国最后的黄金时代，帝国从鼎盛走向衰亡。

头戴金色王冠的皇后佐伊，三位拜占庭皇帝的妻子，11 世纪。

新皇帝约翰一世齐米斯西斯于 971 年征服了东保加利亚，并一路向叙利亚及巴

勒斯坦推进。他安排了罗曼努斯二世的女儿和未来的神圣罗马帝国皇帝奥托二世的婚事。巴西尔二世在976年继承了约翰的皇位，他也是来自马其顿王朝的皇帝。经过十多年的鏖战，巴西尔终于征服了西保加利亚。

基督为齐奥杜拉皇后和她第二任丈夫罗曼努斯四世戴奥吉尼斯加冕，11世纪的象牙雕像。

1014年，巴西尔最终取得了胜利，他将所俘获的14000名俘虏都残忍地刺瞎了眼睛，因此被称为“保加利亚屠夫”。巴西尔统治时期，拜占庭帝国的文化发展呈百花齐放之势，一度十分兴盛，但随着强大外敌的不断攻击而日渐趋于保守。

尤其是穆斯林塞尔柱人的崛起，对拜占庭帝国构成了威胁。1071年拜占庭帝国在亚美尼亚曼兹克特战役中溃败。塞尔柱人征服了小亚细亚，并在那里建立了以哥念苏丹国。

同时，拜占庭皇位之争越演越烈。后宫女眷，特别是佐伊和齐奥杜拉，在这一时期的各种王朝阴谋中扮演着重要的角色。1081年，亚历克赛一世科穆宁为皇帝，威尼斯、热那亚和意大利其他重要城市从他手中获得了极大的贸易特权，以对抗诺曼人在意大利南部对拜占庭帝国进行的贸易封锁。这样的做法在相当长的时间内破坏了拜占庭帝国的经济，使帝国丧失了对税收的控制权。

圣索菲亚大教堂的佐伊镶嵌画

尽管1054年拜占庭帝国与罗马天主教会正式分裂（史称“宗教大分裂”），但亚历克赛仍在1095年向教皇发出请求，希望教皇能够援助自己对抗塞尔柱人。1096年第一次十字军东征时期，拜占庭帝国重新夺回了小亚细亚的部分地区，但十字军战士在叙利亚和巴勒斯坦新建立的政权拒绝接受拜占庭皇帝的领导。

曼努埃尔一世统治时期，花费了大量时间和精力去夺回失去的行省。同时，1175年，威尼斯人转而支持诺曼人，1176年在密列奥赛法隆，拜占庭帝国不敌塞尔柱人。1185年，保加利亚人宣布独立，脱离拜占庭帝国。1203—1204年，第四次十字军东征拜占庭帝国，拜占庭帝国国土剧减，风光不再。

拉丁帝国和其他后继政权

在皇帝米切尔帕里奥洛加斯统治尼西亚的时期，拜占庭人夺回了君士坦丁堡。

1204年4月13日，十字军战士占领君士坦丁堡，在原拜占庭帝国的土地上，出现了各种十字军国家及拜占庭后继政权。其中，特雷比松帝国在小亚细亚的东北部建立，由科穆宁家族的旁系分支统治，一直维持到1461年。在拜占庭本土，十字军战士选择了一位拉丁人鲍德温为皇帝，并在圣索菲亚教堂为其加冕，即为鲍德温一世。牧首则是托马索·莫罗西尼。

威尼斯得到了许多具有战略意义的岛屿和港口，包括克里特岛、爱琴海岛群的

1204 年君士坦丁堡之陷，丁托列托作的油画，16 世纪。

大部分、罗德岛和伯罗奔尼撒、色雷斯的贸易港口。十字军将领以欧洲为模式，在塞萨洛尼基建立起众多封建政权，有雅典公国、纳克索斯公国和亚该亚公国。理论上，君士坦丁堡的拉丁帝国皇帝拥有至高无上的君权，但他的统治依赖于封建领主们和威尼斯的支持，后者一直致力于保护自身的贸易特权。

威尼斯商人偶遇皇帝鲍德温二世，约 1410 年的书籍插图。

希腊东正教教徒被置于天主教神职人员的管辖下，引发了暴力抵抗运动。东正教教徒为保加利亚沙皇卡洛扬·阿森所支持，经过 1205 年阿德里亚堡一战，鲍德

温被保加利亚人俘虏，后被杀害。此后，拉丁帝国的皇帝更替频繁。1240 年，鲍德温的侄子鲍德温二世开始执政，他的统治范围实际只局限于君士坦丁堡。他所面临的财政问题也非常严峻，为了抵偿威尼斯的借款，他甚至以儿子的婚姻作抵。

君士坦丁堡陷落之后，皇帝狄奥多拉一世拉斯卡里斯建立了尼西亚流亡政府，保存了拜占庭传统。他和他的继任者一直未放弃重建拜占庭帝国的努力。1235 年，约翰三世杜卡斯·瓦塔特泽斯试图夺回君士坦丁堡，虽然行动失败，但他成功地从保加利亚人手中收回了色雷斯和马其顿地区，最终，他于 1246 年夺回了塞萨洛尼基。

塞萨洛尼基的“白塔”，建于 15 世纪。

1259 年，米切尔八世帕里奥洛加斯从年轻的约翰四世拉斯卡里斯手中篡夺了皇位，并建立帕里奥洛加斯王朝，并联合小亚细亚新兴的穆斯林势力，终于在 1261 年夺回了君士坦丁堡。当时拉丁帝国皇帝鲍德温二世正前往西欧进行托钵行乞拜见，他的“缺席”对帕里奥洛加斯夺取君士坦丁堡大大有利。随后，帕里奥洛加斯重建了拜占庭帝国，尽管这个帝国已经大不如往昔。

拜占庭帝国的衰落

拜占庭帝国重建后不久，就被强势的贸易帝国威尼斯和热那亚破坏，而强大的土耳其人于1453年攻下君士坦丁堡。

米切尔八世虽然重建了拜占庭帝国，但他未能恢复其昔日的辉煌。海上的威尼斯共和国保持了在商业上的霸主地位，而热那亚因为对米切尔的支援而获得了贸易特权和佩拉地区，这些在日后都成了拜占庭帝国发展的绊脚石。

拉丁封建政权被赶出希腊，但北方的塞尔维亚人和保加利亚人、东方的塞尔柱人后裔都在帝国边境虎视眈眈。尽管有这些不稳定的因素存在，在这一时期，拜占庭帝国的文化复兴却是如火如荼地展开。

16世纪君士坦丁堡地图，绿色部分为热那亚人在佩拉的贸易侨居地。

1282年，米切尔之子安德罗尼卡二世帕里奥洛加斯登基，但在1321年的一场皇位继承的争夺将帝国推到分崩离析的边缘。安德罗尼卡二世被强制接受孙子安德罗尼卡三世为共治皇帝，1328年又被迫退位。

1341年，安德罗尼卡三世死后，约翰六世坎塔库泽努斯在静修士的支持下篡夺了皇位。虽然后来约翰六世也一度被废，但在奥斯曼帝国的帮助下，又在1347年重新夺回了皇位。1354年，他再度被废，并被送往一所修道院。他的儿子马太成为摩里亚君主，统治摩里亚至1382年，摩里亚在拜占庭帝国晚期是重要的文化中心。

1453年，土耳其人政占君士坦丁堡，17世纪的铜雕版画。

帕里奥洛加斯王朝后又在君士坦丁堡建立起政权，受制于奥斯曼帝国。1362年，阿德里亚堡陷落，奥斯曼帝国几乎包围了整个拜占庭帝国，帝国只剩下君士坦丁堡和外围地区。土耳其人由于在1402年被帖木儿打败，无暇顾及拜占庭帝国，这才稍稍延缓了帝国的灭亡。

约翰六世在宗教会议上被神职人员所围绕，14世纪。

1439年，皇帝约翰八世帕里奥洛加斯承认教皇的权威，以此获取军事支援来对抗土耳其人，但这场交易并未成功，反而激起了希腊东正教的暴力反抗。1449年，他的兄弟君士坦丁十一世继位，为拜占庭末代皇帝。1453年，奥斯曼苏丹穆罕默德二世率军围攻君士坦丁堡，被围困的拜占庭民众和城中的威尼斯人及其他外族人顽强抵抗。然而在1453年5月29日晚，土耳其军队使用当时最大的重炮攻破君士坦丁堡的城墙。拜占庭帝国的最后一位皇帝死在战场上。

三、十字军东征

公元 11—15 世纪

始于 11 世纪的十字军东征由多种因素引发，同时也带来了复杂的后果，它引发了欧洲向东方世界的扩张，对欧洲的发展，特别是文化生活有着长期的影响。十字军东征是为了反对伊比利亚半岛的穆斯林和其他异教徒，当然，长期的政治利益也是重要因素。欧洲的犹太人在这次东征中也受到了致命的打击，他们沦为了十字军队伍和狂热人群的牺牲品。

背景和原因

宗教、物质和政治的原因驱动着贵族十字军战士和贫穷的人们向巴勒斯坦进发。

10—11 世纪，西方基督教徒的宗教生活正经历着一场新生，一系列教会改革运动出现，诸如克吕尼修道院和教皇格里高利改革，还出现了新的修道团体，比如西多会。对宗教的虔诚驱动着越来越多的人前往巴勒斯坦朝圣，而巴勒斯坦自 7 世纪起就在穆斯林的统治之下。

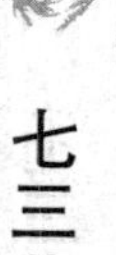

此时，正值土耳其的塞尔柱王朝统治时期，其 11 世纪中叶向近东的扩张已经

世界是一个圆盘，耶路撒冷位于中心，约 1250 年的书籍插图。

引起了欧洲的注意。1074 年，教皇格里高利七世开始计划“解放”圣地和结束教会分裂的东征。1095 年，拜占庭皇帝亚历克塞一世科穆宁向教皇乌尔班二世求助反抗塞尔柱人的扩张，同年，教皇在克莱芒宗教会议上说服了欧洲的骑士和贵族，组建了一支支持拜占庭皇帝的东征军队。然而不久之后，这场战争的目标便转向了从穆斯林统治下解放耶路撒冷。

教皇许诺东征战士们将得以救赎，这鼓舞了大量穷人的加入。对于大多数的贵族来说，物质和政治上可能带来的利益是驱使他们参加十字军东征的主要因素。许多由于长子继承制而得不到继承权的贵族子孙们将这次东征看作巩固他们地位的重要机会，他们渴望得到荣誉、财富，甚至一片属于自己的领地。同时，国王和王子们企图利用十字军东征从意识形态上巩固他们的统治，借此标榜自己是真正的基督教君主。商人们，特别是意大利商业城市中的批发商们被军队的装备和运输所带来的利益所诱惑，也为了扩大他们的商业利润而加入了十字军。这些，就成了十字军东征的综合因素。

战胜拜占庭后，穆斯林举行宴会，13 世纪的书籍插图。

第一次和第二次十字军东征

第一次十字军东征使基督教国家在西亚建立。他们始终处于防守状态，而接下来的为保卫这些国家的十字军东征也并不成功。

亚眠的彼得征召十字军，19 世纪木版雕刻图。

在教皇的号召下，1096 年，一批冒险者和流浪汉在彼得教士的带领下组成了第一支十字军队伍。在同保加利亚人的战斗中，十字军队伍死伤惨重，剩下的队伍在小亚细亚被塞尔柱人消灭。与此同时，一支德国的十字军队伍正在欧洲同犹太人战斗。

第一支有组织的十字军军队“王子的十字军队伍”由布永的戈弗雷、布洛涅的鲍德温、图卢兹的雷蒙德和塔兰托的波西蒙德领导，汇集了法国人、法兰德斯人和南意大利人。1097 年，当他们抵达君士坦丁堡时，国王亚历克塞一世要求他们宣誓效忠于他，但这誓言并没有持续多久。1097 年，这支基督教军队在多里莱恩打败塞尔柱人，1098 年占领了叙利亚的安条克。此时，幼发拉底河彼岸的爱德沙国王遭到暗杀，布洛涅的鲍德温成为继承人，建立了第一个基督教国家。

耶路撒冷的圣墓堂

塔兰托的波西蒙德则在安条克建立了第一个公国，图卢兹的雷蒙德也在的黎波里建立了国家。1099 年，他们占领了耶路撒冷，对犹太人和穆斯林展开了残忍的大屠杀。戈弗雷被推举为“圣墓堂”的守护者，但他拒绝在这个基督牺牲的城市称王。1110 年戈弗雷死后，他的弟弟鲍德温接替了他的哥哥，并自立为王。

1144 年，塞尔柱人重新占领爱德沙，西多会院长克莱沃的伯纳德组织了第二次十字军东征。1147 年，另一支队伍在法国路易七世和德意志国王康拉德三世的率领下出发。这次东征没有什么成果可言，一路上损失惨重，围攻大马士革无果后，于 1149 年回到了欧洲。

克莱沃的伯纳德征召第二次十字军东征，19 世纪的油画。

第三次和第四次十字军东征

在阿尤布王朝的苏丹萨拉丁带领下，穆斯林夺回了包括耶路撒冷在内的西亚大片领土，但最后还是将耶路撒冷让与英王理查德一世。

位于如今的叙利亚大马士革城堡前的萨拉丁纪念碑

第二次十字军东征在西亚的失利引发了对伊比利亚半岛的收复失地运动，大批的基督徒们向南部穆斯林领地进发。

在西亚，阿尤布王朝已经取代了塞尔柱王朝成为穆斯林的统治者。1187 年，苏丹萨拉丁在哈丁山打败了十字军，重新占领了耶路撒冷，这激怒了教皇格里高利八世，促使他号召发起第三次十字军东征，欧洲强国的国王——神圣罗马帝国的“红胡子”腓特烈一世、英王“狮心王”理查德一世和法王腓力浦二世率领他们的军队应召。

腓特烈在小亚细亚的依科尼亚取得了胜利，不想却在第二年掉进了萨列夫河，溺水身亡，大部分的军队返回了德国，他的儿子霍亨斯陶芬家族的腓特烈六世率领余下的军队继续向耶路撒冷进发，后来死于瘟疫。

法王腓力浦二世和英王“狮心王”理查德接受十字架，14 世纪的书籍插图。

理查德和腓力浦的军队在 1191 年占领了重要的据点阿克城。然而，腓力浦由于国内政治斗争而不得不回到法国。仅剩下的理查德军队无力夺回耶路撒冷。但他通过谈判得到了巴勒斯坦和叙利亚的沿海地区，萨拉丁还同意基督教徒可以自由前往耶路撒冷朝圣。

1202 年，教皇英诺森三世发动了第四次十字军东征，这次东征充分暴露了十字军东征的侵略本质。威尼斯总督恩里克·丹多罗带领十字军向君士坦丁堡进军，废除了拜占庭皇帝，于 1204 年建立了拉丁王国。拉丁王国维持了 57 年，于 1261 年灭亡。

1212 年，一支令人难以置信的儿童十字军出现了，这意味着十字军东征进入了

“红胡子”腓特烈一世溺死

于萨列夫河，1900 年的木版画。

最低点。成千上万的儿童被狂热的宗教信徒带到法国南部变卖为奴隶。

最后一次十字军东征和十字军国家的灭亡

在经过了一次又一次的十字军东征后，马穆鲁克人最终将十字军赶出了耶路撒冷。

腓特烈二世自封耶路撒冷国王，19 世纪的木版画。

1228年，腓特烈二世实行了十字军的宣誓后开始第六次十字军东征。而后，他和阿尤布王朝苏丹卡米尔谈判，以穆斯林可以自由前往他们的圣地朝圣为交换条件，得到了耶路撒冷、拿撒勒和伯利恒等地，由于谈判的成功，腓特烈二世在阿拉伯世界声名大震。

1244年，穆斯林夺回耶路撒冷。法国国王路易九世于1248年开始了第七次十字军东征，这次的目标是阿尤布王朝的统治中心埃及。1249年，他占领了尼罗河三角洲的杜姆亚特，却在曼苏拉被俘，在支付了大量赎金后方得获释。

马背上的马穆鲁克人，15世纪的阿拉伯图书插图。

1269年，路易九世发动了第八次也是最后一次十字军东征。1270年他和他的军队在突尼斯城外皆死于瘟疫。1297年，路易被封为圣徒。

同时，阿尤布王朝的军队马穆鲁克人不断壮大，他们利用其军事集权制度，在1260年将入侵叙利亚的蒙古人驱逐了出去。之后，他们将注意力集中于征服基督教国家。1291年，马穆鲁克人占领了阿克城，最后一个重要的基督教堡垒灭亡了。马穆鲁克人继而占领了巴勒斯坦和叙利亚。

成批的基督教徒从耶路撒冷撤离，和他们一起撤离的还有在200年前的十字军东征中出现的圣殿骑士团。由于圣殿骑士团对法国领地的统治威胁到了王权，遂于1312年被解散。后来，条顿骑士团在波罗的海地区寻找到了新的领地，并以强迫非

圣殿骑士，木版画。

基督教民族皈依为己任。只有圣约翰骑士团还在继续同穆斯林战斗。1309 年，他们将总部迁到罗德岛，并在那里抵抗奥斯曼人，一直战斗到 1522 年。查理五世将马耳他封给他们，但在 1798 年，马耳他被拿破仑攻陷。

欧洲的十字军和条顿骑士团

条顿骑士团征服了波罗的海的普鲁士地区，强迫其皈依基督教，之后，又征服了波罗的海地区，并在此建立了军事化的基督教国家。

十字军不仅在西亚地区，在伊比利亚半岛也发起了对抗穆斯林的收复失地运动，还同法国南部的阿尔比教派和波希米亚的胡斯派等异教团体不断发生冲突。

一支支军队在狂热的宗教热情下一次次地向非基督教地区发起进攻。怂恿第二次十字军东征占领耶路撒冷的教皇尤金三世大力支持“狮子”亨利。1147 年，亨利进攻德意志北部的文德人和斯拉夫人。对于参加战争的德意志贵族们来说，传教只是他们的借口，真正的目的则在于领土的扩张。

在波兰的东北部，维斯瓦河下游和涅曼河之间的滨海地区定居着一群普鲁士

腓特烈二世的“黄金诏书”，13世纪。

人。波兰人长期以来试图征服他们并使其皈依自己的宗教，1226年，他们向条顿骑士团发出邀请，希望借骑士团的力量征服普鲁士人。在里米尼，皇帝腓特烈二世发布“黄金诏书”，称条顿骑士团有权占有波兰国王馈赠的土地，并许诺他们征服普鲁士人后会获得土地。

1231年，条顿骑士团在大团长赫尔曼·冯·萨尔扎的带领下向普鲁士人发起了第一次进攻。1237年，条顿骑士团同1202年在里加建立的圣剑骑士团强强联手，对普鲁士地区开始了长达50年的统治，到1283年，条顿骑士团已经征服了除立陶宛之外的整个东波罗的海地区，并将其基督教化，以“普鲁士”的名字为这片土地命名。

萨尔扎被公民会议选举为大团长并于1309年定居于马林堡。各教省的省长管理着骑士团的领地，信仰基督的骑士和教士的地位处于非教徒之上，德意志贵族以及建立了贵族统治的波兰人和德意志人属于上层阶级。大量的新迁入的德意志人由于同汉萨同盟的贸易获得了大量财富，而普鲁士农民却生活在贫穷困苦之中。

1386年，立陶宛并入波兰，成为波罗的海地区最后一个皈依基督教的国家，骑

格隆瓦尔德战役，19 世纪的油画。

997 年，普鲁士人处决传教士阿达尔伯特，1900 年的木版画。

士团继续存在的理由已不复存在，另一方面，波兰-立陶宛联合公国的建立成了骑士团的强大敌人，1410 年格隆瓦尔德决战后，条顿骑士团同波兰分别于 1411 和 1466 年签订了《托伦和约》，被迫割让领土。最后一任骑士团团长勃兰登堡的艾伯特在任期间，将骑士团的领地世俗化，于 1525 年自称普鲁士公国，成为波兰王国

的一块封地。

迫害欧洲的犹太人

犹太人并不是十字军东征的直接对象，然而在此期间，他们同样受到迫害和歧视。

反犹太思想在中世纪欧洲进一步发展。犹太人被认为是“杀害耶稣的凶手”，并长期被指控杀人祭神和亵渎圣体。1215 年，在第四次拉特兰宗教会议上制定了一项针对犹太人穿着的特殊法律。在中世纪的欧洲，犹太人被禁止拥有土地和参加手工艺人的行会，犹太人被迫开始从事纺织品贸易。早期的基督教教义不允许基督教徒借钱收取利息，但犹太教没有这个规定。总有人需要借钱，犹太商人填补了这个真空。

1475 年，在特兰托，犹太人用人祭神，15 世纪纪的木版画。

11 世纪末 12 世纪初，十字军东征带来的狂热的宗教热情再次激发了人们对犹太人的憎恶和嫉妒，可怜的犹太人被大量屠杀和驱逐，他们的财产被偷盗和摧毁。1347 年，黑死病在欧洲蔓延，人们认为是犹太人向井中下毒引发了瘟疫，一场新的

迫害再次掀起，仅在德意志地区，就有超过350个犹太人聚居区被摧毁。

戴特殊帽子的犹太人，14世纪的插图。

基督教骑士正屠杀犹太人

其他地区的犹太人也在经历着同样的遭遇。1290年，英王爱德华一世将其境内的犹太人全部驱逐出境。1394年，法国人又指责犹太人杀害基督教徒祭祀，将其赶出法国。犹太人在伊比利亚半岛的穆斯林统治区域内，享受着相对平静的生活，然而在1492年的收复失地运动期间和之后，他们也常常被驱逐或被迫改宗，最终，穆斯林仍然不信任犹太人真诚改宗，将他们驱逐出境。

为了社会的安定，也不断有法律保护犹太人。1103年，亨利四世颁布《美因兹帝国和约》，认为犹太人没有自由民的身份，不能拥有武器无法自卫，所以他们是受保护人群。统治者们之所以保护犹太人，只是因为可以向他们征收高额的税收，在东欧，犹太商人尤其受欢迎，而这里的统治者也允许犹太人定居。

四、伊斯兰的扩张

公元 622—1500 年

穆罕默德归真不久，他的继任者哈里发们建立了一个迅速扩张的帝国。8世纪初期，穆斯林军队已经占领了西至西班牙、东至巴基斯坦的大片领土。穆罕默德合法继承人的争论导致了伊斯兰教的分裂，也带来了帝国的分裂。

公元 800 年后，伊斯兰帝国分裂为数个自治州。在政治上，早期的伊斯兰帝国主要由阿拉伯人和波斯人统治；10 世纪后，土耳其人逐渐伊斯兰化，开始统治伊斯兰帝国；12—13 世纪，西方的柏柏尔人和东方的蒙古人成为主要的统治力量。

穆罕默德和“正统哈里发”

穆罕默德建立了伊斯兰的政治体制，在他的继任者“正统哈里发”的统治下，伊斯兰的军事扩张开始了。

先知穆罕默德不仅是伊斯兰教教义的创立者，也是伊斯兰国家的政治领导者。622 年迁往麦地那之后，穆罕默德建立了能进行军事战斗和防御外敌入侵的穆斯林社团（乌玛）。在穆罕默德的领导下，乌玛将犹太部落驱逐出境，于 603 年几乎不费兵力地收复了麦加，并宣布麦加的天房（克尔白）是伊斯兰的圣地。

632 年 6 月 8 日，穆罕默德在麦地那去世。经过激烈的斗争，同穆罕默德关系

瓷砖图案，展示麦地那的主要清真寺及穆罕默德的墓穴。

亲密的四个人被推举为四大“正统哈里发”，逐一统治伊斯兰国家。起初的两个是穆罕默德的岳父，其后的两个是他的女婿。首先继任的是艾布·伯克尔，他在位期间建立了独裁统治，并占领了也门的大片土地。其后是欧麦尔·伊本·哈塔卜，他是真正建立伊斯兰帝国的哈里发。

637年，欧麦尔通过军事驻军、分封土地、发放抚恤金以及投票决定向非穆斯林征税等措施巩固了伊斯兰帝国的内部统治。635—637年，他占领了包括大马士革和耶路撒冷在内的整个叙利亚和巴勒斯坦地区，推翻了萨珊王朝。

639—641年，欧麦尔又占领了埃及。640—644年，他攻占伊拉克。他的继任者奥斯曼将统治的重心放在了国内事务上。653年，他将《古兰经》进行重新汇编，形成了今天的《古兰经》定本。647年，穆斯林军队向西推进至的黎波里塔尼亚（今天的利比亚地区）。到682年，整个北非地区都已归入伊斯兰的统治之下。

第四任哈里发是穆罕默德的侄子和女婿阿里，他是什叶派穆斯林认为的穆罕默德真正的继承人。他是一位勇敢公正的君主，可是猜疑心很重。伊斯兰的第一次分裂就是在他的统治时期发生的。四大“正统哈里发”统治时期的哈里发公正并听从

麦加大清真寺是穆斯林的主要圣地，天房（克尔白）即在其中。

大约成书于 8 世纪的《古兰经》手抄本

真主的旨意，是伊斯兰教的黄金时代。

倭马亚王朝的哈里发

661 年，倭马亚家族建立了世袭制的伊斯兰王国，从大马士革开始自东向西迅速扩张。750 年，倭马亚王朝为阿拔斯王朝取代。

657 年，阿里在绥芬战役中败给了反叛的叙利亚国王摩阿维亚。同年，倭马亚王朝建立。658 年，摩阿维亚已经占领了伊斯兰的大部分领土。661 年阿里被刺后，摩阿维亚僭任哈里发，并定都大马士革（这里建有宏伟的大清真寺）。他在叙利亚和约旦修建了沙漠宫殿，供战时后方修养和发展农业所用。

叙利亚境内大马士革的倭马亚大清真寺，建于 8 世纪。

674—678 年，伊斯兰军队数次进攻拜占庭，并第一次包围了君士坦丁堡。680 年，叶齐德一世同穆罕默德的外孙侯赛因在卡尔巴拉发生战争，侯赛因在这场战役中罹难，从而引发了反倭马亚王朝的什叶派运动。685 年，阿卜杜·麦立克开始着手建立倭马亚王朝的政治结构，他试图将耶路撒冷作为新的政治和文化中心，并于 691—692 年在那里修葺完善了壮观的圆顶寺。

韦立德一世在位期间，开始了第二次对外军事大扩张。711 年，伊斯兰的阿拉伯人和柏柏尔人在将军塔里克的带领下穿过非洲到达直布罗陀，攻入西班牙，占领了托莱多，摧毁了西哥特王朝，不久又占领了伊比利亚半岛直至西班牙西北部的阿斯图里亚斯地区。他们长驱直入，最终进入法国南部。

732 年，法兰克的查理·马特带领军队在图尔和普瓦提埃大败伊斯兰军队，阻止了其扩张的步伐。694—711 年，阿拉伯军队占领了南部波斯到今天的阿富汗和布哈拉的大片土地；704 年，他们又占领了撒马尔罕以及印度河流域直至木尔坦。到 724 年，整个河间地区和塔什干都已落入伊斯兰的统治之下。

732 年，图尔和普瓦提埃之战。

耶路撒冷的欧麦尔大寺，又称圆顶寺，建于 688—691 年。

韦立德在位时即已做好了进攻君士坦丁堡的部署，他的继任者苏莱曼坐享其成，于 717—718 年攻下了君士坦丁堡，并占领了小亚细亚的拜占庭。希沙姆是一位既开明又能干的政治家，他改革币制，整顿公共设施，解决地方供水，从而化解了柏柏尔人和新穆斯林的冲突；他还大力推进文化、艺术和教育的发展。

749—750 年，阿拔斯人标榜其祖先是穆罕默德，借助穆罕默德家族的声望发动起义，推翻了倭马亚王朝。

早期阿拔斯王朝

阿拔斯家族推翻了倭马亚王朝，成为哈里发，并创造了伊斯兰世界的新中心——巴格达。9 世纪起，阿拔斯王朝慢慢衰落。

艾布·阿拔斯（“屠夫”）歼灭了除阿卜杜·拉赫曼王子之外的倭马亚王室成员，阿拔斯王朝最大的敌人已不复存在，其弟曼苏尔（754—775 年在位）在此基础上建立了阿拔斯帝国。在他的统治下，伊斯兰世界在 762 年到达了繁盛的顶点。

哈伦·拉希德

曼苏尔在阿拉伯和波斯的边界建立了新都巴格达，不久后这里便成为伊斯兰世界的文化艺术中心。在后来的几个世纪里，这里还是繁荣的商业中心。曼苏尔的儿子马赫迪确立了哈里发世袭和绝对的统治权力，将逊尼派作为国教教派。他镇压了国内的叛乱，然而却丢掉了西班牙。756 年，科尔多瓦建立了独立的哈里发王国。

马赫迪的儿子哈伦·拉希德是一位极尽奢侈的君主，《一千零一夜》中的君主便是此人。在他统治期间，阿拔斯帝国迎来了第一个盛世。然而，哈里发和人民之间的矛盾也越来越深。担任维齐尔（宰相）的巴尔马科家族开明地管理着政府，一

直维持到 803 年。

哈伦死后，他的儿子们为争夺王位展开了激烈的斗争，最终麦蒙赢得了这场争夺，登上王位。他推崇穆阿台及勒派的学说，宣扬国家统治的思想来自《古兰经》，并对伊斯兰教义作理性主义的分析。830 年，他在巴格达建立了一座庞大的图书馆，又称“智慧宫”。他组织了对古希腊典籍的翻译工作，为后来西方学者的阅读提供了便利。自麦蒙开始，阿拔斯王朝的哈里发开始雇用突厥军队，并转向逊尼派穆斯林。

哈伦·拉希德的代表会见查里曼大帝

穆泰欣继位后，突厥军队的人数猛增，常在巴格达城中欺压人民，引起民愤。穆泰欣意识到巴格达迟早会发生动乱，便于 836 年将突厥军队调到北方，并在萨马拉建立新都。847—861 年，笃信宗教的穆泰瓦克里在位，他限制哲学和穆阿台及勒派的发展。此后，关于继承权的争论和哈里发的频频更换大大削弱了阿拔斯王朝的统治。

883 年，帝国再次迁都巴格达。实际上自 800 年后，帝国已经分裂为一个个小

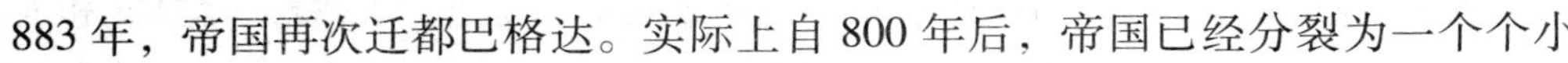

的自治王国，帝国的衰落一步步加速。其后的哈里发孱弱无能，大多被突厥军队的将领所控制。9 世纪，基本都是这样的哈里发在管理国家。

阿拔斯王朝的灭亡

阿拔斯王朝从 9 世纪开始衰落，各地割据势力和反哈里发的什叶派法蒂玛王国发展起来。蒙古人入侵后，阿拔斯王朝灭亡。

9 世纪起，阿拔斯王朝渐渐衰落，各地的割据势力在政治上不断膨胀，逐渐成为独立的文化中心。艾格莱卜王朝（800—909 年）统一了东部阿尔及利亚、突尼斯和的黎波里塔尼亚地区，827 年又攻入南部意大利和西西里，846 年洗劫了罗马

凯鲁万大清真寺的《古兰经》的库法字体手抄本，10 世纪。

城。埃及、叙利亚和巴勒斯坦先后为图伦王朝（868—905 年）和伊赫什德王朝（935—969 年）统治。塔希尔王朝（821—873 年）占据东北部波斯，萨法尔王朝（861—903 年）占据阿富汗和部分河间地区，它们最终被居住在撒马尔罕的萨曼王朝统一。而摩洛哥和西班牙脱离了巴格达的统治。

什叶派法蒂玛王朝占领了突尼斯，定都凯鲁万，成为巴格达的最大威胁。法蒂玛王朝在 969 年占领埃及，控制了叙利亚，在新城开罗建立了反哈里发的什叶派王国。其建立者乌巴杜拉·马赫迪利用什叶派对被拯救的渴望而全面掌控了全国。其

继任者穆伊兹和阿齐兹在开罗城修建了阿尔阿扎清真寺，成为什叶派教徒聚会的场所（今天已成为最主要的研究伊斯兰教理论的逊尼派学校），将开罗建设成为科学和文化的中心。

巴布珠威拉（双尖塔门），法蒂玛王朝时期的开罗城门，11 世纪。

1017—1021 年，有着狂热宗教情绪的哈基姆创立了新的教派——德鲁兹派，奉哈基姆为神。1036—1037 年，法蒂玛王朝渐渐衰落，被塞尔柱人掠去了叙利亚和巴勒斯坦。1094 年，法蒂玛王朝内部政治和宗教信仰分裂。1171 年，阿尤布苏丹萨拉丁乘虚而入，灭亡了法蒂玛王朝。这一时期，臭名昭著的暗杀派也开始出现。

同时，从 932 年起，巴格达的哈里发成了布韦希埃米尔的什叶派军事王朝的傀儡。布韦希埃米尔重新确立了哈里发权力并复兴了波斯的文化。布韦希王朝最著名的埃米尔是阿杜德·道莱，他于 977—983 年在任，当时整个伊拉克都在他的统治之下。1056—1062 年，布韦希王朝在巴格达和克尔曼的残余力量被塞尔柱人所灭。而哈里发则沦为了塞尔柱人和花剌子模王朝的人质。

后来，阿拔斯哈里发通过纳希尔和穆斯坦希尔重新获得权力。最后一任阿拔斯哈里发穆斯台尔绥姆拒绝向逼近的蒙古人投降。1258 年，蒙古人攻破巴格达，穆斯

成吉思汗的孙子旭烈兀将穆斯台尔绥姆和他的宝藏囚禁在一起，直至饿死。

台尔绥姆与他的大量臣民皆死于蒙古人之手。

科尔多瓦的埃米尔、哈里发

经过一系列的征战，西班牙倭马亚王朝进入了政治和文化的黄金时期。929 年，阿卜杜·拉赫曼三世自称哈里发。

自 711 年以来，伊比利亚半岛逐渐被阿拉伯和柏柏尔军队占领，安达卢西亚省就处于倭马亚哈里发的统治之下。随着阿拔斯王朝的扩张，756 年，唯一幸存下来的倭马亚王子阿卜杜·拉赫曼一世在科尔多瓦建立了自治的埃米尔统治。

由于其优越的地理位置，科尔多瓦得以同非洲和东方进行频繁的贸易往来，再加之先进的轮耕技术，文化和艺术一度繁荣，科尔多瓦在倭马亚王朝的统治之下处于极盛时期。著名的大清真寺梅斯吉塔使科尔多瓦成为重要的伊斯兰圣地。阿卜杜·拉赫曼三世时，还在城外修建了气势磅礴的阿萨哈拉宫。

阿卜杜·拉赫曼一世和他的儿子希沙姆一世在位期间，科尔多瓦的统治不但稳定，甚至还数次攻入法国南部。阿卜杜·拉赫曼二世（822—852 年）在位期间，东方化的趋势和优雅的宫廷礼仪开始出现。统治者和贵族的依赖关系越来越深，如同诗人和艺术赞助商的关系。科尔多瓦的繁盛使之成为同巴格达和萨马拉齐名的伊

倭马亚王朝时期的象牙盒，来自科尔多瓦附近的阿萨哈拉宫。

斯兰中心。其继任者在位时，中央政府的权威渐渐衰落。波巴斯特的哈富逊控制了西班牙的大部分地区，基督教国王的势力也在此时从北部西班牙阿斯图里亚斯、里昂和卡斯提向南部扩张。

西班牙科尔多瓦大清真寺梅斯吉塔部的正面，建于785—990年间，1236年成为天主教堂。

伊斯兰西班牙在阿卜杜·拉赫曼三世统治时期达到极盛。他不仅恢复了一度虚弱的中央权威，还在920年后控制了西部马格利昂，王国的文化和军事统治都得以巩固。929年，阿卜杜·拉赫曼三世自封哈里发。其子哈克木二世是一位博学的学者，他在位期间建立了当时最大的图书馆，哲学、科学和艺术也得到了进一步的发展。

科尔多瓦景色：瓜达尔基维河桥和大清真寺。

哈克木去世后，其子希沙姆二世继位，由于年龄尚小，摄政大臣曼苏尔控制了朝政。曼苏尔掌权期间，王国的军事力量急速膨胀，同基督教进行了50多场战役，于997年占领了非斯和基督教圣地圣地亚哥。1009年后，曼苏尔之子阿卜杜·麦立克继位，王国陷入内战和半自治地方势力的争吵之中。1031年，最后一任哈里发希沙姆三世去世，王国分裂为几个自治的伊斯兰城邦（塔伊法斯），这些城邦后来逐渐被北部势力征服。

西班牙和马格里布的伊斯兰王朝

阿拉伯政治势力在西班牙的衰落导致了柏柏尔王朝的发展，其势力从摩洛哥发

展到西班牙境内。伊斯兰王国被迫退到西班牙时，柏柏尔人占领了马格里布。

1013—1091 年，安达卢西亚分裂为 26 个小城邦（塔伊法斯），为阿拉伯人和柏柏尔人所统治。1060 年，柏柏尔边境的武士穆拉比特人壮大起来。

1082 年，他们从玛拉库什进攻，占领了阿尔及尔。有着宗教狂热的穆拉比特人打着保卫西班牙的伊斯兰国王、抵御北部基督教进攻的旗号在摩洛哥建立了王国，进而控制了整个西班牙。1090—1094 年，穆拉比特人逐渐消灭了安达卢西亚的各个伊斯兰城邦。

1431 年 7 月 1 日，发生于卡斯提的约翰二世和西班牙格拉纳达的奈斯尔王朝之间的西格鲁埃拉战役，16 世纪的壁画。

1124 年，摩洛哥的提摩出现了反对派，伊本·突麦尔特领导穆瓦希德人掀起了一场苦修运动。1147 年，他们的领袖阿卜杜·幕敏在玛拉库什和塞维利亚建立了独立王朝，脱离穆拉比特王朝的统治。1160 年，他又占领了阿尔及利亚、突尼斯和部分的黎波里塔尼亚地区，统一了马格里布。穆瓦希德王朝一改之前伊斯兰统治者的宗教宽容政策，限制哲学的发展，代之以保守的宗教政策。尽管穆瓦希德王朝在西班牙显赫一时，却在纳瓦斯-德托洛萨战役中大败于基督教军队。

1224—1232 年，他们的西班牙封臣逐渐夺回了西班牙领地。不久，基督教便基本统一了除格拉纳达的奈斯尔王朝以外的整个西班牙。奈斯尔王朝建于 1232 年，

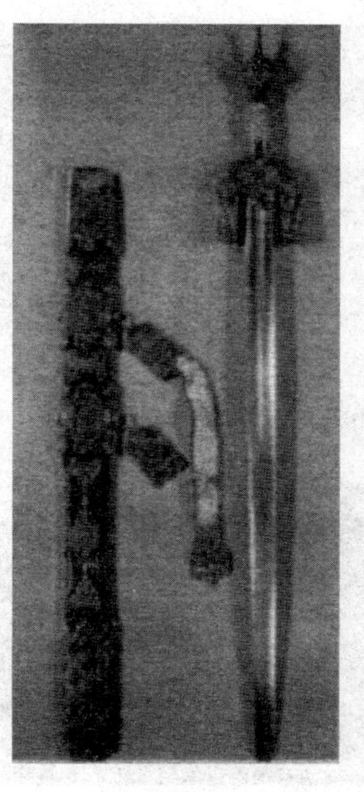

波亚狄尔的短剑

著名的爱尔罕布拉宫是其统治中心。这个摩尔人王国的统治持续到 1492 年，最后一任苏丹穆罕默德六世被基督教国王赶出西班牙。至此，西欧的最后一个伊斯兰王朝灭亡。

柏柏尔人的马林王朝在 1269 年灭亡了摩洛哥的穆瓦希德王朝，定都非斯，并在此统治，直至 1465 年。马林王朝在非斯修建了清真寺和伊斯兰宗教学校，其势力一度扩张到阿尔及利亚。突尼斯的哈夫希德王朝是马林王朝的强大对手。在哈夫希德王朝的统治下，突尼斯成为马格里布地区地中海贸易的中心。1258 年后，其君主自封哈里发。

塞尔柱帝国

大塞尔柱帝国以“逊尼派国家”的名义统一了自己的地盘，这一国家原来是由哈里发所统治的。自塞尔柱解体后，仅有一支残留在安纳托利亚地区。

随着大塞尔柱苏丹国的兴起，伊斯兰的土耳其部落在中东发展起来。塞尔柱人因其部落创始人塞尔柱得名，传说塞尔柱带领部落定居在河间地区，信仰实行萨满

摩洛哥非斯德卡鲁因清真寺，建于 9 世纪。

仪式的宗教。后受波斯萨曼王朝的影响，塞尔柱人于 960 年改宗逊尼派伊斯兰教。随着部落的分裂，他们进入内沙布尔，在酋长托格兹的带领下，战胜了迦色尼王朝，征服了西部伊朗（1042 年）、设拉子（1052 年）、阿塞拜疆（1054 年）和胡吉斯坦（1054 年）。

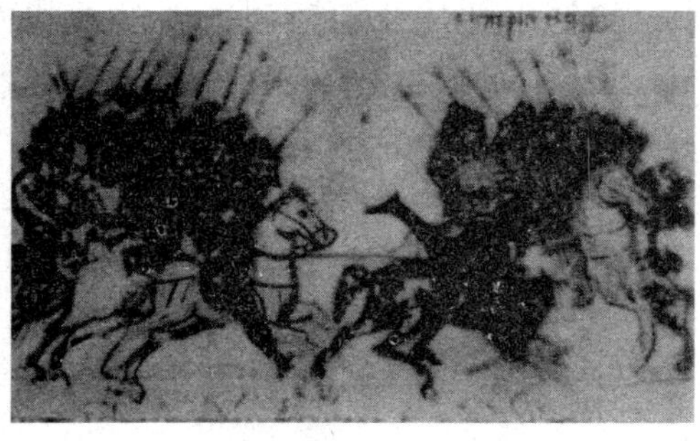

11 世纪时拜占庭和塞尔柱王朝之间的战斗，拜占庭书籍插图。

1055 年，酋长托格兹攻陷巴格达，结束了什叶派布韦希王朝的统治，自封苏丹。1063 年，他的侄子埃勒卜·阿尔斯兰继承苏丹之位，建立了大塞尔柱帝国。辅佐其执政的宰相（维齐尔）是杰出的政治家和哲学家尼查姆·穆尔克。

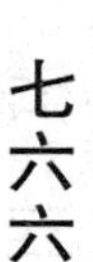

1071 年，阿尔斯兰在阿勒颇战役中大胜法蒂玛王朝，又在曼奇科特战役中击败了拜占庭。1072 年，阿尔斯兰遭暗杀，其子马立克·沙阿在尼查姆的辅佐下统治帝国。不幸的是，1092 年，尼查姆成为暗杀活动的又一个牺牲者。

萨蒂尔苏丹的坟墓，也可能是大塞尔柱帝国皇宫的客殿。位于梅尔夫（今天的土库曼斯坦），约建于 12 世纪。

由于塞尔柱人没有宗教方面的权威，他们作为东部阿拉伯世界和阿拉伯半岛南部的统治者，代表哈里发，成为“东方和西方世界的国王、伊斯兰教的复兴者”。由于管理有方，塞尔柱帝国成为当时强大的帝国之一，是连接中亚经至波斯通往伊拉克的安全通道，这里有繁华的商道和舒适的商队客栈。一系列讲授伊斯兰教义的学校以及完整的“逊尼派国家”，可以有效地为政府培养管理精英。

马立克死后，围绕继承人的争斗削弱了帝国的统治。1157 年，帝国为花剌子模王朝所灭。然而，塞尔柱的一支于 1087 年在安纳托利亚建立的独立王国存留了下来。其苏丹里迟·阿尔斯兰周旋于十字军和拜占庭帝国之间，建立了稳定的王国，设立了完备的政府机构和军事建制，定都科尼亚。1219—1237 年在位的阿拉丁·凯库柏德是最著名的苏丹。1242 年后，蒙古人的西进成为安纳托利亚王朝的重大压力。1308 年，安纳托利亚塞尔柱王朝最后一任苏丹马苏德二世去世。

阿尤布王朝和马穆鲁克王朝

十字军东征促使了中东军事王朝的发展。苏丹萨拉丁成为伊斯兰世界杰出的军

位于安塔利亚的凯霍斯鲁一世
（凯库柏德一世之父）雕像。

事首领。其王朝后被马穆鲁克王朝取代。

塞尔柱王朝时期没能实现巴勒斯坦、叙利亚和北部伊朗的统一，一个库尔德人建立的王朝第一次实现了这一地区的政治统一，其创立者萨拉丁是伊斯兰世界最重

“狮心王”理查德一世在阿尔苏夫对抗萨拉丁

要的政治家和军事家。萨拉丁最初是法蒂玛王朝的军事首领，1171 年，他推翻了法蒂玛王朝，建立了自己的王朝，遵奉逊尼派。不久，他又从十字军手中夺取了的黎

波里（1172 年）、大马士革（1174 年）、阿勒颇（1183 年）和摩苏尔（1185—1186 年）。

1187 年，萨拉丁占领耶路撒冷，并宣布各教教徒皆可来此朝圣。萨拉丁在政治上的足智多谋和骑士精神使他赢得了西方的尊重。作为统一的埃及、叙利亚和伊朗的统治者，1192 年，萨拉丁同第三次十字军东征的首领“狮心王”理查德一世谈判斡旋，劝说其结束对耶路撒冷的围攻。

叙利亚阿勒颇的大清真寺，1169 年被毁，阿尤布·努尔丁时期重建。

1193 年，萨拉丁去世后，阿尤布王朝分裂，在其弟阿迪勒的努力下，帝国得以重新统一。然而，阿迪勒的继任者不得不利用高加索奴隶兵团（马穆鲁克）来抗击十字军的进攻。1250—1260 年，马穆鲁克军团不断壮大，最终灭亡了阿尤布王朝，建立了自己的王国，定都开罗，其对埃及和叙利亚的统治一直延续到 1517 年。

马穆鲁克王朝苏丹拜柏尔斯一世是一位杰出的军事战略家，他于 1260 年阻止了蒙古的西进，限制了十字军的势力。其继任者在 1289—1291 年将十字军从的黎波里和阿克城最后的两个阵地赶了出去。

马穆鲁克王朝时期，埃及成为地中海地区重要的亚洲贸易中心。贝尔孤格在位期间，马穆鲁克王朝抵制了蒙古侵略者帖木儿的进攻。他们宣称遵奉阿拔斯哈里发，其实只是打个幌子，实为控制阿拔斯哈里发。马穆鲁克王朝自 1450 年开始衰落，最终于 1517 年被奥斯曼帝国的塞利姆一世推翻。

东方的伊斯兰统治者和伽色尼王朝的马哈茂德

东方的萨曼王朝灭亡以后，伽色尼王朝的马哈茂德及其继任者在中亚传播伊斯兰教，并将其影响带入了印度。

同西方相比，东方的伊斯兰教也在不断发展，阿拉伯军队自700年开始相继占领了布哈拉、撒马尔罕和巴基斯坦，建立了一系列王国。821年，塔希尔王朝统一了这一地区。塔希尔王朝在撒马尔罕、费尔干纳和赫拉特的统治者是伊朗的萨曼王朝（建于819年）。纳斯尔一世利用塔希尔王朝的衰落在873年取得独立，成为阿拔斯王朝在河间地区的控制者。他将统治中心定于布哈拉，10世纪末，这里已成为具有鲜明的波斯特征的文化中心。

在克尔曼发现的萨珊王朝时期的银制马头

到903年时，纳斯尔一世的弟弟伊斯迈尔已经征服了阿富汗和包括呼罗珊在内的波斯的主要地区。王国的版图在纳斯尔二世（914—943年）期间达到了顶点，西起巴格达、克尔曼、波斯湾，东至土耳其斯坦和印度。994年，伽色尼王朝从纳斯尔二世的继任者手中夺取了呼罗珊地区。999年，喀喇汗王朝又夺取了河外地区。1005年，萨曼王朝的最后一任君主在逃亡途中被暗杀。

与此同时，土耳其部落在东方的力量越来越强大。伽色尼人本是土耳其的雇佣兵和萨曼王朝的将领，997 年，伽色尼王朝的创始人塞布克特勒登上王位。998 年，其子马哈茂德继承王位，成为伊斯兰世界最著名的征服者之一。到 999 年时，凭借轻便迅速的铁骑军队，马哈茂德已征服了呼罗珊的萨曼王朝，占领了波斯的主要地区和印度西北部的旁遮普。

胜利纪念柱，建于伽色尼王朝的马哈茂德时期。

科伊巴巴，东部阿富汗的山区牧队。

1027 年，马哈茂德迫使巴格达的哈里发任命自己为“哈里发的保护者”。1001—1024 年，马哈茂德通过 17 场战役征服了印度北部地区，将伊斯兰教的影响渗透到印度。他粗鲁地对待进行“偶像崇拜”的印度人，捣毁了他们的寺庙。1040

年，伽色尼王朝被塞尔柱人打败，王国的统治权被局限在东部阿富汗和北部印度。

中亚和花剌子模王朝

塞尔柱王朝和喀喇汗王朝灭亡后，北部伊朗人建立的花剌子模王朝成为古伊斯兰世界最强大的帝国，它的迅速扩张激起了蒙古人的西侵欲望。

建立喀喇汗王朝的土耳其人属于维吾尔族，起源于亚洲的草原地带。840 年后，喀喇汗王朝以东西双可汗的名义独立，10 世纪时，改宗伊斯兰教。992 年，喀喇汗王朝占领布哈拉；999 年它又夺取了萨曼王朝在河间地区的领地。喀喇汗王朝定都布哈拉，1042 年，撒马尔罕也成为其统治中心。

中国天池地区维吾尔族的圆顶帐篷

起初，喀喇汗王朝还可以抵挡伽色尼王朝和塞尔柱王朝的进攻，后来终因势单力薄成为其附庸国。1180 年后，在花剌子模王朝的统治下，喀喇汗王朝于 1210—1211 年被剥夺了西可汗之名，其东可汗之名也于 1212 年被剥夺。

在蒙古西侵之前，最强大的伊斯兰帝国是中亚的花剌子模王朝。在 1017 年开始的伽色尼王朝统治时期，他们被塞尔柱王朝征服，并被任命为花剌子模的统治者。1212 年最后一任沙哈迁都布哈拉之前，花剌子模王朝一直定都乌兹别克斯坦的乌尔根奇。12 世纪上半叶，在古图布・阿丁・穆罕默德和阿拉丁・阿齐兹的统治

土耳其部落屠杀蒙古人，莫卧儿时期的印度微型人物画。

下，花剌子模王朝在很大程度上取得了独立，1135 年起开始逐渐将塞尔柱人赶出伊朗。

1157 年，柯力奇·亚尔斯兰二世结束了大塞尔柱王朝在东方的统治，自封为“巴格达哈里发的保护者”（1192 年正式任命）。阿拉丁·特柯世攻占了呼罗珊（1187 年）和拉兹（1192 年），进而占领了整个伊朗。至此，花剌子模王朝成为一个庞大的帝国，囊括了土耳其斯坦、伊朗和伊拉克部分地区。

蒙古远征军与花剌子模军的激战

1206 年，阿拉丁·穆罕默德将古尔王朝赶出阿富汗，使花剌子模王朝的版图又

一次扩大。1210—1212 年，花剌子模王朝打败了竞争对手河间地区的喀喇汗王朝，还将喀喇汗蒙古人赶回了北方。至此，阿拉丁统治了一个有着前所未有的疆土的帝国。然而，1218 年，狂妄自大的他拒绝释放蒙古商人，此举激起了成吉思汗率领的蒙古军队的入侵，阿拉丁在逃跑途中被杀。1213 年，其子哲拉鲁丁在亡命途中遭暗杀。花剌子模王朝沦入蒙古人之手。

五、蒙古帝国及其后继者

公元 12—15 世纪

成吉思汗及其后继者的征服基本上改变了亚洲和东欧的结构。1258 年袭击巴格达的“蒙古风暴”带来了伊斯兰世界的终结。马上游牧人的破坏性力量导致了许多城市和王国的毁灭。

蒙古人的宗教宽容使他们能够吸收被他们征服的土地上的主流文化，例如中国和波斯。帖木儿在 14 世纪建立的庞大帝国将自己视为蒙古和伊斯兰传统的继承者，但帝国在他死后便迅速地解体了。

一代天骄成吉思汗

南宋北伐屡屡失败的同时，金国也因内部腐败而渐渐走向衰落。这时，北方的蒙古族却日渐强盛起来。

铁木真出生于蒙古孛儿只斤氏族。曾祖合不勒统一了蒙古尼伦各部。后来，叔祖忽图剌和父亲也速该也相继做了尼伦部的乞颜部的首领。

也速该英勇善战。在成吉思汗出生的那一天，也速该征讨塔塔儿部凯旋。为了纪念出征的武功，他给这刚出生的儿子取名铁木真。“铁木真”蒙语的意思是“精钢”。青少年时的铁木真武艺超群，才智过人，远近闻名。为了重振家业，铁木真

去找父亲的安答（结义兄弟）克烈部首领王罕。在王罕的庇护下，铁木真开始积聚力量，势力迅速壮大。后来，铁木真迁居到怯绿连河上游的桑沽儿小河，建立了自己的营地，铁木真被推举为部族的汗。

1196 年，铁木真联合王罕，配合金国军队，在斡里札河围歼了反叛金国的塔塔儿部，杀死了他们的首领。战后，金国封王罕为王，任命铁木真为招讨使，铁木真名声大振。此后，他又战胜了篾儿乞等部，攻取呼伦贝尔草原。1202 年，铁木真彻底歼灭塔塔儿部，占领了西起斡难河，东到兴安岭的广大地区。1203 年，王罕与铁木真反目，大战于合兰真沙陀，铁木真大败。随后，铁木真重整旗鼓，发动突然袭击，大败蒙古族最强大的克烈部，王罕父子逃亡后被杀。

成吉思汗放鹰捕猎图

这是一幅中国丝绸上的绘画，狩猎是蒙古人重要的生活内容。在狩猎时，鹰是猎人的向导，它负责搜寻猎物，引导方向，所以蒙古人出猎时往往将鹰带在身边。

1204 年，铁木真征服蒙古草原上唯一能和自己对抗的乃蛮部的首领太阳罕。1206 年，统一了西起阿尔泰山，东到兴安岭的整个蒙古草原。各部贵族在斡难河源头举行盛大集会，推举铁木真为大汗，建立了强大的蒙古汗国。随后，成吉思汗开始建立蒙古汗国的国家制度。

成吉思汗的黄金家族是蒙古汗国的最高统治集团，拥有全部的土地和百姓。他按照分配家产的方式，将百姓和土地分给自己的子弟亲族。成吉思汗推广了千户制度，将全蒙古的百姓划分为 95 千户，任命蒙古的开国功臣以及原来的各部贵族担任那颜（意为千户长），世袭管领。为了维护自己的至高无上的统治地位，成吉思汗还建立了一支由大汗直接控制的人数达 1 万人的常备护卫军。这支强大的护卫军成为巩固蒙古汗国、进行对外战争的有力工具。

骑射图　蒙古

此图绘箭在弦上蓄势待发的瞬间，表现出蒙古人的矫健，很有“弯弓射大雕”之势。

成吉思汗还根据畏兀儿文字创造了蒙古文字，用这种畏兀儿蒙古文发布命令，登记户口，编订法律，大大加强了统治，推进了蒙古文化的发展。

成吉思汗又任命自己的养子失吉忽秃忽为大断事官，负责分配民户，后来又让

他掌管审讯刑狱等司法事务。成吉思汗还制定了蒙古法律“大札撒”，作为全部蒙古人民都要遵守的准则。法律的制定，对于安定社会，加强蒙古政权的统治起到了积极的作用。

蒙古汗国建立之后，成吉思汗开始向外扩张。他先后三次入侵西夏，迫使西夏称臣纳贡，并随同蒙古一同进攻金国。1211 年，成吉思汗南下进攻金国，1215 年，攻占了中都燕京。

1219 年，成吉思汗踏上征讨花剌子模的万里西征之路。1220 年，成吉思汗连破花剌子模的要塞不花剌、撒麻耳干等城，花剌子模逃往里海一带，成吉思汗穷追不舍。1221 年，成吉思汗占领花剌子模全境以及中亚的许多地区。1222 年，血洗花剌子模中心城市玉龙杰赤后，大军继续西进，并于 1223 年跨过高加索山，一直打到克里米亚半岛、伏尔加河流域、多瑙河流域。1224 年，成吉思汗决定东归，1225 年，回到蒙古，这场持续 7 年的西征终于结束。

蒙古帝国的扩张

成吉思汗的四个儿子分治了帝国，然而成吉思汗的第三代通过征服亚洲和东欧的广大土地再次证明了蒙古帝国的军事力量。

里格尼兹战役，1241 年 4 月 9 日。

成吉思汗的儿子窝阔台，继成吉思汗之后成为大汗。在 1236 年的一次关于战争的会议上，他决定征服俄罗斯、波兰和匈牙利，并从那里向欧洲剩下的部分进

军。他的侄子拔都在1236—1242年征服了俄罗斯西部的大部分地区。

1240年，窝阔台猛攻基辅，而且几乎挺进到了波罗的海。1240年到1241年，他的部队大破波兰和匈牙利，并于1241年初，在西里西亚的里格尼兹歼灭了一支由德国和波兰骑士组成的军队。1241年12月，当欧洲对凶悍的蒙古军团束手无策之时，窝阔台去世，拔都不得不带着他的军队回程解决汗位的继承问题。

聚礼日清真寺的壁龛，存于伊朗亚兹德，建于1325—1334年。

1251年，成吉思汗的另一个孙子蒙哥在哈拉和林成为大汗，他开始系统地建设一个大帝国。同时，他的堂弟拔都及其继承者开始独立，在俄国和东欧建立了金帐汗国和蓝帐汗国。然而，到了14世纪，他们在与俄罗斯大公的战斗中失去了土地。1502年，金帐汗国灭亡。

蒙哥（其高雅的宫廷以宗教宽容为特色）在1253年礼貌地接待了一个以威廉·冯·卢布鲁克为首的天主教使团。1260年，蒙哥的弟弟忽必烈继位并进行对东方和南方新一轮的征服。1271年，忽必烈建立了元朝。元朝的统治一直持续到1368年。

1258年，旭烈兀征服波斯并率领蒙古军队洗劫巴格达，结束了哈里发的统治和

伊斯兰的旧秩序。在收服了中东的一些小公国后，旭烈兀被埃及的马穆鲁克王朝挡住了。旭烈兀建立了伊利汗国，以大不里士为王廷，统治着伊朗、伊拉克、叙利亚、东安纳托利亚和高加索。1300 年合赞汗统治期间，伊利汗国转宗伊斯兰教。

1335 年，蒙古帝国瓦解成一系列的小公国。虽然蒙古帝国只存在了 150 年，但它影响了从亚洲到东欧的众多民族和国家。

帖木儿帝国

1370 年之后，征服者帖木儿在他的帝国中把伊斯兰和蒙古的传统融合在了一起。他把学者和艺术家带到他的首都——撒马尔罕，使它成为文化的中心。

帖木儿画像，艺术家根据当时人的描述所复原。

14 世纪时，中亚再次出现了一个具有侵略性和扩张性的帝国，它把蒙古和伊斯兰特征糅合在一起，这就是察合台汗国，由成吉思汗次子的后裔统治着。但是在 14 世纪，察合台汗国分裂为很多个部落集团。

在这政治混乱的时代，一个强有力的领袖——被称作帖木儿的突厥王子出现了。1366 年，帖木儿在撒马尔罕夺取了权力，并在 1370 年 4 月将察合台汗国河间

地区的大部分土地置于他的统治之下。

1370年，帖木儿占领了蒙古人的附庸国——花剌子模，并于1379年洗劫了反叛的乌尔根奇城。到1380年，他征服了阿富汗的大部分地方。他要么把当地的统治者纳入他的“友好联盟”，要么就消灭他们。1387年，帖木儿攻克伊斯法罕。1393年，他又从穆扎法尔王朝手中夺取了设拉子。

1391年，帖木儿使他的一个最危险的敌人——在西俄罗斯和高加索开创了一个帝国的金帐汗脱脱迷失兵败逃亡。帖木儿将在征途中获得的大量财宝运回到撒马尔罕的王廷。1393年，帖木儿占领了伊拉克和它的城市巴格达，并消灭了统治当地的军队。

在安纳托利亚打败奥斯曼军队后，帖木儿俘虏了苏丹巴耶吉德一世，并把他关在一个黄金铸造的笼子里，18世纪的版画。

1394年，他围攻大马士革，并于1401年洗劫了这座城市。1402年7月，帖木儿在安纳托利亚歼灭了奥斯曼帝国的军队，俘虏了曾经拒绝帖木儿联盟请求的奥斯曼苏丹——巴耶吉德一世。

帖木儿这位永不停息的将军，坐在马鞍上统治着他的世界帝国。1398—1399年，他已经开始了针对印度的军事行动。在此期间，他攻占了拉合尔和德里，并处

决了十万名印度俘虏。帖木儿对于主动向他投降的城市和统治者比较温和，而对坚持抵抗他的人则毫不留情。那些反叛者的命运更为悲惨，当伊斯法罕和巴格达分别于1387年和1401年叛乱时，帖木儿杀死了近万名居民，并在城墙外把他们的头堆成金字塔。

除了征服之外，曾统治过历史上最大帝国之一的帖木儿的身边也围绕着学者、诗人和宫廷画家。他们中的许多人从被征服的地方来到撒马尔罕，以使首都成为"世界的中心"和"天堂的大门"。他们建造了宏伟的清真寺和宗教学校。帖木儿是一个虔诚的逊尼派教徒，但他也努力保存前伊斯兰及蒙古的游牧传统。1404年秋天，他率领一支庞大的军队前往北方准备征服中国，却于1405年2月19日死于讹答剌。

帖木儿家族的统治

帖木儿创建的帝国被他的继承者们瓜分了，但这些新王国对中亚的影响一直持续到16世纪。

帖木儿帝国的奠基人——帖木儿

1407年，当帖木儿指定的继承人、他的孙子、坎大哈的总督皮尔·马黑麻被谋杀后，帖木儿的子孙们按照蒙古的传统，将帝国瓜分了。此时，帖木儿最小的儿子——自 1405 年起统治赫拉特的沙哈鲁，确立了自己作为帖木儿最重要的继承人和宗族首脑的地位。

沙哈鲁控制了河间地区和波斯，乌兹别克的大多数统治者以及金帐汗国亦向他臣服。然而，伊拉克却被当地的一些王朝占领了。沙哈鲁是当时艺术和科学的支持者，他平和而有教养。他的儿子兀鲁伯自 1409 年起成为撒马尔罕的自治长官，是当时最重要的学者之一。1428—1429 年，他建造了一个配有望远器械的天文台。凭借这个天文台，他进行了在他那个时代可能做到的最精确的行星计算。

兀鲁伯的祖父帖木儿建造的首都撒马尔罕在他的统治下仍然熠熠生辉。统治者们最终也都埋葬在此地宏伟的墓地中。1447 年，兀鲁伯与他的儿子阿布·杜拉迪甫之间为继承沙哈鲁的帝国而爆发战争。这场父子间的冲突以 1449 年兀鲁伯被谋杀以及一年之后阿布·杜拉迪甫也被谋杀而终结。

阿富汗马扎尔伊沙里夫的蓝清真寺，约建于 1480 年。

帖木儿的曾孙阿布·萨依德在紧接着的动乱中成为胜利者，统治了河间地区。1469 年，他被阿克科雍鲁王朝的土库曼人（白羊王朝的突厥人）抓住并处死。阿布·萨依德的儿子速檀·阿黑麻坚守着撒马尔罕及周围的地区，但一直处于乌兹别克的昔班尼王朝的压力之下。阿黑麻的侄子巴布尔是印度莫卧儿帝国的第一位大帝。

帖木儿家族的最后一个统治者仍统治着从赫拉特到阿富汗一部分的土地，他在

赫拉特，阿富汗，约 1488 年的微型画。

1506 年对抗昔班尼王朝的战争中，于敌军攻城后死去。这些帖木儿家族的最后统治者们留给世人更多的回忆是他们对艺术的支持而不是他们的征服事迹。